A MENTE DO AMANHÃ

A MENTE DO AMANHÃ

COMO ALCANÇAR SUCESSO NO TRABALHO COM RESILIÊNCIA, CRIATIVIDADE E CONEXÃO EM UM FUTURO INCERTO

GABRIELLA ROSEN KELLERMAN e MARTIN SELIGMAN

TRADUÇÃO
Ângelo Lessa

Copyright © 2023 by Gabriella Rosen Kellerman, Martin Seligman e BetterUp, Inc.
Todos os direitos reservados, incluindo o direito de reprodução total ou parcial deste livro em qualquer formato.

Grafia atualizada segundo o Acordo Ortográfico da Língua Portuguesa de 1990, que entrou em vigor no Brasil em 2009.

Título original
Tomorrowmind: Thriving at Work with Resilience, Creativity, and Connection — Now and in an Uncertain Future

Capa
Helena Hennemann e Kalany Ballardin | Foresti Design

Preparação
Diogo Henriques

Índice remissivo
Gabriella Russano

Revisão
Natália Mori
Luíza Côrtes

Dados Internacionais de Catalogação na Publicação (CIP)
(Câmara Brasileira do Livro, SP, Brasil)

Kellerman, Gabriella Rosen
    A mente do amanhã : Como alcançar sucesso no trabalho com resiliência, criatividade e conexão em um futuro incerto / Gabriella Rosen Kellerman, Martin Seligman ; tradução Ângelo Lessa. — 1ª ed. — Rio de Janeiro : Objetiva, 2024.

    Título original : Tomorrowmind : Thriving at Work with Resilience, Creativity, and Connection — Now and in an Uncertain Future.
    ISBN 978-85-390-0826-1

    1. Autoajuda 2. Criatividade 3. Motivação no trabalho 4. Resiliência 5. Sucesso profissional I. Seligman, Martin. II. Título.

24-209294	CDD-158.1

Índice para catálogo sistemático:
1. Sucesso : Psicologia aplicada   158.1
Eliane de Freitas Leite – Bibliotecária – CRB 8/8415

Todos os direitos desta edição reservados à
EDITORA SCHWARCZ S.A.
Praça Floriano, 19, sala 3001 — Cinelândia
20031-050 — Rio de Janeiro — RJ
Telefone: (21) 3993-7510
www.companhiadasletras.com.br
www.blogdacompanhia.com.br
facebook.com/editoraobjetiva
instagram.com/editora_objetiva
x.com/edobjetiva

Para Jesse
Gabriella Rosen Kellerman

Em memória de Aaron Temkin Beck (1921-2021)
Mentor, amigo e modelo
Martin Seligman

Sumário

Introdução 9

1. Nosso cérebro em ação 25
2. Os experimentos gêmeos: A automação e o mundo de trabalho
   nas corredeiras 40
3. Nossa vantagem histórica: A ciência da prosperidade 51
4. Os blocos de construção da resiliência 64
5. A motivação para encontrar significado:
   O sentimento de importância na economia moderna 84
6. Afinidade rápida: Conexão sob pressão 102
7. Afinidade rápida II: Como fazer conexões com afluência de tempo,
   sincronicidade e individuação 120
8. Prospecção: O superpoder do século XXI 134
9. Quando somos todos criativos 156
10. Como preparar a força de trabalho para o futuro:
    A organização proativa 193

Conclusão 209
Apêndice: Avaliação Whole Person Model 215
Agradecimentos 221
Notas 223
Índice remissivo 247

Introdução

Muito antes de se tornar "o erro humano", antes mesmo do surgimento dos computadores, o plano A de Graeme Payne era o Exército.

Graeme cresceu em Christchurch, Nova Zelândia, na década de 1970. Era o mais velho de três irmãos de uma família de classe média e quando criança adorava atividades estruturadas que exigiam o domínio de novas habilidades. O rúgbi, uma paixão de infância, continua sendo um pilar das atividades familiares de Graeme com seus filhos.

No ensino médio, Graeme se juntou aos cadetes do Exército e rapidamente subiu na hierarquia, sua disciplina chamando a atenção dos colegas. Ele também adorava consertar e construir coisas. Quando o parque histórico local Ferrymead foi agraciado com a doação de um enorme canhão antiaéreo, Graeme chamou os amigos para que o ajudassem a restaurá-lo. Ao fim do processo, a arma brilhava como se fosse nova, e Graeme usou o sucesso desse esforço para lançar as bases da fundação de um museu militar.

Mas nem todas as suas ideias resultaram em vitória. Sua tentativa de aprender a tocar gaita de foles, por exemplo, terminou... bem rápido.

O pai de Graeme era contador, portanto não surpreende que seu filho tenha demonstrado propensão para os números. Olhando em retrospecto, Graeme lembra que seu maior interesse na contabilidade não era a matemática, mas o aprendizado. Todo processo de auditoria começava com uma descoberta, com a necessidade de entender a fundo, e o mais rapidamente possível, o funcionamento interno de um negócio — o fluxo de atividades, os sistemas de produção. Só então ele entrava nos números. Sua verdadeira paixão era o aprendizado profundo. Era onde ele tinha facilidade. Graeme não ligava para as planilhas.

Durante anos o plano de Graeme foi se alistar no Exército após terminar o ensino médio. Pouco antes disso, porém, ele ficou sabendo de uma bolsa universitária oferecida pela firma de contabilidade Arthur Young (hoje conhecida como Ernst & Young). Num impulso, decidiu se inscrever — e ganhou. Ao mesmo tempo, tornou-se reservista do Exército para concluir o treinamento militar.

"Eu sempre abracei a mudança", diz ele, refletindo sobre a mudança drástica em sua formação. "Ah, sei lá! O que se tem a perder?"[1]

De qualquer modo, a mudança já estava chegando para Graeme e muitos outros neozelandeses. Depois de décadas do boom agrícola que permitiu à Nova Zelândia desfrutar de um dos mais altos padrões de vida do mundo, a tradicional economia baseada no comércio de lã, carne e laticínios começou a perder força. Em seu lugar cresceram os setores de manufatura e serviços, que hoje respondem por 60% do PIB de Canterbury, região onde fica localizada a cidade de Christchurch.[2]

Grandes mudanças também estavam chegando ao campo da contabilidade. Quando Graeme começou como auditor financeiro da Arthur Young em Christchurch, havia um único PC da IBM para todo o escritório. Anos depois, cada funcionário tinha um computador portátil em sua mesa.[3] Os mais antigos viam os novos aparelhos com desconfiança, como truques, e não como ferramentas para economizar tempo; preferiam seus "processadores de texto" humanos aos eletrônicos — geralmente mulheres que datilografavam os memorandos de voz gravados por eles.

Graeme, por outro lado, abraçou a nova tecnologia. Tinha prazer em entender como as máquinas funcionavam e usava os softwares para construir gráficos. Os softwares também o ajudavam a fazer cálculos com mais rapidez e confiabilidade, e a reduzir a carga de trabalho. Graeme passava horas lendo livros e aprendendo sozinho os fundamentos da computação.

"Fui um pioneiro na adoção da informática", diz, com um leve sorriso. "Tive até o Apple Newton."

Sempre um líder, Graeme fez de tudo para ajudar o restante da empresa a se adaptar. Ele e um colega gravaram um vídeo com instruções sobre como usar um PC, que enviaram aos colegas de trabalho para que pudessem assistir em casa, no videocassete. Com o tempo, a Arthur Young começou a valorizar a competência e a capacidade de Graeme, e pediu que ele criasse um programa de treinamento de informática para toda a Nova Zelândia. Ele de pronto atendeu ao pedido, e de modo geral o treinamento funcionou, embora alguns funcionários mais antigos continuassem tendo dificuldades. Graeme se lembra de um que, mesmo muitos anos depois da criação do e-mail, fazia a secretária imprimir e ler em voz alta cada mensagem que ele recebia.

Às vezes até mesmo Graeme tinha dificuldade para acompanhar o ritmo das mudanças. Mas ele entendeu o que estava em jogo: o próprio futuro da empresa. Fora dos muros da Arthur Young, os computadores transformavam rapidamente os negócios de seus clientes corporativos. Agora o trabalho de auditoria era entender como essa nova tecnologia estava sendo incorporada a práticas como armazenamento de dados, folha de pagamento e análise. Durante um século, por exemplo, o setor de crédito havia registrado seus negócios em papel: primeiro em cadernos, depois em depósitos abarrotados de fichas de arquivo. A década de 1960 trouxe uma mudança: os registros eletrônicos. Nas décadas de 1970 e 1980, tudo estava gravado num computador de grande porte localizado num centro de processamento de dados. Na época, para manter a segurança desses registros, era preciso restringir o acesso a esses centros — com um guarda na porta ou um cadeado forte, por exemplo.

Surgiu então a internet.

Aparentemente, da noite para o dia, o mundo da segurança virou de cabeça para baixo. Os hackers criavam vírus que invadiam redes desprotegidas, causando estragos. A indústria global foi imediatamente ameaçada, e o medo era de que fosse extinta. Foi quando um setor totalmente novo surgiu para enfrentar o problema: o da segurança da informação. Em 1995, o Citibank contratou Steve Katz, considerado o primeiro diretor de segurança da informação da história.[4]

Graeme viu potencial no caos. Esse novo oeste selvagem da segurança da informação demandava ferramentas, e ele tinha ideias. Passou um período em

Auckland, na Nova Zelândia, construindo um produto chamado "Advisor", capaz de analisar de forma dinâmica diferentes tipos de sistemas de computador. Numa reunião em Singapura, um parceiro americano com a mesma visão percebeu rapidamente o valor do produto e convidou Graeme a aperfeiçoá-lo nos Estados Unidos. Ávido, curioso e de mente aberta, Graeme fez uma mudança de 13 mil quilômetros, primeiro para Cleveland e depois para Atlanta, com o intuito de abrir o primeiro escritório de consultoria de segurança da Ernst & Young. Ele ainda não era especialista na área — mas na época ninguém era. As marés mudavam rapidamente, os problemas eram muito novos para os velhos conhecimentos. Uma onda de oportunidade estava surgindo. Graeme pegou a prancha e surfou.

Hoje, qualquer grande corporação conta com um diretor de segurança da informação. Para 41% das empresas, experiência em cibersegurança é uma qualificação de fundamental importância para um diretor-geral. Em 2024, espera-se que o mercado de cibersegurança atinja 300 bilhões de dólares. Como existe uma escassez mundial de profissionais nessa área, 2,9 milhões de vagas não estão preenchidas, ao passo que as perdas financeiras devido a ciberataques vêm crescendo 62% ao ano — só em 2020, geraram uma perda total de *1 trilhão de dólares*.[5]

Em 2011, Graeme estava pronto para um novo tipo de mudança.

A essa altura, ele *já era* um especialista em seu ramo. Viajava o mundo como consultor de segurança havia quinze anos, e a vida na estrada estava começando a cansá-lo. Seus dois filhos em Atlanta precisavam de mais orientação em suas muitas atividades (baseadas em habilidades e estruturadas).

Assim, quando surgiu a oferta para ingressar na Equifax como vice-presidente de risco e compliance em TI, Graeme aceitou. Era exatamente o tipo de cargo interno e estável que ele tanto desejava. Embora a empresa estivesse madura, ainda havia muito a desenvolver e corrigir. Em 2017, a Equifax detinha os recordes de 1 bilhão de consumidores, 100 milhões de pequenas e médias empresas, 100 milhões de funcionários, 20 trilhões de dólares em dados de propriedade e 20 trilhões de dólares em dados de riqueza. Em agosto do mesmo ano, durante um discurso na Universidade da Geórgia, o CEO Richard Smith afirmou: "Pense na maior biblioteca do mundo — a Biblioteca do Congresso. Todos os dias, a Equifax lida com 1200 vezes essa quantidade de dados".[6]

Com números tão grandes, problemas surgiam. E com frequência.

Em março de 2015, por exemplo, Katie Manning, moradora de Portland, Maine, chegou em casa do trabalho e encontrou sua caixa de correio lotada de cartas da Equifax — trezentas, ao todo. Cada uma delas havia sido endereçada pessoalmente a Katie, mas continha o histórico de crédito, o número da previdência social e as informações bancárias de um estranho.[7]

A Equifax pediu a Graeme para investigar, e ele logo descobriu que Katie não era a única; outras pessoas tinham recebido centenas ou mesmo milhares de cartas contendo dados privados de estranhos. Como os relatórios estavam em papel, a Equifax despachou equipes para recuperá-los pessoalmente. Um destinatário em Washington, DC, ficou paranoico, se recusou a atender a porta e fez a equipe encontrá-lo à noite numa rua movimentada. Na hora marcada, os agentes da Equifax tiveram que piscar os faróis três vezes, como espiões num thriller. Só então o sujeito entregou os relatórios.

As vulnerabilidades e os criminosos estavam sempre mudando, e as brechas eram mais comuns do que Graeme gostaria. A cada novo incidente, o objetivo de sua equipe era entender, corrigir e aprender. Até onde ele se lembra, ninguém foi demitido.

Em julho de 2017, Graeme passou o fim de semana de seu aniversário de 54 anos ao ar livre, com a esposa e os filhos, sob o sol escaldante da Geórgia. Naquele domingo, ao voltar para casa, viu que havia uma série de chamadas não atendidas de sua diretora de segurança da informação, Susan Maudlin.

A notícia não era boa. Uma violação de segurança tinha afetado um software gerenciado por Graeme. Ainda não se sabia a dimensão do problema, mas o momento exigia que todos trabalhassem juntos.

Na época, Graeme era diretor de tecnologia da informação para Plataformas Corporativas Globais. Sob sua alçada estava o ACIS Portal, um sistema de softwares utilizado para reunir registros de consumidores que desejassem contestar relatórios de crédito, relatar roubos de identidade, iniciar congelamentos de crédito ou solicitar cópias de seus registros. Um software conhecido como Apache Struts conectava o ACIS ao banco de dados.

Quatro meses antes da descoberta da violação, 429 funcionários da Equifax, entre os quais Graeme, haviam recebido um e-mail avisando sobre uma vulnerabilidade no Apache Struts. As equipes técnicas responsáveis haviam investigado o problema e providenciado uma atualização de segurança que, no entender deles, seria o suficiente.

Estavam equivocadas. Os hackers invadiram e roubaram dados de 148 milhões de consumidores americanos e 15 milhões de britânicos, incluindo nomes, números de previdência social, endereços residenciais e números de carteira de motorista. Essa foi considerada a violação de dados mais cara da história.[8]

Na sequência do evento, vários funcionários seniores da Equifax foram demitidos ou anteciparam a aposentadoria.

Na segunda-feira, 2 de outubro de 2017, numa reunião com o RH que ele pensava ser sobre outro assunto, Graeme foi demitido.

No dia seguinte, o ex-CEO Richard Smith depôs perante o Congresso americano. Ele disse que a violação fora possível devido a uma combinação de "falha tecnológica" e "erro humano", atribuindo o erro humano a um único indivíduo. Em tom de brincadeira, o senador Al Franken apelidou esse indivíduo de "Gus": "Por que a segurança das informações pessoais de 145 milhões de americanos está nas mãos de apenas um cara? Por que tudo depende de Gus?".

Desempregado da noite para o dia e assistindo em casa à sessão do Congresso ao vivo pela TV, Graeme sabia que estavam falando dele, que ele era o tal Gus. Mas em pouco tempo seu nome vazou, acompanhado de um epíteto: "o erro humano".

Até mesmo o Congresso achou demasiado suspeita a atitude de atribuir o colapso de todo um sistema a uma única pessoa. Conforme registrado num relatório do Congresso, "um funcionário sênior da Equifax foi demitido por não encaminhar um e-mail — ação que ele não tinha sido instruído a executar — um dia antes de o ex-CEO Richard Smith depor perante o Congresso. Esse tipo de manobra, motivada por questões de relações públicas, parece gratuito diante de todos os fatos".[9]

Mas essa contranarrativa mais razoável não teve grande alcance e não desfez a realidade rapidamente aceita: Graeme Payne era a personificação de tudo o que tinha dado errado.

A amarga ironia era que, até então, pelas lentes do mundo de trabalho, Graeme tinha feito tudo *certo* em sua carreira.

Ele havia identificado as oportunidades bem no início. Sua curiosidade, vontade de aprender e agilidade lhe permitiram estabelecer rapidamente a expertise num campo novo em rápida expansão. Ao dominar novas habilidade e elaborar produtos criativos, Graeme estava sempre se sentindo motivado e cheio de energia, o que lhe dava força para seguir em frente. A partir de prospecções cuidadosas, ele corria riscos calculados, e em seguida avançava, vencendo desafio após desafio.

Resumindo: Graeme Payne tinha uma Mente do Amanhã.

E, mesmo assim, em 2017, viu-se à beira de um abismo.

A sensação de ser demitido é horrível. O bem-estar psicológico e a saúde física são afetados de inúmeras formas. Acrescente-se a isso toda a publicidade da demissão de Graeme; não admira que ele tenha sofrido tanto. Durante esses meses, Graeme sentiu profundamente o medo que teria dissuadido a maioria das pessoas em tantos pontos anteriores de sua jornada.

"Quando o relatório do Congresso foi divulgado e meu nome se espalhou pela internet, pensei que seria o fim da minha carreira profissional", confessa Graeme. "Comecei a me perguntar sobre minhas perspectivas de trabalho. Como possíveis empregadores enxergariam minha ligação com a Equifax?"[10]

Para grande parte dos líderes seniores da empresa, esse foi *de fato* o fim. A diretora de segurança da informação, Susan Maudlin, não veio mais a público desde sua demissão após o caso. O CEO Richard Smith e o diretor de tecnologia da informação Dave Webb também sumiram. Em 2018, a Equifax promoveu uma nova leva de demissões — centenas de pessoas forçadas a recomeçar, agora com uma mancha no currículo.

Numa situação dessas, quantos de nós se sentiriam paralisados? Quantos de nós teriam vontade de desistir?

Graeme Payne escolheu outro caminho.

Mesmo desesperado, começou a procurar amigos e antigos colegas de trabalho. Ao longo dos anos, ele tinha ajudado muitas pessoas, que estavam agora ansiosas para retribuir. "Amigos e colegas me encorajaram a ver a situação sob um ângulo mais positivo, afirmando que, por ter participado de um dos maiores casos de violação de dados da história, eu tinha muito a oferecer."

O mesmo conjunto de habilidades — resiliência, agilidade cognitiva, antevisão, criatividade, o significado que encontrava ao adquirir novas competências — que havia levado Graeme ao ápice de sua carreira agora o tirava do fundo do poço. Ele sempre havia gostado de encarar desafios e oportunidades de se aperfeiçoar em meio ao caos. Extraindo coragem de seus pontos fortes e de sua rede social, Graeme começou a reconstruir sua carreira, tijolo por tijolo.

O que antes parecia uma catástrofe pessoal completa se transformou num novo capítulo de sucesso na consultoria em cibersegurança. Os amigos de Graeme tinham razão. As empresas querem aprender com alguém que saiba por experiência própria o que fazer e o que não fazer. Graeme aconselha diretorias corporativas e executivos seniores sobre como estar sempre preparado no campo da cibersegurança, e segue desenvolvendo novas capacidades e contribuições com o objetivo de fazer sua consultoria crescer em novos mercados. "Algumas das melhores lições de vida nascem dos nossos erros", afirma Graeme, que hoje carrega o rótulo de "erro humano" com um orgulho irônico.

Nós dois, Marty e Gabriella, nos reunimos mais ou menos na época em que Graeme perdeu o emprego na Equifax, e os desafios extremos impostos pelo novo mundo de trabalho — o ritmo acelerado das mudanças tecnológicas; a disrupção repentina de setores inteiros devido ao surgimento de novas empresas; o aumento da incerteza e da volatilidade em todos os mercados globais — já estavam no topo da nossa lista de interesses. Nós dedicamos nossas carreiras a melhorar o bem-estar psicológico e ficamos alarmados com a incapacidade das pessoas de enfrentar os desafios que se acumulavam. E isso foi anos antes da pandemia de covid-19, que em 2020 transformou uma tempestade cada vez mais forte num furacão. Cerca de metade da força de trabalho dos Estados Unidos sofre com burnout,[11] enquanto 76% dos trabalhadores consideram que o estresse no trabalho impacta negativamente seus relacionamentos pessoais.[12] O estresse excessivo no trabalho representa 190 bilhões de dólares em custos de saúde a cada ano, além de centenas de milhares de mortes evitáveis.[13] No trabalho, onde passamos a maior parte das nossas horas acordados neste planeta, costumamos estar muito infelizes, cansados e doentes.

Muito já se escreveu sobre como o chamado futuro do trabalho vai mudar os negócios. Mas como ele vai *nos* mudar? E como podemos ter certeza de que vamos sair por cima? Para encarar essas questões, estabelecemos parcerias com centenas de empresas, que empregam milhões de trabalhadores no mundo inteiro.

Este livro apresenta nossas respostas a essas perguntas. Começamos fundamentando no passado nossa compreensão dos desafios de hoje. Esta não é a primeira vez que nossa espécie precisa se adaptar a uma nova realidade de trabalho. Como veremos no capítulo 1, nosso cérebro evoluiu ao longo de milhões de anos em relação a um tipo específico de trabalho — aquele que nossos ancestrais conheciam melhor: a caça, a pesca e a coleta. Essa busca por alimentos ainda é o trabalho para o qual nosso cérebro está mais bem-adaptado. O cérebro do caçador-coletor é programado para um dia de trabalho de cinco horas, para a vida comunitária, para a exploração criativa de novos terrenos e para o contato constante com a natureza. Por volta de 10 000 a.C., porém, esse mesmo cérebro inventou tecnologias e estruturas que produziram nossa primeira transformação do trabalho — deixamos de lado a caça e a coleta para trabalhar na agricultura. Foi uma transição extremamente dolorosa, devido à incompatibilidade entre nossas capacidades de caça e coleta e a nova vida de agricultor.

Cada transformação subsequente no mundo do trabalho — primeiro para a agricultura, depois para a industrialização e, em seguida, para a nossa atual realidade impulsionada pela tecnologia — gerou um custo humano exorbitante. Em certos casos, ele foi tão elevado que historiadores e antropólogos ainda lutam para explicar como aconteceu. Por que, como espécie, teríamos mudado para formas de trabalho tão estranhas, tão contrárias às nossas habilidades nativas, a ponto de elas causarem sofrimento?[14] As recompensas sociais têm sido o aumento da produtividade coletiva e a sofisticação tecnológica. Mas essas recompensas vieram à custa do longo sofrimento de bilhões de indivíduos que nunca colheram os benefícios.

A transformação de hoje, um futuro vivo e presente ao nosso redor, ameaça o bem-estar humano de maneiras novas e inesperadas. Conforme veremos no capítulo 2, no elevado ritmo atual de transformação pelo qual passamos, estamos mudando ou perdendo nossos empregos duas vezes mais rápido do que no auge da industrialização. Estima-se que 800 milhões de trabalhadores ao redor do globo terão seus empregos substituídos pela automação até 2030. Nesse mesmo período, 80% da população mundial também terá o salário reduzido devido a esse processo.[15]

Sabemos como isso acontece. No ano seguinte a uma demissão, as taxas de mortalidade aumentam de 50% a 100%.[16] O desemprego sozinho aumenta o risco de ataque cardíaco em 35% e, junto com a instabilidade no emprego, aumenta os índices de quase todas as principais categorias de sofrimento psicológico — depressão, ansiedade e toxicomania.

Agora, consideremos os riscos gerados pela nova natureza do próprio trabalho. Comecemos com os aspectos do isolamento social. Ficou no passado a época em que os trabalhadores tinham os mesmos colegas durante vinte anos, em que as comunidades de trabalho eram estáveis, presenciais e se apoiavam ao longo da carreira. Hoje, entre trabalhadores de 25 a 34 anos, a permanência média no emprego é de cerca de 2,8 anos. Os colegas vêm e vão, assim como nós, e isso cria um índice de rotatividade histórico e anormalmente alto em nossos grupos de trabalho.[17] Estima-se que de 25% a 30% da força de trabalho dos Estados Unidos estarão trabalhando remotamente nos próximos anos.[18] A prevalência da solidão dobrou nos últimos vinte anos, aumentando os índices de depressão, doenças cardíacas e mortalidade por todas as causas.

Acrescentemos a isso a volatilidade e a incerteza que precisamos encarar — não só como indivíduos, mas também como organizações — mesmo nas melhores circunstâncias. As empresas descobrem da noite para o dia que seu modelo de negócios está ultrapassado; de súbito, o concorrente feroz se torna o líder do setor. Equipes descobrem que o produto que passaram meses desenvolvendo está obsoleto, o grupo de trabalho é totalmente desfeito, e cada indivíduo é remanejado — enviado para iniciativas totalmente novas ao redor do mundo. Sessenta e um por cento dos trabalhadores em tempo integral dizem que o estresse do trabalho moderno os fez adoecer; essa turbulência é responsável, todos os anos, por cerca de 120 mil mortes em excesso nos Estados Unidos e até 1 milhão na China.[19]

Mas, apesar de tudo, não estamos condenados.

Sabemos disso pelas histórias de pessoas notáveis como Graeme, que é reconhecido pela capacidade de surfar as ondas da mudança com grande habilidade e de ajudar as pessoas ao redor durante esse processo, mas não é o único com esse talento. Existem outros Graemes por aí, com Mentes do Amanhã que podem nos ensinar muita coisa.

E agora também sabemos disso, e de maneira detalhada, por conta de décadas de pesquisas na ciência do bem-estar psicológico e da prosperidade.

Nós dois dedicamos nossas vidas a essa ciência, como clínicos e também como inovadores. Para Marty, a jornada começou na década de 1960, na Universidade da Pensilvânia. Sua pesquisa, realizada ao longo de três décadas, estabeleceu as condições sob as quais as pessoas prosperam ou fracassam. Para frustração de Marty, a psicologia acadêmica ainda não estava pronta para seguir esses estudos até suas conclusões lógicas. Sim, as descobertas que ele fez foram aplicadas no tratamento da depressão — podemos chamar isso de lente da psicopatologia. Mas as implicações dessas descobertas foram ainda mais importantes para ensinar as pessoas a terem uma existência mais resiliente e gratificante — e, acima de tudo, para evitar resultados negativos. Como veremos no capítulo 3, Marty liderou a criação de um novo campo de estudo na década de 1990 chamado psicologia positiva. Como presidente da Associação Americana de Psicologia e fundador do Centro de Psicologia Positiva da Universidade da Pensilvânia, ele passou os últimos trinta anos mostrando que o florescimento está ao nosso alcance e que nosso potencial de crescimento é enorme, contanto que estejamos dispostos a levar a sério essa ciência e seus princípios fundamentais.

Médica por formação, Gabriella passou os dez primeiros anos de sua carreira atuando na área de psiquiatria e saúde pública e pesquisando o cérebro por meio de imagens por ressonância magnética funcional. Assim como Marty, ela não queria apenas reduzir a psicopatologia, mas ajudar grandes populações a prosperarem. Em 2008, Gabriella identificou uma oportunidade de inovação mais radical por meio da tecnologia de saúde comportamental. A mudança de carreira fez com que ela, assim como tantas das pessoas retratadas neste livro, recomeçasse do zero. Em 2014, Gabriella mostrou-se pioneira ao oferecer ao mercado um dos primeiros tratamentos de saúde comportamental habilitados por tecnologia, um produto que atenderia a milhões de trabalhadores de todos os níveis. Desde então, comandou ou aconselhou a criação de produtos e inovações em diversas empresas, inclusive como diretora de produtos da BetterUp, companhia focada em promover o florescimento dos funcionários por meio de treinamento virtual, tecnologia de IA e ciência comportamental.

Em 2017, o CEO da BetterUp, Alexi Robichaux, pediu a Gabriella para iniciar a BetterUp Labs, uma organização de pesquisa focada em habilidades de florescimento no trabalho. O laboratório tem parcerias com acadêmicos ao redor do mundo e utiliza a plataforma de desenvolvimento global da BetterUp para mensurar e promover o florescimento no trabalho. Devido a seu trabalho de uma vida inteira sobre otimismo, emoções positivas, conexões sociais e bem-estar, Marty, naturalmente, se tornou um colaborador.

Movidos pela necessidade de que seus funcionários sejam o mais produtivos possível, e sabendo que os trabalhadores enfrentam pressões psicológicas cada vez maiores em meio a um ritmo de mudança mais acelerado, líderes visionários de grandes empresas foram importantes aliados nesta pesquisa. Os mais inovadores têm apetite por esses experimentos, fundamentam-se em dados e na ciência e acreditam que sempre existe um jeito melhor de trabalhar. Esperamos que esses líderes encontrem muitas orientações úteis neste livro. Em muitos casos, eles também foram parceiros diretos nas pesquisas aqui descritas, ajudando a desenvolver a própria base de conhecimento.

Você pode ser um gerente, um colaborador ou um alto executivo. Pode trabalhar na linha de frente do atendimento ao cliente num call center, numa escola, num hospital ou nos bastidores de uma equipe de produção. Qualquer que seja a sua função, você provavelmente escolheu este livro porque compreende que esse ambiente caótico de trabalho veio para ficar. Assim como Graeme, você sentiu o peso iminente da mudança e sabe que ela aparecerá inúmeras vezes.

Não podemos impedir a mudança, mas não precisamos ser vítimas dela. Esperamos que este livro se torne um guia: que você o deixe cheio de dobras nos cantos das páginas, releia-o diversas vezes e encha as margens de anotações pessoais para florescer como um ser humano completo num mundo cada vez mais controlado por máquinas. Esperamos que esse conhecimento o ajude a criar asas para voar mais alto do que você jamais poderia imaginar. Desenvolver as habilidades aqui descritas não é algo que possa ser feito da noite para o dia. Elas vão exigir reflexão, prática e comprometimento. Com o tempo, funcionarão como superpoderes para guiá-lo com firmeza por águas turbulentas e ajudá-lo a preservar o equilíbrio e o foco, usando para isso lentes poderosas apontadas para o mundo. Chamamos isso de prosperar. Esta é a experiência de trabalho que todos merecemos e que todos podemos alcançar.

Vejamos o caso de Graeme — as mudanças drásticas, os altos e baixos, de cadete a contador, de profissional de TI a guru da segurança da informação. Talvez você conheça alguém como Graeme, alguém que passou por tudo, em termos de carreira, e de alguma forma conseguiu cair de pé ou até sair por cima. Essas pessoas são reais. São humanas, como qualquer um de nós. Como é possível que alguns de nós consigam surfar essas marés turbulentas enquanto tantos outros se afogam?

Os estudos do nosso laboratório sobre prosperidade no trabalho, que incluem dados de centenas de milhares de trabalhadores do mundo inteiro, de todos os setores, identificaram os cinco poderes psicológicos mais importantes no ambiente corporativo do século XXI:

1. Resiliência e agilidade cognitiva (**R**): A base para prosperar em meio às mudanças.
2. Significado e importância [*meaning* e *mattering*] (**M**): A motivação que nos impulsiona.
3. Afinidade rápida para construir suporte social (**S**): A conexão necessária para florescermos.
4. Prospecção (**P**): A meta skill que nos coloca à frente da mudança.
5. Criatividade e inovação (**I**): Nosso dom exclusivamente humano, hoje mais uma vez fundamental no ambiente de trabalho, após ter perdido importância com a proeminência das linhas de montagem.

Um acrônimo útil (mesmo que fora de ordem) que podemos usar para nos lembrar desses cinco poderes é PRISM. Ele engloba os cinco componentes de uma Mente do Amanhã — a mentalidade que nos permite nos antecipar às mudanças, planejar adequadamente, reagir a contratempos e atingir nosso potencial máximo.

Este livro detalha cada um desses poderes e como desenvolvê-los, e explica por que eles são importantes para a prosperidade no futuro do trabalho. Entrelaçamos nossa pesquisa inovadora com a literatura existente para oferecer a você a compreensão mais completa e atual de cada habilidade.

COMO LER ESTE LIVRO

Até aqui, descrevemos o conteúdo dos capítulos 1 a 3, que preparam o terreno para uma exploração aprofundada de cada um dos poderes do PRISM. Se você só está interessado nesses poderes, sinta-se à vontade para pular direto para o capítulo 4, que começa falando da resiliência.

A resiliência psicológica permite que nos recuperemos, sem danos, das derrotas. Em sua melhor forma, a resiliência lembra a antifragilidade: a capacidade de se fortalecer a partir do desafio. Lembre-se da resposta de Graeme à rápida evolução das ferramentas computacionais de seus clientes. Para seus colegas de trabalho mais velhos, a novidade era uma ameaça, mas para Graeme foi uma oportunidade de aprender novas habilidades e usá-las a seu favor para abrir novos mercados. A resiliência está intimamente ligada à agilidade cognitiva — a capacidade de entrar e sair de novas ideias com competência, equilibrando reconhecimento oportunista e esforço focado. Essas habilidades formam a base de uma abordagem psicologicamente saudável para encarar a volatilidade do nosso novo mundo de trabalho. E, graças a décadas de pesquisas científicas, entre as quais a nossa, sabemos que elas podem ser refinadas e ensinadas.

A resiliência descreve *como* nos recuperamos das mudanças. O capítulo 5 nos leva ao *porquê*. Para nos reinventarmos após cada papel desempenhado — algo que todos precisaremos fazer —, teremos de nos esforçar. A motivação para isso virá do nosso senso de significado e propósito. Como podemos nos manter conectados ao nosso "porquê" profissional num mundo no qual o "quê" está sempre mudando? Graeme se apoiou fortemente em seu porquê, usando-o como um construtor e criador de valor durante muitos anos. Em seu pior momento, ele enxergou a oportunidade de transformar sua terrível experiência em algo positivo, colocando a serviço de novos clientes um aprendizado conquistado a duras penas. Compreender o significado e o propósito nos levou ao novo conceito de importância, que oferece um arcabouço mais concreto e acionável. Todos nós queremos ser importantes, e com as ferramentas certas podemos cultivar o sentido de importância tanto como indivíduos quanto como organizações.

Foi também em seus piores momentos que Graeme descobriu como o apoio social é importante para o sucesso no trabalho. Mas como cultivar esses relacionamentos em nossas vidas profissionais solitárias, muitas vezes remotas e em constante mudança? Os capítulos 6 e 7 apresentam o conceito de afinidade rápida, habilidade na qual todos precisamos nos tornar especialistas. À medida que as equipes se formam, se desfazem e se reconstituem, abrangendo diferentes continentes, línguas, culturas e competências, precisamos construir rapidamente relações significativas e de confiança com nossos novos colegas, em favor do bem-estar e da qualidade do trabalho. Se por um lado a construção rápida de relacionamentos não é algo natural para nossos cérebros arcaicos, por outro a psicologia e a neurociência nos fornecem muitas informações sobre os atalhos que possibilitam essa construção.

No capítulo 8 chegamos à prospecção: a capacidade de imaginar e planejar o futuro. A prospecção é *a* meta skill dos trabalhadores de hoje. Numa era de mudanças rápidas, precisamos nos valer de todas as vantagens possíveis para nos antecipar ao que está por vir. Uma alta capacidade de prospecção oferece vantagens tanto para nossa carreira quanto para nosso bem-estar. Vamos aprender o que é a prospecção e como ela funciona e descobrir ferramentas para nos ajudar a prospectar melhor.

Uma forma específica de prospecção cada vez mais exigida da força de trabalho é a criatividade. Já se foram os dias dos "departamentos criativos". O capítulo 9 disseca o que é viver numa era em que se espera que *todos* sejam criativos. Vamos nos aprofundar em como a criatividade funciona no cérebro e detalhar o que sabemos sobre como indivíduos, equipes e organizações podem estimular a inovação. Também vamos ampliar as lentes da criatividade para mostrar como ela pode assumir diferentes formas. Lembre-se de que o sucesso de Graeme veio não apenas de abraçar a mudança, mas também de desenvolver novas soluções para ajudar os clientes. Graeme não se considera uma pessoa naturalmente criativa, mas um construtor que adora aprender. Todos nós podemos ter essa mentalidade.

Nosso último capítulo trata das organizações. Ao trabalhar com empresas líderes nos últimos dez anos, aprendemos muito sobre o que torna algumas delas bem-sucedidas no desenvolvimento de funcionários prósperos, enquanto outras fracassam. Existem razões históricas e estruturais bastante claras que explicam por que tantas empresas adotam repetidamente as mesmas soluções equivocadas. Propomos uma reformulação criativa dessas estruturas em prol de um sistema holístico mais adequado aos desafios do futuro.

* * *

Não faltam livros sobre como e por que o trabalho está mudando. Usando as lentes da ciência comportamental, este livro explica por que essas mudanças são tão difíceis para nós e como podemos encarar a situação. A história está repleta de lições sobre o alto custo humano das transformações do trabalho. As últimas décadas de psicologia positiva e neurociência nos oferecem uma vantagem única, a que nossos ancestrais não tiveram acesso. Embora o cérebro pouco tenha mudado desde que começou a evoluir, os esforços científicos coletivos nos oferecem um novo guia sobre como usar a mesma matéria neural antiga para atingir objetivos modernos.

Comecemos pelo começo — com o trabalho e o cérebro em si.

1. Nosso cérebro em ação

No início, a mudança veio devagar, e sobretudo por causa do clima. As primeiras espécies humanas enfrentaram eras glaciais alternadas, com aquecimentos interglaciais em intervalos de um ou mais milênios.[1] O nível do mar subia e descia de maneira drástica, fazendo com que esporadicamente grandes extensões de terra se tornassem habitáveis. O ciclo era tão lento que os primeiros humanos podiam se adaptar à moda antiga: evoluindo por meio da seleção natural. Os neandertais europeus, por exemplo, enfrentando climas frios, desenvolveram antebraços e pernas mais curtos.[2] Com membros mais curtos, a área de superfície corporal era menor, de modo que eles podiam se aquecer com mais facilidade.

Cerca de 70 mil anos atrás, porém, um acontecimento mudou o jogo de maneira irreversível.[3] O cérebro de um grupo particular de humanos — os *sapiens*, nossos ancestrais — passou nessa época por profundas alterações, incluindo o alargamento e o arredondamento das regiões parietal e do cerebelo, que contribuem para o planejamento, a memória de longo prazo, a linguagem, o uso de ferramentas e a autoconsciência.[4] Com o aumento da complexidade da inteligência, o *Homo sapiens* passou a ser capaz de reagir aos desafios ambientais de maneiras exponencialmente mais inteligentes e rápidas. E, desde então, nada no planeta Terra foi o mesmo.

Exemplo: ao contrário de seus vizinhos neandertais, que viviam em áreas de mesmo clima, os *sapiens* ainda tinham os braços e pernas mais longos comuns nos trópicos. E como conseguimos evitar que nossos membros longos congelassem? Em vez de esperar milhares de anos para desenvolver novas partes do corpo, o *Homo sapiens* resolveu o problema de uma forma que somente nós seríamos capazes: com a tecnologia.

Os agasalhos, como ficou evidenciado com a descoberta de agulhas usadas na época, nos mantinham aquecidos. O *Homo sapiens* era capaz de produzir fogo a qualquer momento, como demonstram as marcas de rotação nas pedras perfuradas — um motor rudimentar usado para criar fricção e depois fogo.[5] Vestígios de armadilhas de caça e pesca mostram que eles se valiam de expedientes de caça mais eficientes, utilizando menos energia. Nosso cérebro, maior e mais globular, nos permitiu trabalhar de maneira mais inteligente, usando roupas confortáveis, com armadilhas eficientes e perto de uma fogueira.

E o melhor de tudo é que essas inovações tecnológicas não precisavam ser constantemente reinventadas. Em vez disso, os *sapiens* podiam se comunicar de forma detalhada graças à nossa ferramenta mais importante: a linguagem. Dominando uma linguagem sintática complexa, cada nova geração podia se desenvolver a partir do conhecimento da geração anterior.[6] A linguagem humana moderna permitia a troca de abstrações, o compartilhamento da imaginação, a construção coletiva de significados e invenções.[7] A linguagem não se limitava a descrever o aqui e agora; permitia que os *sapiens* tratassem de todas as possibilidades do futuro.

Abaixo dessas descobertas — linguísticas, industriais, domésticas — havia um conjunto comum e exclusivo de habilidades cognitivas. Gerar e compreender frases longas, planejar armadilhas e produzir casacos a partir de couro cru exigem memória de trabalho, planejamento em etapas e capacidade de pensar além do aqui e agora.[8] Essas vantagens permitiram que o *sapiens* "vencesse", superando as duras condições que extinguiram todas as outras espécies humanas primitivas.

Você está vivo e tendo a oportunidade de ler este livro graças ao seu incrível cérebro — uma bola de futebol rosada de um quilo e meio que processa as palavras sob um capacete de cálcio — e a todos os incríveis cérebros que existiram antes de você.

O SEGREDO PARA ALCANÇAR O SUCESSO: ADAPTABILIDADE, GENERALISMO E CRIATIVIDADE

Durante 95% da nossa história, o *Homo sapiens* dependeu da caça, da coleta e da pesca para sobreviver. Este é o "trabalho" — conjunto regular de atividades necessárias para a subsistência — para o qual nossos cérebros evoluíram. O cérebro que temos hoje é ainda o de um caçador-coletor, e é a ele que precisaremos recorrer para ter sucesso no mundo de trabalho contemporâneo, que é totalmente diferente daquele do passado.

Três características principais da mente do caçador-coletor são o generalismo, a adaptabilidade e a criatividade. Nossos ancestrais coletores eram, antes de tudo, *generalistas*. Todos tinham que saber evitar cobras, distinguir alimentos nutritivos de venenosos, antecipar-se a predadores, iscar um anzol, rastrear presas. Vivíamos em tribos pequenas e interdependentes, protegendo uns aos outros e unidos por altos níveis de confiança. Embora tendamos a pensar que as mulheres se ocupavam mais da coleta e os homens, da caça e da pesca, os papéis provavelmente eram mais fluidos, pois as tribos precisavam mudar de estratégia em resposta aos recursos, que mudavam a todo momento. Qualquer pessoa que já tenha tido um negócio próprio vai entender: num dia você é do marketing; em outros é do administrativo; e em outros é do serviço de atendimento ao cliente. Você precisa saber fazer *tudo*.

Tudo isso, assim como a vida nômade, tornava o trabalho interessante. O *Homo sapiens* caçava, pescava ou coletava em diferentes cenários e fazia novas descobertas. Cada novo local exigia *adaptação* — ao clima, à duração do dia, ao terreno — e ao mesmo tempo oferecia ocasiões para desenvolver novas habilidades. Acreditamos que o *Homo sapiens* gastava apenas de três a cinco horas por dia trabalhando.[9] Com essa "jornada" curta, havia tempo de sobra não só para o aprendizado, mas também para o lazer, a socialização e a exploração.

A exploração desapressada, por sua vez, estimulou a *criatividade* e a *inovação*. Nossos ancestrais usaram seus poderosos cérebros para obter resultados descomunais tanto para os indivíduos como para a espécie. Enquanto a arqueologia neandertal mostra pouco progresso em termos tecnológicos ou de cultura, a arte e a tecnologia do *Homo sapiens* se desenvolveram num ritmo impressionante. As armas foram se tornando cada vez mais complexas, com um número cada vez maior de peças. Barcos sofisticados nos permitiram chegar à Austrália, colonizando terras inacessíveis a outras espécies. Pinturas rupestres simples se complexificaram e com o tempo evoluíram para criaturas míticas pintadas em marfim e cerâmica.

Como caçadores-coletores, éramos tão inovadores que inovamos a nós mesmos e deixamos esse modo de vida para trás. Fizemos isso, em parte, inventando a estocagem de alimentos, o que nos poupou o esforço de ter que estar sempre vagando em busca da próxima refeição. E, após inventarmos a estocagem de alimentos, fomos repetindo as mesmas ações várias e várias vezes, nos tornando cada vez melhores. As técnicas de armazenamento evoluíram rapidamente, desde o uso de peles de animais até cerâmica cozida em forno e unidades de resfriamento.[10] Por volta de 10 000 a.C., a caça e a coleta deram lugar a uma forma de trabalho drasticamente diferente: a agricultura.

Durante centenas de milhares de anos, a criatividade, a adaptabilidade e o generalismo haviam servido à nossa espécie de maneira brilhante. A era de trabalho seguinte, porém, veria o surgimento de um novo conjunto de problemas, exigindo que reaproveitássemos rapidamente o mesmo maquinário cognitivo.

TRABALHO AGRÍCOLA: QUANDO O TRABALHO SE TORNOU EMPREGO

Por mais comum que nos pareça agora, está claro que a agricultura representou um momento de mudança radical na nossa história — sem dúvida o salto mais importante na história dos hominídeos em questão de trabalho. A caça, a coleta e a pesca colhem a generosidade da natureza. A agricultura e o pastoreio exigem que os humanos *alterem* a própria natureza. A coleta de alimentos e a agricultura são modos de vida tão diferentes — com a coleta trazendo tantos benefícios para os indivíduos, e a agricultura tão poucos — que os arqueólogos têm dificuldade para explicar por que fizemos essa troca.[11]

Até onde sabemos, a agricultura surgiu por volta de 10 000 a.C. no Levante, região da Ásia ocidental atualmente ocupada por Turquia, Líbano, Israel, Jordânia e Síria. Mais uma vez, foi o clima que pavimentou o caminho para a mudança, desta vez com o aquecimento global. Antes desse período, as eras glaciais significavam secas, com a água doce retida nas calotas polares e nas enormes camadas de gelo que cobriam Europa, Ásia e América do Norte. O dióxido de carbono era sequestrado nos oceanos congelados, então até as plantas tinham dificuldade para sobreviver. Enormes nuvens de poeira varriam o mundo. Embora tenha havido períodos mais quentes, eles foram breves e inconstantes demais para permitir a agricultura.

No fim da última era do gelo, porém, o aquecimento global gerou mais chuvas, além de um aumento no nível do mar e nos índices de dióxido de carbono na atmosfera. As florestas encolheram, enquanto as áreas gramadas, com grãos silvestres comestíveis, cresceram. De início, nossos ancestrais colhiam esses grãos; mais tarde, passaram a selecionar os domesticáveis.[12]

Junto com a estocagem de alimentos, os primeiros aprendizados sobre domesticação de animais e plantas permitiram que as tribos, antes nômades, permanecessem num mesmo lugar por longos períodos. A caça e a coleta coexistiam com a agricultura — ainda hoje existem algumas culturas de caçadores-coletores —, mas, à medida que a tecnologia foi ficando mais sofisticada, os assentamentos mais elaborados e o comércio mais fluido, as sociedades agrícolas passaram a dominar o planeta. A vida se tornou sedentária, as populações cresceram rápido, e adotamos uma nova forma de trabalho.[13]

O que unia caçadores-coletores e agricultores era a conexão com a terra. Ambos estavam à mercê do clima e recorriam a espíritos e deuses para entendê-lo.

Mas as semelhanças paravam por aí.

Enquanto os caçadores-coletores seguiram a trilha da natureza, vagando em busca dos recursos disponíveis, os agricultores mudaram a natureza de acordo com suas necessidades. Removeram espécies naturais do território onde estavam e as substituíram por plantas domesticadas. Os pastores também impuseram sua vontade à evolução, criando animais dóceis — fosse para o trabalho de carga ou para servir de alimento.

Subjugar a natureza exigiu planejamento numa escala sem precedentes. Os caçadores-coletores recolhiam o que havia disponível. Em geral não precisavam pensar além do almoço do dia seguinte, porque quase sempre precisavam realizar as mesmas tarefas. Por outro lado, os agricultores precisavam levar em conta todas as formas por meio das quais a natureza poderia frustrá-los.[14] Os horizontes de tempo variavam: eles precisavam se programar para os próximos dias (para planejar a ordem da colheita), meses (para cronometrar as diferentes colheitas), anos (para propagar as plantas ou os animais com as características certas) e décadas (para armazenar alimentos e evitar a fome).

Não por acaso, os marcos arquitetônicos mais importantes das sociedades agrícolas são os celeiros — gigantescas unidades de armazenamento de grãos. Os celeiros são contas de poupança coletivas. Os primeiros agricultores trabalharam juntos para construí-los e depois enchê-los. Reflita sobre a mentalidade desses trabalhadores: *Podemos precisar desses alimentos se alguma coisa der errado em nossos campos. Posso não estar vivo quando isso acontecer, mas meus filhos estarão. Seja como for, ficarei feliz em saber que essas reservas existem.*

A capacidade de pensar no futuro chama-se *prospecção*, e é parte do que tornou possível a agricultura. Esse grau de visão do futuro é exclusivo do *Homo sapiens*, produto da parceria entre nossos poderosos lobos parietal e frontal.[15] Os caçadores-coletores, por exemplo, demonstraram essa capacidade ao desenvolver mecanismos de armazenamento de animais e alimentos. Mas foi o *Homo sapiens* agrícola que abraçou totalmente a prospecção, e o planejamento em particular, como melhor defesa contra os caprichos da natureza. Ainda hoje, análises de pensamento em tempo real mostram que 74% do nosso pensamento prospectivo é dedicado ao planejamento.[16]

Essa capacidade extremamente poderosa, porém, tem um lado sombrio.

Os caçadores-coletores sem dúvida conheciam o *medo*, principalmente em resposta ao perigo imediato: Leopardo! Enchente! Nossa reação de luta ou fuga evoluiu para nos proteger dessas ameaças altamente específicas do momento presente.

Por outro lado, os agricultores estavam acostumados a *se preocupar*. Em seus esforços para controlar a natureza, as sociedades agrícolas aprenderam muito, e rápido, sobre todas as possíveis maneiras de algo dar errado. A seca pode acabar com a colheita. Pragas podem dizimar seu gado — ou sua família. A saúde dos primeiros agricultores era notoriamente ruim devido à combinação de má alimentação e doenças propagadas por vizinhos e animais. O aumento da densidade populacional agravou esses problemas. Nos assentamentos antigos não havia conhecimento sobre descarte de lixo e dejetos humanos, e as doenças se alastravam facilmente.[17]

A preocupação prolongada a respeito de acontecimentos distantes e nebulosos é o que chamamos de ansiedade.[18] Se não for controlada, a ansiedade pode ser desastrosa tanto para indivíduos quanto para sociedades. Em nível individual, os transtornos de ansiedade podem causar um estado emocional tão debilitante que a pessoa torna-se incapaz de trabalhar. Em nível coletivo, podem produzir padrões prejudiciais de tomada de decisão.

A ansiedade é nosso primeiro exemplo das consequências da incompatibilidade entre o tipo de trabalho que nosso cérebro evoluiu para fazer — o de caça e coleta — e o mundo de trabalho que nossa espécie criou para si mesma. *Em outras palavras: nosso cérebro não estava projetado para o trabalho estabelecido a partir da Revolução Agrícola.* Para ter sucesso, precisávamos nos apoiar em partes de nossa herança psicológica que ainda faziam sentido e lidar com as partes que nos colocavam em risco de obter resultados ruins.

A capacidade de se adaptar — nos âmbitos psicológico e comportamental — a novos desafios sem sofrer consequências piores é conhecida como resiliência. Os caçadores-coletores precisavam de resiliência para lidar com reveses naturais, como avalanches ou incêndios. Os agricultores tinham que ser resilientes na lida diária não só com os desafios da natureza, mas também com o descompasso entre sua psicologia interna e seu novo mundo de trabalho.

Embora paralisante quando em excesso, em pequenas doses a ansiedade pode ser benéfica para o nosso desempenho. Como veremos no capítulo 4, a resiliência nos permite reagir às preocupações e usá-las a nosso favor. Agricultores e pastores bem-sucedidos tiveram que aprender a ter o comando cognitivo da ansiedade, usando-a para fazer planos sem deixá-la sair de controle.

A mudança para a agricultura produziu outra importante incompatibilidade entre nosso cérebro coletor e generalista e a especialização exigida pela lavoura. Os caçadores-coletores precisavam ter o conhecimento de um amplo conjunto de habilidades, porque a cada momento estavam num ambiente diferente. Já para os agricultores — presos num só lugar, na mesma atividade por anos a fio — valia a pena adquirir conhecimentos especializados. Se você nasce numa tribo que cria cabras no sopé de uma montanha no nordeste do Levante, é melhor entender do assunto. Os agricultores podem se concentrar em uma espécie de grão ou em um aspecto da produção, como a fabricação de farinha.

Uma imagem pavorosa dessa especialização e da monotonia que a acompanha vem dos esqueletos encontrados em Xinglongwa, na China. Jovem mulheres dessa cultura apresentavam joelhos deformados por uma vida inteira ajoelhadas no rebolo.[19] Dia após dia, hora após hora, elas se agachavam e repetiam a mesma tarefa enquanto seus corpos se deformavam. Ao redor do mundo, estudos dos esqueletos de *sapiens* agrícolas mostram vários tipos de deformidades desconhecidas pelos caçadores-coletores, entre as quais hérnia de disco e artrite. Tal como nossos cérebros, nossos corpos não evoluíram para a agricultura.

A agricultura também distorceu nossa estrutura social, permitindo que alguns poucos indivíduos bem-sucedidos acumulassem enormes quantidades de riqueza. Embora não tenham nascido como regimes tirânicos, a maioria das sociedades agrícolas evoluiu nessa direção. Os déspotas impuseram uma estratificação social extrema, incluindo nesse sistema a escravidão humana. Já entre os caçadores-coletores a escravidão era mais rara, pois para ser amplamente instituída seria necessário que houvesse forte estratificação social, alta densidade populacional e grande excedente econômico. As consequências disso permanecem até hoje: em 2019, havia cerca de 40 milhões de pessoas no mundo submetidas a trabalhos forçados, entre as quais cerca de 10 milhões eram crianças.[20]

Em quase todas as métricas, a mudança para a agricultura parece uma escolha intrigante. Como espécie, trocamos um trabalho envolvente e tempo de lazer por mais horas de trabalho, muitas vezes escravo, monotonia e alimentação pior para todos. Provavelmente alguns se rebelaram, persistindo no antiquado trabalho de caça. Mas com o tempo essas oportunidades foram diminuindo. Por volta do ano 100, restavam no mundo apenas entre 1 e 2 milhões de caçadores-coletores, quase nada em comparação com 250 milhões de agricultores.[21] A grande massa era pobre, e muitos não tinham qualquer apego ao trabalho, vivendo provavelmente entediados.

O TRABALHO COM MÁQUINAS: O MAL-ESTAR NA INDUSTRIALIZAÇÃO

Fomos caçadores-coletores durante 200 mil anos. Somos agricultores há cerca de 10 mil. A segunda mudança mais drástica no mundo de trabalho ocorreu apenas trezentos anos atrás: a Revolução Industrial.

Os registros remanescentes nos oferecem relatos em primeira mão de como era o trabalho industrial. Entre eles está o testemunho dado em 1832 por um operário fabril de 22 anos, Matthew Crabtree, convocado perante o

Parlamento britânico durante uma investigação sobre as condições de trabalho infantil. O parlamentar Michael Sadler comandou o inquérito, convocando nada menos que 89 testemunhas para depor diante de um comitê especial.[22] A seguir, o depoimento de Crabtree ao ser questionado pelo próprio Sadler — uma entrevista tão vívida que decidimos citá-la na íntegra:

Michael Sadler: Com que idade o senhor começou a trabalhar [numa fábrica]?
Matthew Crabtree: Aos oito anos.

MS: Poderia nos dizer os horários de entrada e saída de seu primeiro emprego?

MC: Eu entrava às seis da manhã e saía às oito da noite.

MS: E quando era preciso aumentar a produção?

MC: Das cinco da manhã às nove da noite.

MS: O senhor pode declarar o efeito que essas longas horas de trabalho tiveram sobre seu estado de saúde e seus sentimentos?

MC: Por trabalhar tantas horas, eu geralmente estava muito cansado à noite, ao sair do trabalho; a tal ponto que às vezes dormia andando e acordava ao tropeçar; ficava doente com tanta frequência que não conseguia comer, e vomitava o que comia.

MS: O que o senhor fazia na fábrica?

MC: Eu era cardeiro.

MS: A função do cardeiro é tirar a cardagem de uma parte da maquinaria e colo-car em outra?

MC: Exatamente.

MS: O senhor não acha, por experiência própria, que a velocidade do maquinário é calculada de modo a exigir o máximo esforço de uma criança, supondo que o número de horas de trabalho seja moderado?

MC: É a velocidade máxima em que elas são capazes de trabalhar, e perto do fim do dia de trabalho, quando estão mais cansadas, elas não conseguem acom-panhar o ritmo, por isso, como uma espécie de incentivo, são espancadas. A máquina produz uma quantidade de mantas cardadas a um ritmo regular, e, claro, as crianças têm que trabalhar com a mesma regularidade ao longo do dia; precisam acompanhar o ritmo da máquina. Assim, por mais que [o supervisor] seja humano, ele também tem que acompanhar o ritmo da má-quina, pois do contrário é penalizado. Assim, ele emprega diversos meios para incitar uma criança a acompanhar o ritmo da máquina, e o mais comum é açoitá-las quando pegam no sono.

MS: Em caso de atraso, o senhor ficava apreensivo, na expectativa de ser cruelmente espancado?

MC: Eu normalmente era espancado nesses casos, e, ao me levantar de manhã, sentia-me tão apreensivo que costumava correr o caminho todo até o moinho chorando o tempo inteiro.

MS: Então, por tudo o que viu e por sua própria experiência, o senhor acredita que essas longas horas de trabalho têm o efeito de tornar extremamente infelizes os jovens sujeitos a elas?

MC: Sim.

MS: O senhor parece sugerir que essa surra é absolutamente necessária para manter as crianças ocupadas no trabalho; essa prática é universal em todas as fábricas?

MC: Já estive em várias outras fábricas e testemunhei a mesma crueldade em todas elas.[23]

O depoimento de Crabtree — amplamente divulgado por ativistas, por um lado, e condenado por simpatizantes dos industriais, por outro — mostra tanto o que o trabalho se tornou quanto o que nossa espécie vinha fazendo com essas mudanças.

Aprendemos, por exemplo, que o ritmo do trabalho agora é imposto por máquinas. Os trabalhadores industriais não acompanham as estações do ano, nem os rebanhos errantes, mas os motores feitos pelo homem. A agência humana é irrelevante para esse tipo de trabalho fabril. Precisão mecanicista e consistência são primordiais. Quando um par de mãos vacila, diminui a produtividade de centenas de outros. Ao contrário dos agricultores, os operários das fábricas não precisam se planejar. As máquinas e seus arquitetos cuidam disso. Resultado: a prospecção caiu em desuso como habilidade de trabalho essencial.

Com base no testemunho de Crabtree, aprendemos também sobre a redução do trabalho a tarefas altamente específicas e repetitivas, como a cardagem. O movimento de especialização que começou com a agricultura atingiu agora sua forma mais extrema: a segmentação total do esforço. Por mais tediosa que fosse a vida na agricultura, na Revolução Industrial o tédio alcançou níveis sem precedentes, pois os trabalhadores fabris passavam horas repetindo a mesma série de movimentos, dia após dia, sem qualquer conexão com o mundo natural e com um vínculo mínimo com o produto de seu trabalho. O trabalho na fábrica piorou todos os aspectos já desumanos da agricultura.[24]

Assim como aconteceu durante a mudança da caça e coleta para a agricultura, nossa espécie se tornou vítima de seu próprio sucesso. Toda a magnífica complexidade cognitiva do cérebro humano foi posta em funcionamento no projeto das máquinas — e foi nesse momento que o processo criativo travou. Ironicamente, para aqueles que operavam as máquinas, quase nada dessa complexidade era necessário no trabalho em si. Só o *Homo sapiens* poderia ter imaginado um descaroçador de algodão, mas é bem possível que um neandertal fosse capaz de operá-lo.

Quando a maré industrial começou a virar, não houve como pará-la. As pessoas iam para onde houvesse trabalho. A própria agricultura se tornou cada vez mais mecanizada, e o trabalho agrícola secou — lentamente no início, mas depois de forma drástica. De 1900 a 1940, 40% da força de trabalho dos Estados Unidos foi deslocada da agricultura para as fábricas. Os trabalhadores deixaram o campo e inundaram as cidades para preencher vagas nas linhas de montagem.[25]

A resiliência psicológica, já importante para os agricultores, se tornou ainda mais essencial num cenário em que os trabalhadores precisavam suportar longas horas de trabalho em condições adversas e longe da família. O mesmo valia para o apoio social; quem tinha acabado de migrar do campo para a cidade não participava de nenhuma comunidade fora da fábrica. Isso foi construído do zero. Surgiram novos agrupamentos sociais com a evidente finalidade de mitigar a turbulência financeira. Oferecendo serviços financeiros e sociais a seus membros, a associação foi considerada a instituição da classe trabalhadora inglesa mais característica da época.[26] Em 1761, por exemplo, a Fenwick Weavers Society — talvez a primeira cooperativa moderna — foi criada para apoiar os tecelões necessitados e garantir salários justos para todos.[27] Sindicatos trabalhistas de larga escala e partidos políticos logo se uniram em torno desses objetivos. No início, porém, essas pequenas sociedades locais buscavam aumentar a resiliência daqueles que enfrentavam dificuldades para se adaptar. Foi graças a uma dessas sociedades que o avô de Gabriella, recém-imigrado para os Estados Unidos, conseguiu seu primeiro emprego no Brooklyn... e conheceu sua futura esposa.

Muitos não tiveram sucesso. Nosso cérebro não foi construído para lidar com a vida na fábrica, mas para tratar com predadores, tempestades e discussões tribais. Nosso corpo não foi construído para a cardagem, mas para caminhar, coletar, caçar e bater papo. Não surpreende que tenhamos sofrido com essa mudança de rumo, mas essa foi a primeira era da qual temos registros dos custos individual e social desse descompasso entre vida e trabalho.

Já vimos a preocupação de Michael Sadler com esse custo psicológico: "Então o senhor acredita que essas longas horas de trabalho têm o efeito de tornar extremamente infelizes os jovens sujeitos a elas?", indaga ele, fazendo uma pergunta claramente direcionada. O objetivo de Sadler era destacar não apenas os danos físicos causados pela vida fabril, mas também os emocionais.

Não havia como ignorar o elo entre trabalho e bem-estar no mundo industrializado, que levava os trabalhadores ao limite físico e ao mesmo tempo deixava de lado seus muitos dons intelectuais. Ainda que os seres humanos possuíssem um cérebro que havia evoluído para um dia de trabalho de três a cinco horas de caça e coleta lenta e baseada em descobertas, a expectativa dos donos de fábrica no século XIX era a de que crianças de oito anos suportassem turnos de catorze a dezesseis horas diárias de trabalho repetitivo. (Hoje em dia, 160 milhões de crianças em todo o mundo ainda trabalham, metade delas em condições de risco.)[28]

Como resultado, muitos trabalhadores industriais passaram a sofrer de transtornos mentais. Na época, os rótulos eram outros: falava-se em "neurastenia" e "histeria", em vez de ansiedade, depressão e fadiga crônica. A neurastenia — termo cunhado em 1869 pelo neurologista americano George Beard e descrito como uma "exaustão dos nervos" —, em particular, se tornou um diagnóstico extremamente comum nas décadas seguintes.[29] Segundo as descrições, os pacientes neurastênicos encontravam-se esgotados pelo ritmo da vida moderna. Embora por vezes fosse considerada um transtorno dos ricos, os registros mostram como a neurastenia afetou a classe trabalhadora. Em 1906, a neurastenia representava 11% dos diagnósticos no Queen Square Hospital, em Londres.[30] Do outro lado do oceano, em 1911, uma clínica da cidade de Nova York registrou uma prevalência alarmantemente alta de neurastenia entre trabalhadores de fábricas de roupas.[31]

Os ecos desse sofrimento são ouvidos até hoje. Em 2018, o pesquisador do trabalho Martin Obschonka e sua equipe analisaram dados de personalidade e bem-estar de toda a Inglaterra e do País de Gales, e compararam áreas geográficas que já haviam sido fortemente industrializadas — regiões onde havia minas de carvão, por exemplo, ou manufaturas a vapor — com áreas menos industrializadas. Os moradores atuais de regiões que no passado foram fortemente industrializadas mostram maior neuroticismo, menor satisfação com a vida e índices mais baixos de conscienciosidade — isso muitas décadas após o fechamento das fábricas.[32] Obschonka e sua equipe replicaram essa análise com sucesso nos Estados Unidos, demonstrando que mesmo hoje, passados tantos anos da Revolução Industrial, o estrago psicológico que ela causou em nós continua assombrando as sociedades.[33]

Os operários lidavam com o estresse de suas novas vidas de diversas maneiras, alguns de modo mais saudável que outros. A automedicação com bebidas alcoólicas se tornou generalizada. Novos métodos de destilação permitiram a produção em massa de bebidas, que se tornaram mais baratas, mais fortes e mais acessíveis do que nunca, sobretudo para a classe trabalhadora urbana.[34] Para empregados solitários e isolados, que trabalhavam longas horas longe de casa, a bebida se tornou um amigo barato e leal.

Em 1844, o jovem Friedrich Engels descreveu o flagelo da embriaguez que observava entre os trabalhadores da fábrica de sua família em Manchester, citando relatos segundo os quais havia 30 mil bêbados nas ruas de Glasgow, com 10% dos imóveis da cidade funcionando como bares, e afirmando que a quantidade de bebidas alcoólicas consumidas na Inglaterra quadruplicara entre 1823 e 1840. Sobre a situação de Manchester, escreveu:

> Nas noites de sábado [...], quando toda a classe trabalhadora sai de seus bairros pobres para as vias principais, o alcoolismo pode ser visto em toda a sua brutalidade. Raramente saí de Manchester em uma noite dessas sem encontrar várias pessoas cambaleando e ver outras caídas na sarjeta [...]. Quando se vê a propagação do alcoolismo entre os trabalhadores da Inglaterra [...], a deterioração de sua aparência, a terrível destruição da saúde mental e física, fica fácil imaginar a ruína de todas as relações domésticas que ocorre por conta disso.[35]

A intenção de Engels não era aperfeiçoar, mas expor o sistema capitalista. Ainda naquele ano, ele se encontraria com Karl Marx pela segunda vez, em Paris. O encontro marcou o início de uma colaboração que resultaria no *Manifesto comunista*. Para Marx e Engels, os males do mundo moderno do trabalho, tão prejudiciais ao espírito humano, seriam mais bem resolvidos com a derrubada total do capitalismo. Se fora ele o responsável por causar tais males, então era ele que deveria desaparecer.

Alguns tentaram ajudar. Robert Law, natural de Chicago, foi um dos primeiros empresários americanos conhecidos que decidiram intervir na situação. Ele começou aos poucos, em 1863, levando um funcionário que lutava contra o alcoolismo para morar em sua casa até que ficasse sóbrio. Vendo que o programa de reabilitação havia dado certo, Law abriu uma das primeiras casas de reabilitação para alcoólatras da história. Dessa tradição começaram a surgir os programas de assistência ao empregado. Na década de 1920, empregadores progressistas como a Eastman Kodak costumavam oferecê-los a todos os funcionários que lutavam contra o vício.[36]

Alguns estudiosos veem esses movimentos com reserva, argumentando que eles nasceram do desejo de impedir a proliferação de sentimentos socialistas. Outra explicação estaria nos interesses mais imediatos dos donos das fábricas, que começaram a entender que ter trabalhadores sempre alcoolizados era ruim para os negócios. Esse ponto de vista se encaixava numa nova obsessão que tomava forma: a *produtividade*. Um engenheiro chamado Frederick Taylor, o primeiro guru mundial da eficiência, popularizou a ideia de que, para ser bem-sucedidas, as empresas precisam maximizar a produção do trabalhador, e de que uma força de trabalho sóbria é mais produtiva.

A partir dessa confluência peculiar de motivos — caritativos, egoístas —, chegamos ao paternalismo estruturado do ambiente de trabalho moderno e à função dos recursos humanos (RH).[37] Hoje, 97% dos grandes empregadores oferecem programas de assistência ao empregado por meio do departamento de RH, dando suporte no combate a todas as variedades de problemas de saúde mental, muito além dos vícios. *Espera-se* que as empresas ofereçam ajuda àqueles que sofrem de doenças físicas e emocionais. O legado dos programas de assistência ao empregado é benevolente e capitalista. Também é corretivo e tem diversas desvantagens. No capítulo 10, voltaremos a tratar do modelo de assistência ao empregado e suas deficiências, e ofereceremos uma abordagem alternativa mais bem-adaptada aos princípios da ciência comportamental.

Nosso foco não é apenas mitigar danos. O máximo que os empregadores da época da Revolução Industrial podiam fazer era ajudar seus funcionários a se manterem sóbrios. Era um começo. Desta vez, no alvorecer de uma nova mudança drástica no mundo de trabalho, temos não só a oportunidade de prevenir danos, mas também, e mais importante, de cultivar a excelência, a inovação e o bem-estar. Hoje, após centenas, senão milhares de anos, habilidades exclusivamente humanas como a prospecção e a criatividade voltaram a ser essenciais. O brilhantismo desse momento está em nosso potencial de testar os limites dos superpoderes do *sapiens*. Se a agricultura e a industrialização desumanizaram o trabalho, a era que temos pela frente abriga o potencial de reumanizá-lo de maneiras novas e inspiradoras.

Para chegar lá, precisamos ter clareza do que o futuro próximo exigirá de nós, além de reconhecer e tirar proveito da nossa vantagem histórica única — a saber, a ciência comportamental moderna e o conhecimento de como fortalecer as habilidades necessárias não apenas para sobreviver, mas para prosperar.

Para a maioria de nós, o trabalho não tem mais nada a ver com colher frutas, escalar árvores ou pescar, tarefas para as quais nossos cérebros evoluíram. Nesse sentido, há bons motivos para temer os desconfortáveis desencontros que acontecerão. Ainda assim, também é graças a esses cérebros extremamente poderosos de caçadores-coletores que podemos nos preparar para o que está por vir — aliás, para o que, de muitas formas, já está acontecendo.

2. Os experimentos gêmeos: A automação e o mundo de trabalho nas corredeiras

Assim como o pai, e depois o filho, Robert VanOrden, morador do Michigan, trabalhava com carros. Durante o dia, controlava os sistemas de calefação e resfriamento da linha de montagem da General Motors Detroit-Hamtramck.[1] No tempo livre, ele e Robert VanOrden Jr. consertavam automóveis usados e os revendiam por um pequeno lucro.[2]

Como operário fabril, VanOrden se beneficiou de uma controversa decisão tomada pela prefeitura de Hamtramck nos anos 1980. A cidade havia recorrido a leis de direito de propriedade para se apropriar de 120 hectares de terra no bairro de Poletown para a fábrica da GM. Muitos se opuseram à decisão, céticos em relação às recompensas prometidas.[3] Ao longo dos anos, os membros da comunidade iam e vinham de seus empregos na fábrica, dependendo dela para ter renda. Mas a ferida da apropriação do terreno nunca cicatrizou totalmente.

Em novembro de 2018, houve uma segunda decisão polêmica, desta vez não da cidade, mas da própria General Motors. A CEO Mary Barra, filha de um operário da GM, e ela própria funcionária da GM desde os dezoito anos, decidiu fechar as instalações de Hamtramck.

"A GM quer se manter à frente das mudanças de mercado e nas preferências dos clientes para ter sucesso a longo prazo", explicou Barra. "O que estamos fazendo é transformar a empresa. Quando olhamos para essa indústria e vemos novidades como propulsão, direção autônoma e compartilhamento de carona, percebemos que ela está mudando muito rápido. Queremos ficar à frente dessa mudança enquanto a empresa e a economia estiverem fortes [...]. Podemos reduzir nossos gastos de capital e ao mesmo tempo investir em veículos elétricos e autônomos."

Barra tem formação em engenharia elétrica e já administrou a fábrica de Hamtramck.[4] Seu talento chamou a atenção de seu antecessor, Dan Akerson, quando ela era vice-presidente de recursos humanos, cargo que a aproximaria das mudanças nas exigências de talentos da empresa centenária. Sua nomeação como CEO em 2013 foi anunciada pelo *Wall Street Journal* como um grande avanço para as mulheres.[5] Desde então, Barra se tornou conhecida pelo compromisso em melhorar a qualidade e a marca da GM. Ela aproveitou a difícil decisão de fechar Hamtramck para informar ao mercado que, assim como os próprios carros estavam evoluindo, o perfil do trabalhador da GM também precisava mudar: "Precisamos ter certeza de que temos o conjunto de habilidades certo não apenas para a GM hoje, mas para o futuro; assim, os senhores vão nos ver não apenas contratando, mas também demitindo pessoas".[6]

A GM Cruise, empresa automotiva de veículos autônomos localizada em San Francisco, estava entre as que continuariam contratando, enquanto Hamtramck e outras demitiram milhares de funcionários.

As autoridades de Hamtramck estimaram que as demissões causariam uma perda de quase 1 milhão de dólares no orçamento anual da cidade e de 115 mil dólares no fundo de auxílio escolar. Para os antigos moradores de Hamtramck, o fechamento da fábrica comprovou uma crescente desconfiança. O colunista John Gallagher deu voz a esse ressentimento: "Como disse William Faulkner certa vez, o passado não está morto, nem mesmo é passado. Quase quarenta anos após Detroit concordar em destruir um bairro para construir uma fábrica de automóveis, não se surpreenda se as feridas ainda sangrarem, as lembranças permanecerem fortes e as perguntas não desaparecerem".[7]

Robert estava entre os que perderam o emprego, correndo o risco de ter a hipoteca executada. A notícia foi um choque.

"Fiquei arrasado", ele comentou na época. "Fiquei sentado na varanda por horas, pensando na vida e no que fazer. Eu sou um cara esperto e não bebo nem uso drogas. Então me concentrei e disse: 'Aqui estou, com a idade que tenho, e vou ter que me reconstruir do zero'."

No mundo atual do trabalho, reconstruir-se do zero se tornou um modo de vida.[8]

Começamos uma carreira, damos um giro de 180 graus conforme o mercado e a tecnologia mudam e depois fazemos tudo de novo. A covid-19 deixou isso bem claro para muitos que não sabiam que o assim chamado futuro do trabalho realmente havia chegado. Para milhões de trabalhadores, porém, essa realidade é muito anterior à pandemia.

Cerca de sete anos atrás, nosso colega John Seely Brown (JSB), o futurista ex-cientista-chefe da Xerox, e sua colega de escrita Ann Pendleton-Jullian começaram a descrever isso como o "mundo de trabalho nas corredeiras". JSB é uma lenda no Vale do Silício, conhecido por suas motos BMW, pelas perguntas incisivas e por ter liderado, durante as décadas de 1980 e 1990, a equipe Xerox PARC que inventou a impressora a laser e a interface gráfica do usuário. Essa interface serviu de base para as interações de "área de trabalho" com menus, pastas e mouse.

JSB também é bom com metáforas: "Para os meus pais", diz, "a típica trajetória profissional era como a de um navio a vapor — ligar os motores e seguir em frente a toda velocidade. Para a minha geração, o percurso era mais parecido com o de um veleiro — precisamos fazer manobras habilidosas para chegar bem perto de onde pensávamos que chegaríamos. Mas os formandos de hoje precisam ser mais como canoístas em corredeiras, analisando e reagindo rapidamente a um fluxo em constante mudança, se conhecendo e confiando em si mesmos para não entrar em pânico".[9]

A sensação de descer uma corredeira de caiaque captura bem muitas das tensões que vivemos hoje no trabalho. Estamos sozinhos no caiaque, sendo levados pela correnteza em nosso ambiente imediato — mas ao mesmo tempo estamos assistindo a eventos globais de grande magnitude que impactarão milhões de pessoas. Por um lado, para aqueles que são capazes de usar essas corredeiras a seu favor, as oportunidades são inúmeras; por outro, a incerteza constante gera estresse e pânico capazes de frustrar até mesmo os indivíduos mais engenhosos e trabalhadores.

A metáfora da corredeira também sugere que estamos voltando a alguns pontos fortes do modo de vida do caçador-coletor. Tal como nossos ancestrais, todos devemos ser capazes de compreender o ambiente ao nosso redor, fazendo uma análise ampla das ameaças e oportunidades. Lá atrás, a chegada de uma manada de caribus transformava toda uma tribo em caçadores, açougueiros e cozinheiros. Em seguida, a descoberta de frutos silvestres transformou todos em coletores. Evoluímos para ser generalistas capazes de aproveitar as oportunidades locais com grande agilidade. Essa mesma receita de sucesso se aplica às incógnitas do atual mercado.

Não há precedentes para o *ritmo* e o *tipo* de mudanças que enfrentamos no trabalho hoje. Para alcançar o sucesso nesse ritmo e tipo de incerteza — não só sobreviver, mas de fato aproveitar ao máximo as oportunidades para prosperar —, precisamos de um conjunto único de habilidades emocionais, sociais e cognitivas.[10] Compreender essas duas dimensões do desafio pode ajudar a nos preparar para reagir.

O RITMO DA MUDANÇA

Durante a Revolução Industrial, o mundo já parecia estar girando rápido demais para os nossos antepassados. Como podemos comparar o ritmo de mudança hoje com o de cem anos atrás?

Uma forma de responder a essa pergunta é pela lente do deslocamento de empregos — ou seja, o número de empregos que estão sendo substituídos. Em alguns casos, são trabalhos que desaparecem, talvez tomados por máquinas. Em outros, o trabalho se transformou, de modo que um novo tipo de emprego — por exemplo, a cardagem — substitui o anterior. Na primeira revolução trabalhista, foram necessários cerca de 10 mil anos para que a agricultura substituísse totalmente a caça e a coleta como nova forma de trabalho. A partir da industrialização, temos dados mais precisos e confiáveis. Segundo uma análise de dados do Departamento do Censo dos Estados Unidos feita pela Bain, o deslocamento de empregos nos Estados Unidos ocorreu a um ritmo de 40% de 1900 a 1940. Ou seja, nos últimos quarenta anos da Revolução Industrial, 40% dos trabalhadores americanos viram seu trabalho ser tomado ou substituído por novas tecnologias. Faz sentido que esse deslocamento se dê mais rápido no fim da era, devido ao número e ao tamanho das fábricas em funcionamento e à grande quantidade de áreas urbanas consolidadas e com habitação disponível.

E como esses números se comparam ao ritmo de deslocamento atual? Na maioria das estimativas, o ano de 2020 ainda faz parte do primeiro capítulo deste novo mundo de trabalho. No entanto, de acordo com a mesma análise de 2018 dos dados do Censo, algo entre 20% e 25% da força de trabalho dos Estados Unidos será substituída pela automação já entre os próximos dez a vinte anos.[11]

Em outras palavras, o deslocamento de empregos hoje, no *início* dessa transformação, está acontecendo duas vezes mais rápido do que em 1900, no auge da industrialização. E esse ritmo não para de acelerar. Estima-se que, em 2018, 71% do total de tarefas de trabalho foram executadas por seres humanos, e 29% por máquinas. O Fórum Econômico Mundial estima que até 2025 esses números se igualarão — 50% de cada lado.[12] Até 2030, de acordo com os modelos de adoção de novas tecnologias do McKinsey Global Institute, 80% de nós seremos substituídos ou teremos redução salarial devido à automação.[13]

Quem impulsiona essa torrente de mudanças é o ritmo da própria inovação tecnológica. Com a sua teoria das mudanças aceleradas, de 2001, o inventor Ray Kurzweil,[14] ganhador da Medalha Nacional de Tecnologia e Inovação pelo trabalho pioneiro em reconhecimento ótico de caracteres e fala, previu o atual aceleramento exponencial da automação, da inteligência artificial e da nanotecnologia. "Não é verdade que vamos vivenciar cem anos de progresso no século XXI", ele escreveu na época. "Na verdade, testemunharemos algo na ordem de 20 mil anos de progresso."[15]

Vinte mil anos de progresso em um século! E quanto à experiência individual dessa mudança? Com que frequência precisaremos "nos reconstruir do zero" ao longo de nossas carreiras? Em outras palavras, *quão rápida é a mudança que vivenciaremos pessoalmente?*

Um substituto útil para definir as expectativas para os ciclos de mudança dentro de um mesmo tempo de vida é o ritmo de aposentadoria das habilidades. Quanto tempo vive uma linguagem de computador, ou as melhores práticas em análise de marketing, ou uma geração de software de gestão de clientes? Quinze anos atrás, JSB calculou esse número em cinco anos. Hoje, diz que está mais perto de dezoito meses. Grupos como o Fórum Econômico Mundial acompanham a evolução da demanda do mercado por habilidades específicas, agrupadas em categorias maiores, ao longo de décadas. Com base nesse monitoramento, estimam que nos reinventaremos profissionalmente mais ou menos a cada dez anos.[16] O monitoramento do McKinsey Global Institute sugere que, até 2030, *todos* os trabalhadores precisarão de novas habilidades, conforme seu trabalho for evoluindo ao lado de sofisticadas máquinas.

Os enormes avanços em veículos elétricos e autônomos viraram o mundo automotivo de cabeça para baixo em apenas uma ou duas décadas. Até 2040, mais da metade dos carros novos no mercado serão elétricos.[17] Por ora, VanOrden e outros podem simplesmente mudar de uma fábrica para outra, mas as habilidades de trabalhadores que entendem de motores a gasolina logo estarão obsoletas. A especialização tem vida curta.

Por um lado, isso nos leva de volta ao generalismo. Tal como nossos ancestrais caçadores-coletores, encontraremos uma ampla base de habilidades generalistas a nosso favor à medida que mudarmos de papéis ao longo do tempo. Alfabetização tecnológica, profissionalismo básico — essas proficiências continuarão sendo valiosas.

Por outro lado, o verdadeiro generalista no mundo de trabalho atual se especializa menos em qualquer habilidade técnica — como caçar ou pescar, antigamente — do que em capacidades psicológicas duradouras. Essas habilidades costumavam ser chamadas de "soft skills", em oposição às "hard skills", como é o caso da programação de computadores. Mas recentemente as "soft skills" foram rebatizadas de "power skills" ou "meta skills" por aqueles que buscam reabilitar sua imagem num mundo de trabalho excessivamente voltado para o treinamento técnico.[18] Essas habilidades psicológicas nos distinguem das máquinas e transcendem qualquer treinamento profissional — tratam das capacidades profundamente humanas de que precisamos para prosperar em meio a mudanças num ambiente de trabalho tão diferente de nossas raízes de caçadores-coletores. O objetivo deste livro é definir e cultivar essas "meta skills" — os poderes do PRISM.

Geração após geração, a industrialização trouxe mudanças. O mundo de trabalho nas corredeiras traz mudanças tão rápido que vamos senti-las *a cada geração*, várias vezes. Espera-se que precisemos nos reconstruir do zero não uma, nem duas, mas muitas vezes ao longo de nossas carreiras. Precisaremos aprender novas habilidades de trabalho para vê-las cair em desuso ou serem transferidas para máquinas. Precisaremos nos reinventar a cada dia. E nossos filhos, e os filhos dos nossos filhos, precisarão fazer o mesmo.

A NATUREZA DA MUDANÇA

Juntamente com a velocidade, a noção de constante imprevisibilidade é inerente à metáfora das corredeiras. Não só o ritmo da mudança é muito mais acelerado hoje, como a própria mudança é de um tipo diferente da que conhecíamos no passado. Segundo JSB, nosso "mundo está mudando rapidamente, cada vez mais interconectado, e, por causa dessa interconectividade cada vez maior, tudo depende mais do que está acontecendo ao redor — muito mais do que nunca".

Esse tipo de mudança, em particular a interação entre eventos globais e locais, atraiu o interesse dos círculos militares e políticos no fim do século XX. Tão usado hoje para descrever nosso ambiente de negócios, por exemplo, o acrônimo VUCA — do inglês para volatilidade, incerteza, complexidade e ambiguidade — foi originalmente cunhado por líderes militares para descrever a imprevisibilidade das mudanças desencadeadas pelo fim da Guerra Fria.[19] Na era pós-Guerra Fria, não havia mais dois poderes se enfrentando — nós e eles; democrático e soviético; individualista e coletivista. De repente, a paisagem geopolítica parecia menos como um quadro de Rothko e mais como um de Jackson Pollock. Partidos multilaterais altamente fragmentados e nebulosos operavam dentro e fora das fronteiras nacionais com motivações sempre cambiantes, imprevisíveis e impossíveis de monitorar. Os soldados tinham que estar preparados para a:

1. Volatilidade: Desafios inesperados e instáveis de duração desconhecida.
2. Incerteza: Eventos imprevisíveis e possivelmente surpreendentes.
3. Complexidade: Um enorme número de variáveis interconectadas que influenciam os eventos.
4. Ambiguidade: Dificuldade de compreender plenamente as causas e os efeitos dos acontecimentos.

O crescimento no uso desse acrônimo mostra que ele repercute cada vez mais na realidade organizacional dos dias de hoje. A fim de ajudar os líderes a terem sucesso no mundo de trabalho, muitas instituições de treinamento de lideranças oferecem ferramentas baseadas em VUCA que aproveitam o pensamento militar.[20]

Cerca de uma década antes do surgimento do VUCA,[21] planejadores e teóricos do design criaram um conceito similar de "problemas complexos" para descrever questões sociais multifacetadas. Em contraste com os problemas mais simples da matemática ou de jogos como o xadrez, os problemas complexos são difíceis de resolver por conta da presença de informações incompletas ou contraditórias, ou de requisitos que mudam. Também pode haver um grande número de partes interessadas e opiniões, de modo que eles costumam estar intimamente ligados a outros problemas. Os problemas complexos, por definição, têm diversas causas e carecem de uma única resposta "certa". Terrorismo, pobreza e aquecimento global são exemplos.[22]

Assim como o VUCA, o conceito de problemas complexos se mostrou útil na estratégia corporativa moderna. Por exemplo, John Camillus, professor da Universidade de Pittsburgh, é especialista em "problemas estratégicos complexos", que tendem a "surgir quando as organizações precisam encarar mudanças constantes ou problemas sem precedentes".[23]

Lembre-se da decisão de Mary Barra de fechar a fábrica em Hamtramck. Barra teve que enfrentar os seguintes problemas complexos: o aquecimento global como um fator para mudar o foco da GM, de automóveis com motor a gasolina para automóveis elétricos; os desafios econômicos locais no estado de Michigan; o ritmo da inovação tecnológica, que vinha dando aos concorrentes uma vantagem, ao passo que a GM concentrava seus recursos em veículos tradicionais; e assim por diante. Cada um desses desafios era por si só assustador, e Barra teve que lidar com todos eles ao mesmo tempo.

Na forma clássica dos problemas complexos, ao fechar várias fábricas, incluindo a de Hamtramck, na tentativa de "resolver" esses desafios, Barra criou um novo conjunto de desafios para seu ramo de atividade. Em 16 de setembro de 2019, 46 mil trabalhadores da GM, todos integrantes do sindicato United Auto Workers, entraram em greve, em protesto contra o fechamento de fábricas. A cada semana a greve custava 450 milhões de dólares à GM. Em um mês, chegou-se a um acordo: a fábrica de Hamtramck reabriria e passaria a produzir carros elétricos, oferecendo 9 mil empregos.[24] Em janeiro de 2020, esse número caiu para 2200.[25] Em cada conjuntura estratégica, as ações de Barra representaram não uma solução, mas sim um gatilho para uma nova complexidade tanto dentro quanto fora da GM.

Os funcionários demitidos da fábrica de Hamtramck continuam se perguntando o que tudo isso acarretará para eles.[26] Robert VanOrden voltou a trabalhar brevemente para a GM em outro lugar, mas, não querendo deixar seu destino nas mãos de um só patrão, resolveu não perder tempo e se candidatou a uma vaga em outra empresa.[27] Com tanta incerteza sobre o status da fábrica de Hamtramck — em relação ao foco da produção e ao número de funcionários —, depois das demissões os trabalhadores entenderam que não poderiam se fiar numa única fábrica, ou num único conjunto de habilidades, como fonte de renda.

A tecnologia que fornece nossa dose diária de VUCA se estende a todos os setores e foros. Está dentro das nossas casas, facilitando a comunicação e a conexão global; e em nossos escritórios, possibilitando o compartilhamento de informações e um trabalho mais rápido. Em 2000, havia 400 milhões de pessoas on-line, a maior parte na América do Norte. Hoje esse número é de 5 bilhões. São 5 bilhões de pontos de origem, 5 bilhões de pontos de amplificação e mutação para qualquer informação — para quaisquer ondulações ou águas caudalosas nas corredeiras ao nosso redor. O tamanho dessa ondulação corresponde ao tamanho do impacto que terá cada informação ou evento global. As ondulações vão interagir — algumas vão amplificar umas às outras, e outras podem se anular. Cada um de nós passa por bilhões de ondulações todos os dias, decidindo a quais delas dar atenção, o que ignorar e o que pode sinalizar uma mudança de vida à qual devemos nos antecipar.

Como é viver com essa mudança? A experiência humana já era bem descrita pela linguagem daqueles estudiosos do final do século XX que estudavam o VUCA e problemas complexos. A volatilidade descreve uma "chance de mudança rápida e imprevisível, *em especial para pior*".[28] E a palavra "complexo", nesse contexto, capta muito bem a valência negativa provocada por esses desafios.

Diante desse tipo de mudança volátil e intransponível, sentimos medo. Na melhor das hipóteses ficamos nauseados, e na pior, apavorados — pequenos diante da complexidade que criamos e não somos mais capazes de controlar.

O PREÇO PSICOLÓGICO DAS CORREDEIRAS

Encarar uma corredeira não é para quem tem coração fraco.

A cada trimestre todos nós perdemos e recuperamos o equilíbrio com novas ferramentas, novos mercados, novas informações. Hoje, sabemos muito mais sobre as consequências negativas dessas condições para a nossa saúde do que sabíamos durante as transformações do trabalho no passado.

Todo ano, a instabilidade no emprego, por exemplo, e a falta de controle do trabalho — subprodutos comuns do VUCA — produzem transtornos psicológicos, problemas de saúde e centenas de milhares de mortes prematuras.[29]

O desemprego, algo que hoje em dia todos nós provavelmente vivenciaremos ao longo da carreira, tem consequências ainda piores. Quando ele ocorre, nossa saúde física e emocional diminui: a pressão arterial, a artrite e os ataques cardíacos aumentam significativamente, assim como os índices de depressão, ansiedade, alcoolismo, uso de drogas e suicídio.[30]

Outro grande risco para o nosso bem-estar vem da natureza da mudança tecnológica ao nosso redor, tendo em vista que a automação tem implicações profundas para a solidão humana. Será cada vez mais normal passar os dias trabalhando com "bots", em vez de seres humanos. O trabalho remoto, que virou a norma em setores não essenciais durante a pandemia, provoca isolamento social.[31] Da década de 1980 para cá, os índices de solidão dobraram nos Estados Unidos. Física e psicologicamente, é ruim ficar sozinho. A solidão está associada a índices mais elevados de depressão. É mais prejudicial do que a obesidade para a saúde, e tão ruim, em risco de mortalidade, quanto fumar um maço de cigarros por dia.[32]

E a solidão também é ruim para os negócios.

Em 2017, nosso laboratório realizou um estudo com 1600 funcionários americanos, e descobrimos que os mais solitários se sentiam mais insatisfeitos no emprego e tinham maior probabilidade de querer pedir demissão nos seis meses seguintes. Também descobrimos que os trabalhadores com maior grau de escolaridade são mais solitários, mesmo considerando outros fatores socioeconômicos. Alguns estudiosos do trabalho preveem que, na próxima década, o aumento da complexidade do trabalho fará com que todos precisem estudar por mais tempo. Isso pode significar um aumento da prevalência e da gravidade da solidão.

Até a covid-19, muitas empresas ainda não estavam convencidas de que o novo mundo de trabalho estava ameaçando nossa saúde. A pandemia destruiu essa ilusão, e de forma irreparável — ao menos isso é o que esperamos. O crescimento drástico das necessidades de saúde mental entre os funcionários, como resultado da covid-19, gerou uma crise para os responsáveis pela saúde organizacional. Os funcionários foram encaminhados automaticamente para centros de serviço despreparados e sobrecarregados. Algumas empresas tentaram oferecer apoio aos demitidos; a maioria estava preocupada demais em tentar descobrir como ajudar os trabalhadores que ainda faziam parte da folha de pagamento.

Assim como todos nós, nossos empregadores estão perdidos. A evolução da espécie não nos capacitou a trabalhar no VUCA das corredeiras, mas o fato é que aqui estamos. Sabemos que, se não agirmos, muitos vão sofrer. Nossa resposta com foco na saúde mental pode ser a mesma que tivemos diante da covid-19 — ou seja, esperar até o estrago estar feito e só então reagir, oferecendo paliativos básicos.

Mas, como alternativa, podemos utilizar nosso conhecimento científico único — nossa vantagem histórica — para encarar as corredeiras que virão e nos posicionar não apenas para sobreviver, mas para prosperar como indivíduos, líderes e sociedade.

3. Nossa vantagem histórica: A ciência da prosperidade

A ciência da psicologia tem obtido muito mais sucesso no lado negativo do que no lado positivo; revelou-nos muito sobre as deficiências do homem, suas doenças, seus pecados, mas pouco sobre suas potencialidades, suas virtudes, suas aspirações alcançáveis ou sua plenitude psicológica. É como se a psicologia tivesse, voluntariamente, se restringido a apenas metade de sua jurisdição, a metade mais sombria e cruel.[1]

Abraham Maslow, 1954

O ano é 2007, e o Departamento de Defesa dos Estados Unidos tem um problema de quatro letras. O transtorno de estresse pós-traumático (TEPT) condena cerca de 15% dos soldados combatentes a uma vida terrível, repleta de ansiedade, flashbacks da guerra, pesadelos e depressão. Fora do Exército, cerca de 6% da população geral luta contra o TEPT, que é desencadeado por acidentes, abusos, agressões, perdas repentinas ou problemas de saúde agudos e sérios. Muitos casos são tão graves que o indivíduo não consegue trabalhar, dormir ou manter relacionamentos longos.

No início deste século, o Departamento de Defesa observou um forte aumento nas taxas de TEPT, sobretudo entre os veteranos das guerras do Iraque e do Afeganistão. Além do imenso custo humano, a doença cria um fardo financeiro que recai sobre o governo na forma de assistência médica e financeira vitalícia, e dificulta o nível de prontidão do país: o conjunto de veteranos americanos ativos e prontos para o combate é cerca de 15% menor do que poderia ser.

O Estado-Maior Conjunto dos Estados Unidos nomeou a coronel Jill Chambers como assistente especial para estudar e mitigar o problema.[2] Chambers já tinha um excelente histórico de serviço ao país, tendo atuado na Coreia durante a Operação Tempestade no Deserto e no Pentágono em 2001. No Onze de Setembro, Chambers estava no Pentágono, trabalhando a quatro corredores de onde o avião colidiu com o edifício. Como secretária militar, seu trabalho foi dar conta do paradeiro de trezentas pessoas no prédio naquele dia. Nos anos seguintes, Chambers passou a ter dificuldades para dormir, sofrendo com pesadelos. Presumiu que, em sua área de trabalho, era normal dormir apenas duas horas por noite. Foi somente no processo de criação do programa militar de combate ao TEPT que ela se deu conta: também sofria do transtorno.

Em 2008, Chambers havia montado uma equipe forte e viajou até a casa de Marty, em Washington, DC, nos arredores da Filadélfia. A essa altura Marty já havia estabelecido o estudo do desamparo aprendido, fenômeno mais amplo ligado a traumas. Uma vez lá, ela perguntou a Marty: era possível aprimorar o tratamento das pessoas que lutam contra o TEPT?

Durante a maior parte dos últimos dois séculos, psicólogos e psiquiatras têm tido como preocupação principal ajudar pessoas que já estão doentes — remediar transtornos que já existem. Mas muitas vezes o tratamento não funciona tão bem. Apesar dos muitos bilhões de dólares investidos no estudo e no tratamento do TEPT e de condições relacionadas nos últimos setenta ou oitenta anos, ainda não existe uma cura para o transtorno.[3] Quando alguém o desenvolve, usamos medicamentos e terapia para obter um alívio parcial dos sintomas, mas não conseguimos suprimir definitivamente essa condição. Para a maioria das pessoas que sofre com TEPT, a redução dos sintomas não permite o retorno à vida normal.

Marty disse a Chambers e à sua equipe, porém, que há outra forma de pensar o problema. Sim, é verdade que 15% dos soldados voltam com TEPT. Isso significa que 85% — a grande maioria — *não* desenvolvem o transtorno. Como? Por quê? O que podemos aprender com esses 85%?

E o mais surpreendente: muitos desses 85% apresentaram *crescimento pós-traumático*. Após um evento traumático, os indivíduos que apresentam crescimento pós-traumático demonstram uma lucidez mensurável a respeito de suas prioridades, um senso mais profundo de significado e propósito e uma capacidade maior de lidar com contratempos.[4]

Assim, Marty encorajou Chambers e o Departamento de Defesa a enxergarem a questão por outro prisma. Não vamos esperar até que seja tarde demais para lutar contra uma condição incurável, argumentou. Em vez disso, vamos dar às pessoas as ferramentas para resistir às dificuldades antes mesmo que elas cheguem.

Essa é uma abordagem totalmente diferente da saúde mental, que vem de um ramo relativamente novo da psicologia, criado por Marty e outros, denominado *psicologia positiva*. Juntamente com disciplinas afins — como a psicologia social e a economia comportamental —, a psicologia positiva subverte o modelo médico tradicional: contrariamente à ideia de empregar todos os nossos recursos em remediar a doença, essas disciplinas se concentram antes de tudo em prevenir que a doença se enraíze. No campo da saúde pública, intervir para evitar que alguém desenvolva uma condição médica é uma ação denominada *prevenção primária*. Vamos prevenir o TEPT antes que ele se desenvolva, aconselhou Marty. Vamos mudar a curva populacional em direção ao crescimento pós-traumático.

Dito de outra forma: imagine uma escala de bem-estar psicológico geral na qual zero é neutro, números negativos indicam graus de doença psicológica e números positivos mostram o quanto alguém está prosperando. Para fins de discussão, vamos considerar que qualquer indivíduo que, nessa escala, esteja entre –2 e +2 se encontra "dentro dos limites normais"; qualquer indivíduo abaixo de –2 está psicologicamente doente; e qualquer indivíduo acima de +2 está prosperando. Se a psiquiatria tradicional e a psicologia clínica levam as pessoas de –10 a –5, as ciências comportamentais positivas nos elevam de –2 a +3 e além. Com isso, ajudam as pessoas a evitar chegar a –10.

Esses campos nos permitem focar nosso vasto e moderno arsenal científico diretamente na questão de como viver melhor, e não apenas de como viver menos mal. Também abrem uma gama de novas possibilidades para enfrentar os desafios que estão por vir nas corredeiras do nosso mundo de trabalho.

ORIGENS

Dois mil e quinhentos anos atrás, quando vastos impérios surgiram ao redor do planeta, consolidando o poder nas mãos de césares, faraós e reis,[5] filósofos dos quatro cantos do mundo trataram do bem viver. Confúcio, 500 a.C.: "Quanto mais o homem meditar sobre bons pensamentos, melhor será o seu mundo e o mundo como um todo". Simeon Ben Zoma, 200 d.C.: "Quem é rico? Aquele que é feliz com o que tem". Os grandes pensadores da Antiguidade pressagiaram muitos dos princípios-chave da psicologia positiva. Por exemplo, a prática de valorizar o que temos é denominada saborear e está ligada à gratidão, e centenas de estudos científicos sobre bem-estar mostram que tanto saborear quanto ter gratidão aumentam nosso bem-estar.

Mas se há milênios o bem-estar psicológico tem sido foco da filosofia e da religião, por que só nas últimas décadas ele se tornou tema de investigações científicas mais robustas? Para entender isso, daremos um breve mergulho nas origens da ciência comportamental moderna. Caso esteja ansioso para chegar às aplicações práticas dessa nova ciência, sinta-se à vontade para pular para o capítulo 4.

O estudo empírico e sistemático do mundo natural — também conhecido como "Ciência moderna", com C maiúsculo — emergiu da Revolução Científica por volta dos séculos XVI e XVII. As obras de Bacon, Copérnico, Galileu, Harvey, Newton e, eventualmente, Darwin e outros mudaram de vez nossa compreensão do planeta, da matéria, da natureza, do corpo humano. Percebemos que a verdade objetiva do nosso universo estava esperando para ser descoberta — mas por meio de observação, medição e experimentação, e não de escrituras sagradas, raciocínio ou intuição. Além disso, descobrimos que a ciência poderia fazer mais do que apenas observar e descrever. Poderia mudar a própria natureza.

As ciências comportamentais chegaram tarde à festa. A psiquiatria surgiu da medicina centrada na doença no fim do século XVIII. Os primeiros psiquiatras focaram em tratar a loucura daqueles que viviam num −10 horrível e moravam em hospícios. Paralelamente, psicólogos como Pierre Janet, Sigmund Freud e Carl Jung começaram a utilizar históricos de casos como uma janela para descrever e tratar as patologias da consciência individual.[6]

54

O campo da psicologia ganhou corpo mais ou menos nessa época, mas tinha uma orientação diferente, baseando-se acima de tudo nas tradições filosóficas e biológicas para elaborar e testar perguntas por métodos experimentais não só sobre patologia, mas também sobre questões universais da experiência humana. Wilhelm Wundt (1832-1920), a primeira pessoa a se autodenominar psicóloga, foi um experimentalista que abordou temas amplos, como sensação e percepção. Na primeira metade do século XX, Edward L. Thorndike, nos Estados Unidos, e Ivan Pavlov, na Rússia, usaram modelos animais (Thorndike: gatos; Pavlov: seus famosos cachorros) para explorar o processo de aprendizado, dando origem à escola de estudos conhecida como behaviorismo.[7] Essas e outras descobertas forneceram o modelo ideal para a ciência comportamental: ela devia ser indutiva, replicável e refutável.

No início dos anos 1900, a psiquiatria obteve seus primeiros sucessos científicos com o desenvolvimento de medicamentos para tratar doenças mentais. Descobriu-se que a paresia, um colapso mental mortífero, era causada pela bactéria da sífilis, quando chegava ao cérebro. Na década de 1940, a penicilina estava sendo usada para matá-la e assim tratar a neurossífilis, e o psiquiatra australiano John Cade introduziu o uso do lítio no combate ao transtorno bipolar.[8] Ao que parecia, as doenças psiquiátricas podiam ser analisadas e tratadas como qualquer outro ferimento.

Assim, em meados do século XX tanto a psicologia quanto a psiquiatria haviam conquistado seu status médico-científico, e os Estados Unidos pós--Segunda Guerra Mundial, repletos de veteranos lutando contra as consequências psicológicas do combate, estavam prontos para colher os benefícios disso. A Administração de Veteranos, fundada em 1946, ofereceu trabalho a milhares de psicólogos que concentrariam seu tempo clínico e de pesquisa não em problemas gerais como o aprendizado, mas no tratamento de soldados que voltavam do front. Em 1947, foi criado o Instituto Nacional de Saúde Mental. A esperança era de que um dia todas as formas de doença mental fossem curáveis.[9]

As décadas seguintes pareciam cumprir essa promessa. De 1940 a 1970, surgiram antipsicóticos que revolucionaram o tratamento da esquizofrenia; de uma hora para outra, muitos indivíduos que antes precisavam viver internados foram capazes de retomar vidas seminormais em casa. Ao mesmo tempo, os sedativos ganharam popularidade entre pessoas com doenças tanto leves quanto graves. Em 1970, 20% das mulheres e 8% dos homens usavam sedativos regularmente nos Estados Unidos.[10] Na década de 1980, antidepressivos como o Prozac chegaram ao mercado. Hoje, temos medicamentos para TDAH e para nos ajudar a dormir.

E um em cada seis americanos usa pelo menos um medicamento psiquiátrico.[11]

REAÇÕES ADVERSAS

Em meio a esses sucessos parciais, alguns cientistas começaram a defender que o foco na patologia havia se tornado muito estreito e restritivo. Ao trabalhar apenas para consertar o que está quebrado, negligenciamos o grande número de pessoas que poderiam se beneficiar do que a ciência tinha a dizer sobre a prosperidade. A partir das décadas de 1950 e 1960, Abraham Maslow, Carl Rogers e outros pediram que seu campo voltasse a atenção para tópicos como amor, criatividade, propósito e esperança. A psicologia, argumentou Maslow, havia se perdido no negativo — "a metade mais sombria e cruel" —, prejudicando o campo como um todo.

O movimento que eles fundaram, a psicologia humanista, se encaixava bem na contracultura cada vez mais forte dos anos 1960. Autoatualização, semiespiritualidade, otimismo, busca pela verdade humana profunda: o que mais um hippie poderia pedir? Substâncias psicodélicas? Elas também foram estudadas. Grandes eventos, como Woodstock e o Human Be-In, facilitaram a rápida disseminação do movimento.

Em última análise, a popularidade da psicologia humanista minou seu potencial científico. Com ela surgiu uma vasta literatura de "autoajuda" impulsionada por aforismos e intuições, em vez de pesquisas. O clima místico da contracultura afastou do estudo de ideias humanísticas as pessoas de mentalidade científica. Em 1963, o Departamento de Psicologia de Harvard traçou um limite ao demitir Timothy Leary,[12] justificando a decisão com base nas preocupações de segurança e ética em torno de seus estudos com LSD. A divisão ocorreu nos dois lados, pois os hippies passaram a enxergar o establishment científico e o próprio método científico com desconfiança.[13] Abraham Maslow era um defensor da ciência, mas para muitos que defenderam suas ideias a ciência era parte do problema que o humanismo precisava resolver.

Em 1961, Carl Rogers deu voz a essa tensão:

> Vou tentar resumir muito brevemente o quadro geral do impacto das ciências comportamentais sobre o indivíduo e a sociedade; o poder cada vez maior de controle que elas oferecem será controlado por algum indivíduo ou grupo; tal indivíduo ou grupo certamente escolherá os propósitos ou metas a serem alcançados; e com isso a maioria de nós será cada vez mais controlada por meios tão sutis que nem sequer perceberemos. [...] Assim, o homem e seu comportamento se tornarão um produto planejado de uma sociedade científica.[14]

O apelo original de Maslow era para que a ciência voltasse sua atenção para o potencial humano, porém seu público mais receptivo associava ciência a poder. Por muito tempo, os dois lados pareceram estar num conflito irremediável.

CRISE DE FÉ

No início do século XXI, as instituições de psiquiatria e psicologia clínica deram uma longa e cuidadosa olhada no espelho retrovisor.

A grande promessa da psicofarmácia — "viver melhor através da química" — estava começando a soar vazia. Ao redor do mundo, um montante extraordinário vinha sendo gasto no tratamento de doenças mentais, e outros bilhões de dólares estavam sendo investidos em pesquisa e desenvolvimento. O Instituto Nacional de Saúde Mental gasta hoje cerca de 2 bilhões de dólares por ano em bolsas de pesquisa.[15] Os investimentos das empresas farmacêuticas são muito maiores que isso.

Assim, alguns começaram a perguntar: para onde nos levou todo esse investimento em pesquisas e tratamentos?

As descobertas foram condenatórias. Embora 17% dos adultos americanos tivessem prescrição para tomar algum medicamento psiquiátrico em 2013,[16] a prevalência de doenças mentais entre a população praticamente não mudou desde a década de 1970. Não houve melhora evidente na morbidade ou mortalidade associada a transtornos mentais, como deixam claro os índices de internação hospitalar, suicídio e desemprego durante o período. O mais revelador é que, no nível mais básico da ciência, houve poucos avanços sobre a compreensão das causas fundamentais dos transtornos. Durante esse mesmo período, nenhum medicamento psiquiátrico verdadeiramente inovador foi desenvolvido.[17] Nenhum dos medicamentos disponíveis no mercado de fato curava doenças psiquiátricas — apenas aliviavam os sintomas, e em muitos casos o tratamento não se saía melhor do que um placebo. Os efeitos colaterais, como a dependência química e os transtornos, às vezes eram piores do que a própria psicopatologia. Nem a eficácia da psicoterapia mudou muito nos últimos cinquenta anos.

A comunidade psiquiátrica chegou a essa conclusão alarmante cerca de uma década após o início do novo milênio. A virada veio em 2012, quando o ex-diretor do Instituto Nacional de Saúde Mental, Steve Hyman, ousou dizer a plenos pulmões o que muitos já pensavam: o rei estava nu. O modelo psicofarmacêutico, no qual medicamentos milagrosos eram capazes de efetivamente tratar, senão curar, transtornos psicológicos, era uma "promessa maravilhosa que não tinha se cumprido". Os fármacos não apresentaram qualquer melhora notável durante décadas, e tampouco nossa compreensão científica das doenças melhorou. "No geral", escreveu Hyman, "a indústria chegou ao ponto de vista justificável segundo o qual, salvo raras exceções, não existem modelos de doença válidos para transtornos psiquiátricos."[18]

Reflita sobre a magnitude dessa admissão por um dos líderes mais importantes da ciência comportamental americana. Apesar de cem anos de pesquisa, apesar de bilhões — talvez até trilhões — de dólares de investimento, *não existem modelos de doença válidos para transtornos psiquiátricos*. Não temos a menor ideia de como funcionam esses transtornos — por que e como nascem e o que fazem com nosso cérebro. O que temos são medicamentos que por vezes ajudam algumas pessoas a lidar com alguns sintomas. Mesmo assim, não sabemos ao certo por que eles ajudam.

No ano seguinte, Tom Insel, então chefe do Instituto Nacional de Saúde Mental, concordou com a fala de Hyman: "Os pacientes com transtornos mentais merecem mais do que a ciência que o Instituto Nacional de Saúde Mental e a comunidade psiquiátrica vêm lhes oferecendo", escreveu.[19] Os principais métodos diagnósticos e experimentais não tinham precisão, confiabilidade e validade. Os avanços da neurociência ainda não haviam beneficiado os pacientes. O campo precisava de uma reinicialização.

Apenas dois anos depois, Insel renunciou ao cargo.

A psicologia acadêmica havia chegado a conclusões parecidas talvez uma década antes. Em 1996, Marty foi eleito presidente da Associação Americana de Psicologia, a maior organização profissional de psicólogos do país. Todos os presidentes definem sua agenda no discurso anual. Para Marty, a convenção da AAP em San Francisco foi o momento ideal para anunciar a mudança:

Desde a Segunda Guerra Mundial, a psicologia se tornou uma ciência voltada em grande parte para a cura, concentrada na reparação de danos dentro de um modelo de doença do funcionamento humano. Essa atenção quase exclusiva à patologia acaba negligenciando o indivíduo em florescimento e a comunidade próspera [...]. Se de fato fosse verdade que a depressão é causada por eventos ruins, então os americanos de hoje, especialmente os jovens, deveriam ser um grupo muito feliz. Mas a realidade é que nos últimos quarenta anos houve uma mudança radical na saúde mental dos jovens. Dados recentes mostram que o número de casos de depressão grave é mais de dez vezes maior do que quatro décadas atrás. E o pior: a depressão é agora um transtorno que surge no início da adolescência, em vez de aparecer na meia-idade, representando a maior mudança na demografia moderna das doenças mentais. Esse, creio eu, é o maior paradoxo do fim do século XX.

Sob o comando de Marty e do psicólogo Mihaly Csikszentmihalyi (pronuncia-se Mir-Rái Tchik-Sent-Mir-Raí), pai do conceito de flow, um grupo de psicólogos renomados começou a se reunir para questionar o foco quase exclusivo de seu campo de atuação na psicopatologia. Nenhum dos enormes investimentos em pesquisa em transtornos mentais se traduzira em aumento do bem-estar. Estudos longitudinais comparando pontuações de saúde psicológica ao longo das décadas não mostravam melhora, e os índices na verdade estavam piorando.

Hoje o *Homo sapiens* vive mais do que nunca, e, no mundo ocidental, nosso padrão de vida melhorou enormemente nos últimos trezentos anos. Apesar disso, não estamos mais felizes nem vivendo *melhor*.

Sofremos mais de solidão do que qualquer outra geração na história documentada. A ansiedade, a depressão e o suicídio entre os jovens estão em níveis recorde, ou próximos disso. A covid-19 escancarou para muitos a fragilidade do nosso bem-estar e como eventos mundiais fora do nosso controle podem comprometê-lo. Nosso foco na psicopatologia não se traduziu em conhecimentos significativos sobre como os seres humanos normais podem prosperar.

A FUNDAÇÃO DA PSICOLOGIA POSITIVA

Em resposta a esse paradoxo, Marty, Mihaly e colegas fundaram um novo campo de estudo científico: *a psicologia positiva*.

Tal como a psicologia humanista e todas as tradições humanísticas anteriores a ela, a psicologia positiva tem como foco a vida bem vivida. Significado, felicidade, amor, conexão, flow — na psicologia positiva tudo isso tem posição de destaque. A prosperidade ocupacional — a realização — também faz parte dessa visão.

Ao contrário de seus predecessores humanistas, a psicologia positiva se posicionou no *cerne* das ciências. Hoje em dia é possível fazer doutorado em psicologia positiva, mas antes é preciso demonstrar o mesmo nível de proficiência em métodos estatísticos e experimentais esperados de qualquer pesquisador da área. A fluidez da psicologia positiva com campos adjacentes — como a psicologia social, a educação, a neurociência, a economia comportamental e a sociologia — permitiu uma polinização científica cruzada. A psicologia positiva insiste em cuidadosos testes empíricos de premissas-chave. Coletivamente, chamamos esses campos de "ciência comportamental positiva". Hoje em dia, por exemplo, está nascendo o campo da psiquiatria positiva.

Nessa visão, a ciência não é o inimigo, mas um respeitável kit de ferramentas capaz de nos ajudar a mudar a realidade. Como Csikszentmihalyi escreveu em 2000: "Na busca pelo que é melhor, a psicologia positiva não se fia em pensamentos positivos, fé, autoengano, modismos ou encenação, mas procura adequar o que há de melhor no método científico aos problemas singulares apresentados pelo comportamento humano a quem deseja compreendê-lo em toda a sua complexidade".[20]

Dada a estagnação do progresso da psiquiatria clínica e da psicologia clínica, alguém pode se perguntar se essa ciência é confiável. Prosseguindo com o argumento, talvez uma abordagem científica das complexidades da mente ainda não esteja a nosso alcance. Se cinquenta anos de investimentos no estudo dos transtornos mentais renderam tão pouco, por que o mesmo investimento no bem-estar psicológico levaria a um resultado distinto?

A resposta é dupla. Primeiro: a psiquiatria clínica e a psicologia obtiveram muitas vitórias. O fato de o progresso ter estagnado no fim do século XX não diminui as verdadeiras vitórias anteriores. O estudo científico do mau funcionamento do cérebro levou à criação de antipsicóticos e sedativos que mantêm as pessoas fora do hospital; fármacos que curam a neurossífilis; técnicas baseadas em evidências para psicoterapia que retreinam o cérebro; e novas tecnologias de diagnóstico, como as ressonâncias magnéticas cerebrais. De certa forma, o campo é penalizado por seus próprios sucessos: assim que um transtorno psiquiátrico é totalmente compreendido, como ocorreu com a neurossífilis, passa a fazer parte do escopo da neurologia, campo adjacente ao da psiquiatria que, por sua vez, quase por definição, acaba permanecendo com tudo que ainda é obscuro. E dentro desse conjunto existe tanta coisa a fazer que a sensação é opressora. Se hoje estamos claramente num planalto, temos o dever de olhar para trás e perceber que partimos do nível do mar.

A segunda razão pela qual devemos acreditar que o método científico pode revelar ferramentas para nos ajudar a florescer é que isso já aconteceu no passado. Utilizando os mesmos métodos de observação, medição e experimentação, nos últimos 25 anos as ciências comportamentais positivas têm focado na vida bem vivida como tema principal. Com a psicologia positiva, a psicologia social, a economia comportamental e outros campos, aprendemos muito sobre como evitar resultados psicológicos ruins (o –10) e como atingir maiores graus de prosperidade (o +10). Aprendemos, por exemplo, que nosso bem-estar subjetivo — felicidade — se concentra em cinco componentes, conhecidos no acrônimo em inglês como PERMA: emoções positivas (**P**); engajamento no trabalho, no amor e no lazer (**E**); relações positivas (**R**); significado ou importância (**M**, de *meaning* e *mattering*); e alcance de conquistas, realizações e maestria (**A**). Mais de 8 mil estudos definiram essas dimensões; demonstraram como podemos melhorar em cada uma delas; e comprovaram que as melhorias no PERMA se alinham com melhorias em nosso bem-estar físico e psicológico.

Também aprendemos muito sobre como enfrentar desafios. Há 40 mil artigos acadêmicos publicados sobre resiliência psicológica, tema do próximo capítulo. Sabemos como medi-la; sabemos o que a faz diminuir ou aumentar;

contamos com uma série de intervenções que comprovadamente são capazes de construí-la.

Hoje em dia existem tantos estudos que até o número de meta-análises — estudos que examinam os dados de muitos estudos individuais — de intervenções de psicologia positiva (IPPs) é grande. Por exemplo, um artigo de 2021 de autoria do professor Alan Carr e colegas da Universidade de Dublin analisou 347 estudos de IPPs, abrangendo um total de 72 mil indivíduos.[21] Eles descobriram que as intervenções melhoraram significativamente o bem-estar desses indivíduos; construíram poder e resistência; e reduziram o estresse, a ansiedade e a depressão. Essas melhorias foram significativas quando testadas imediatamente após a intervenção e também três meses depois.

Nada disso significa que o trabalho está concluído, mas as questões mais interessantes para aqueles que estudam as IPPs hoje não são se elas vão funcionar — pois já se sabe que vão. Em vez disso, o foco está em entender mais a fundo por que funcionam, como fazê-las funcionar ainda melhor e durar mais tempo.

Graças a esses investimentos científicos, atualmente existe uma literatura robusta que pode nos ensinar a viver melhor do que nunca, apesar dos desafios específicos de nosso tempo.

Quando Marty, levado por Jill Chambers, foi ao Pentágono para compartilhar suas ideias, estava preparado para conquistar corações e mentes. Marty vinha defendendo uma abordagem preventiva para o bem-estar havia uma década, e sabia exatamente o que fazer ali.

Para sua surpresa, porém, a plateia já estava a seu lado. Em 2008, os principais estrategistas militares sabiam tudo sobre psicologia positiva. Para eles, o desempenho humano ideal era questão de segurança nacional. Eles estavam atualizados a respeito das muitas descobertas documentadas por Marty, suas dezenas de colegas e centenas de alunos. Estavam prontos para agir.

"A chave para a aptidão psicológica é a resiliência", disse aos presentes o general George W. Casey Jr., então chefe do Estado-Maior do Exército, antes de Marty começar a falar. "E daqui por diante ela será ensinada e medida em todo o Exército dos Estados Unidos. O dr. Seligman vai nos dizer como fazer isso."

Casey, Chambers e equipe não estavam em busca de uma sabedoria antiga, uma religião ou ideais filosóficos. Eles queriam uma abordagem baseada em evidências para a prosperidade humana. E era exatamente isso que Marty e seus colegas estavam construindo. Eles descobriram que é possível: prever estatisticamente quem é mais vulnerável ao TEPT; diminuir a probabilidade de transtornos mentais; e treinar indivíduos para demonstrar heroísmo e alcançar um desempenho exemplar no trabalho.[22]

O que a grande comunidade de cientistas comportamentais positivos aprendeu nos últimos trinta anos é o que nos dá hoje a esperança de enfrentar a atual tempestade de mudanças no trabalho. Sem essa ciência, seríamos tão vulneráveis quanto as gerações anteriores ao sofrimento psicológico de uma transformação no trabalho. Com ela, podemos não só evitar danos causados pelos desafios que virão, mas usá-los para nos fortalecer.

Abraçar essa ciência requer uma mudança drástica na abordagem da psicologia centrada na patologia. Se enxergarmos a psicologia como uma forma de consertar as pessoas, vamos esperar até que o estrago esteja feito e só então as enviaremos a um terapeuta.

Aqui há uma analogia com o pensamento corporativo de curto prazo que estimula a maximização dos ganhos trimestrais, à maneira do manifesto de Milton Friedman publicado no *New York Times* em 13 de setembro de 1970.[23] Acontece que o curto prazo tem um custo social e ambiental extremamente alto. Como resultado, os CEOs de hoje entendem, pelo menos em tese, que a empresa precisa se antecipar aos desafios de amanhã, em vez de simplesmente esperar e reagir quando o inevitável ocorrer.[24]

Ainda temos que ver essa mudança para o foco no longo prazo se traduzir em gestão de capital humano. Muitas empresas ainda abordam as dificuldades de seus funcionários com foco na correção e na ação depois do ocorrido. Essa mentalidade é similar à da sociedade em geral, que, por motivos históricos, ainda enxerga a própria psicologia, acima de tudo, como uma ciência para ajudar os doentes.

Mas se, por outro lado, passarmos a enxergar as ciências comportamentais como campos que podem nos ajudar a prosperar e a evitar que doenças criem raízes, começaremos a ver suas descobertas como as ferramentas de que todos tanto precisamos hoje em dia. Essas ferramentas nos permitirão construir proativamente um futuro melhor — para nós mesmos, para nossas empresas e para a sociedade como um todo.

4. Os blocos de construção da resiliência

Além do TEPT, o Departamento de Defesa tinha um segundo motivo para investir com força no treinamento da resiliência. Ao longo das últimas décadas, os conflitos armados estilo VUCA se tornaram cada vez mais turbulentos e imprevisíveis. Essa mudança radical na forma como as guerras são travadas — de comando e controle para batalhas altamente distribuídas e hiperlocalizadas — fez com que os soldados americanos treinados em métodos tradicionais se vissem repetidamente despreparados para o novo estilo de combate. Como diz o general de divisão Bob Scales (reformado), ex-comandante do Army War College, estamos totalmente enredados numa forma de conflito global que "muda da construção linear tradicional para um campo de batalha de formato amebiano; é distribuído, disperso, não linear e basicamente não tem forma nem duração definidas".[1] A guerra moderna é travada cara a cara por soldados que precisam, a qualquer momento, estar prontos para decidir — *por conta própria* — mudar de tática e tentar algo novo.

A mudança da governança hierárquica e central para uma governança distribuída, dinâmica, local e hiper-responsiva também descreve o trabalho no pós-fordismo. O que está em jogo para os civis é diferente, mas o tabuleiro do jogo é o mesmo. Assim como os soldados de hoje, precisamos ter flexibilidade para agir rápido diante das mudanças de contexto no dia a dia. As organizações dependem de cada um de nós para tomar decisões fundamentais em tempo real e enfrentar sem se afogar as ondas de desafios que surgem.

Assim como o general Casey, há muito tempo Scales recorre às ciências comportamentais para melhor armar seus soldados para esse ambiente VUCA. "Imagine como a força psicológica, comportamental e emocional dos soldados neste momento pode ser amplificada por uma melhor compreensão das dinâmicas humanas", ele escreveu em 2006. "Devemos começar a aproveitar imediatamente o potencial das ciências sociais, de uma maneira não muito diferente do Projeto Manhattan ou do Projeto Apollo."[2]

Para o Departamento de Defesa dos Estados Unidos — o maior empregador do mundo —, treinar a resiliência é muito mais do que prevenir o TEPT. Armar as tropas com as habilidades necessárias para prosperar em meio à incerteza permite que elas tenham um desempenho +5, mesmo nos ambientes mais extremos. A resiliência se torna o alicerce fundamental da aptidão psicológica para os conflitos armados nas corredeiras.

E para o ambiente de trabalho também. Tudo começa com a resiliência. Indivíduos e organizações com níveis mais altos de resiliência são mais felizes, saudáveis e bem-sucedidos. As empresas com níveis mais altos de resiliência na força de trabalho têm um crescimento anual 320% maior do que aquelas com níveis mais baixos.[3] Centenas de estudos mostram que é possível ensinar a resiliência psicológica. Com as ferramentas certas, cada um de nós pode cultivá-la, construindo de forma proativa os músculos psicológicos que nos permitem enfrentar desafios e prosperar. Por todas essas razões, a resiliência é a nossa primeira e mais importante habilidade da Mente do Amanhã.

DO QUE FALAMOS QUANDO FALAMOS DE RESILIÊNCIA

Basicamente, resiliência é a capacidade de "se recuperar" das dificuldades. Algo ruim acontece. Algumas pessoas desmoronam. Outras prosperam.

A realidade é um pouco mais nuançada, pois a resiliência pode se referir à maneira como reagimos aos eventos à medida que acontecem;[4] descrever a forma como nos preparamos para eventos que *prevemos* que vão acontecer; e descrever a maneira como processamos os eventos *depois* que acontecem. A resiliência também pode ser usada para descrever os comportamentos de um indivíduo, uma equipe ou uma organização inteira.

No extremo negativo da curva de sino, pessoas com baixos níveis de resiliência têm dificuldade para enfrentar desafios, chegando a desenvolver transtornos mentais. No extremo oposto da curva estão aquelas que se fortalecem ao encarar desafios. Na natureza encontramos diversos casos de estresse provocando adaptações e melhorias. O fortalecimento muscular após o exercício é um exemplo. O crescimento pós-traumático é outro. Muitos tipos de aprendizado seguem a mesma curva: a luta é o que nos motiva. O termo para esse processo, cunhado pelo ensaísta Nassim Nicholas Taleb, é *antifragilidade*.[5]

Se o indivíduo médio é como uma esponja de limpeza, capaz de absorver certa quantidade de estresse psicológico antes de atingir sua capacidade máxima, as pessoas antifrágeis estão mais para aquelas bolinhas que são jogadas na água quente e se transformam num brontossauro num passe de mágica. Paradoxalmente, esses indivíduos parecem *prosperar* diante dos desafios — eles absorvem o desafio e têm uma transformação positiva.

Desde a década de 1970, Marty e outros vêm pesquisando as seguintes questões: existe alguma qualidade ou habilidade que diferencie as pessoas antifrágeis? Em caso afirmativo, podemos ensiná-la a outras pessoas?

A resposta é sim para as duas perguntas.

Os estudos de Marty sobre desamparo aprendido na Universidade da Pensilvânia lançaram as bases para centenas de intervenções com foco em resiliência que surgiriam tempos depois. Eles demonstraram, por exemplo, que nossa resposta a situações difíceis depende em parte de nossas *crenças* sobre se podemos fazer algo para escapar dessas situações, e que é possível ensinar sistemas de crença mais saudáveis.

Tendo em vista que a resiliência é essencial para o sucesso da força de trabalho, um dos projetos mais importantes da BetterUp Labs tem sido entender o que a motiva. A resiliência é uma forma de reagir que abrange nossos pensamentos, sentimentos e comportamentos. Não está ligada a um único traço. Dessa forma, construir resiliência exige reforçar um conjunto complexo de habilidades psicológicas e comportamentais. Mas como podemos descobrir exatamente que habilidades são essas?

Os cientistas de dados geralmente usam regressões estatísticas para descobrir os principais motivadores de um resultado. Análises do tipo pegam grandes quantidades de dados antes e depois da intervenção e mostram quais fatores foram os maiores responsáveis por causar o resultado que interessa. Uma das formas que utilizamos para estudar os motivadores da resiliência foi uma dessas análises de peso relativo. Sob o comando de nossos especialistas em avaliação psicométrica, analisamos os dados de 1800 funcionários em tempo integral trabalhando para desenvolver resiliência por meio de treinamentos e práticas na plataforma BetterUp. Pedimos que cada um deles preenchesse nossa avaliação Whole Person Model (WPM) — uma escala de 150 itens — antes, durante e depois dos treinamentos. A WPM conta com uma gama completa de atitudes mentais e comportamentos de interesse para adultos funcionais, incluindo dimensões de prosperidade social, cognitiva e emocional, bem como comportamentos essenciais de liderança no trabalho. Em seguida, analisamos quais desses 150 itens mais contribuíram para o aumento da resiliência. (Para saber mais sobre a WPM, consulte o Apêndice.)

Eis um panorama das nossas descobertas:

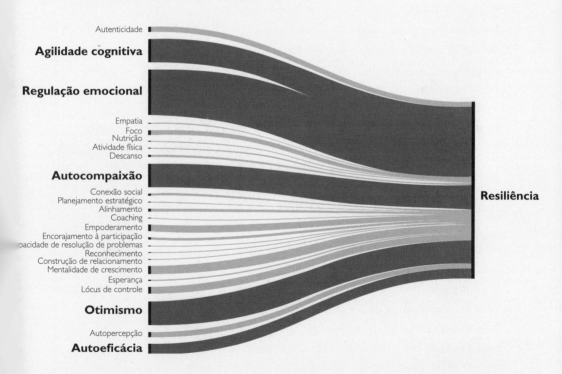

No lado esquerdo estão todos os fatores psicológicos, de um total de 150 possíveis, que têm forte correlação com a pontuação de um indivíduo em nossa escala de resiliência. Quanto mais grossa a linha que liga a medida à esquerda à resiliência à direita, mais o fator contribuiu para ela.

Embora todos os fatores à esquerda tenham desempenhado um papel na construção da resiliência, é possível ver que cinco foram especialmente importantes: *regulação emocional, otimismo, agilidade cognitiva, autocompaixão e autoeficácia*. Esses cinco fatores se alinham bem com a literatura existente sobre os principais elementos da construção da resiliência. A seguir, analisaremos como cada um desses motivadores contribui para a nossa capacidade de resiliência e como desenvolvê-los.

REGULAÇÃO EMOCIONAL

A regulação emocional descreve nossa capacidade de gerir as emoções — especialmente as negativas — de maneira flexível e produtiva, à medida que elas crescem, para atingirmos nossos objetivos. Sem regulação emocional as emoções negativas podem sobrecarregar nossa capacidade de pensar com clareza. Milhões de anos de capacidade mental altamente evoluída completamente bloqueados por uma enxurrada de emoções simultâneas![6]

Esse bloqueio ocorre no sistema límbico, uma das partes mais antigas do cérebro, responsável pela reação de luta ou fuga. A raiva forte e repentina vem do nosso centro emocional — a amígdala, que tem o formato de uma amêndoa e apenas um centímetro de largura. Quando sentimos estresse ou medo, a amígdala libera cortisol no sangue e dá início a uma sequência de respostas físicas intensas e por vezes desproporcionais à ameaça original.

Muitos modelos de desenvolvimento adulto apontam a regulação emocional como um elemento fundamental para todas as nossas funções superiores. À medida que amadurecemos psicologicamente — e mesmo na idade adulta —, aprendemos a administrar as emoções de forma mais nuançada e sofisticada. As emoções têm muito a nos ensinar, mas são comunicadores rústicos. Os líderes e profissionais mais maduros sabem usá-las a seu favor, não se limitam a reagir. Pelas mesmas razões, os melhores coaches dirão que a regulação emocional é essencial para o trabalho que realizam.

Um breve comentário sobre o que queremos dizer com coach: existem coaches de todos os tipos — de saúde, esportivos, de vida. Neste livro, falamos daqueles que costumávamos chamar de coaches executivos, especialistas em ajudar profissionais a alcançarem sucesso no trabalho e fora dele. Hoje, esses coaches de desenvolvimento profissional trabalham com funcionários de todos os níveis, portanto a palavra "executivo" está desatualizada. Assim como os terapeutas, os coaches trabalham com os clientes para melhorar a saúde psicológica, mas, ao contrário dos terapeutas, não tratam transtornos psicológicos, concentrando-se em ajudar seus clientes a atingirem seu potencial como pessoas e como profissionais. Muitos procuram o coaching quando estão mal no trabalho — com dificuldade para alcançar um bom desempenho, cansados da política, esgotados ou se sentindo incapazes de enxergar o caminho que devem seguir num momento difícil. Outros fazem parceria com coaches para alcançar objetivos pessoais ou profissionais específicos — por exemplo, ser promovido no trabalho ou aprender a se comunicar melhor em família.

A regulação emocional é, muitas vezes, um dos primeiros passos que devemos dar para assumir o controle de nossa psicologia de modo a alcançar esses objetivos. Nessa tarefa, os coaches são parceiros inestimáveis, porque as sessões de coaching oferecem um ambiente estruturado e compassivo para analisar e compreender nossos sentimentos. Eles ensinam habilidades específicas adaptadas à nossa trajetória específica de crescimento. Em apenas três meses de coaching, as pessoas que têm mais dificuldades com a regulação emocional podem apresentar uma melhoria de 92%.[7]

Duas das habilidades de regulação emocional mais importantes são a *desaceleração* e a *reavaliação cognitiva*. Vejamos essas habilidades nos cenários a seguir:

Joy é uma vendedora em meio de carreira que atende a área metropolitana de Chicago. Recentemente, soube que seria transferida. A direção do setor decidira mudar o foco para cidades menores, onde, de acordo com dados recentes, o principal produto vendido pela empresa, um software de gestão de clientes, estava começando a se encaixar à demanda do mercado. Joy havia passado três anos desenvolvendo relacionamentos em Chicago. Ao saber da notícia, sentiu um forte ressentimento. A direção, pensou ela, não conhecia a realidade do trabalho e não se importava com os funcionários. Eles estavam jogando fora seu sangue, suor e lágrimas sem sequer perguntar o que ela achava.

Na tarde em que recebeu a notícia da transferência, Joy redigiu um pedido de demissão, mas então decidiu ligar para sua coach antes de enviá-lo.

"Tenho que sair daqui", disse a Carol. "Eles estão me fazendo recomeçar tudo do zero."

O trabalho de Carol, neste momento, é ajudar Joy a desacelerar, criando espaço entre sua reação emocional negativa e seus comportamentos posteriores. Primeiro, ela precisa fazer Joy se sentir ouvida; depois, conduzi-la por meio de uma série de perguntas para ajudá-la a entender melhor o que está sentindo.

"Parece que você se sente desvalorizada", diz Carol, após escutar atentamente por alguns minutos.

"Desvalorizada e muito mais."

"Mais o quê?"

"Nervosa. *Irritada*. Frustrada. Esgotada."

Ao dar nome às nossas emoções ganhamos uma perspectiva da situação, mas também criamos distância entre o estímulo e a resposta a ele. Agora Joy pode travar a atuação da amígdala, que estava ligando seus sentimentos à intenção de "fugir" — pedir demissão. Na pausa entre o gatilho e a resposta, Joy pode refletir sobre suas opções com mais cuidado. Está freando a amígdala para não sair da pista.

"Pedir demissão é uma opção", começa Carol. "De que informações você precisa para decidir se essa é a coisa certa a fazer?"

Nesse momento Carol faz a transição para a reavaliação cognitiva. A reavaliação cognitiva descreve um grupo de técnicas, originalmente desenvolvidas pelo mentor de Marty, Aaron Beck (a quem ele dedica este livro), que formam o núcleo da terapia cognitivo-comportamental (TCC). A TCC é, talvez, a mais poderosa terapia psicológica baseada em evidências de que dispomos. No momento de reavaliação, recuamos um passo para nos afastar da urgência de nossos próprios pensamentos, emoções e comportamentos. Desse modo, desafiamos intelectualmente nossas reações. Ao fazer isso, podemos reavaliar nossa situação, fazendo interpretações mais sutis do que nossas emoções podem ter sugerido originalmente.

Joy pensa.

"Ainda não sei se eles vão permitir que eu mantenha meus clientes em potencial."

"E isso é um problema?"

"Não preciso manter Chicago inteira, mas precisaria manter todos os que estão pelo menos no estágio três." (O estágio três é um estágio do ciclo de vendas, que normalmente tem sete estágios, desde o encontro com um cliente em potencial até o fechamento de uma venda.)

"Parece razoável", comenta Carol.

"E preciso saber se isso muda minha estrutura de comissões. Não consigo fechar negócios tão grandes nessas cidades menores."

Agora Joy está fazendo uma reavaliação total, já planejando as negociações. Então Carol a puxa de volta para suas emoções por um momento, para se certificar de que sua cliente não está abandonando as lições que as emoções têm a lhe oferecer.

"E quanto à sensação de valorização? Isso parecia importante. Tem alguma coisa que você precise saber nesse sentido?"

"Preciso saber que eles querem me manter aqui", diz Joy. "Eles se importam se eu for embora? Se não se importarem, não tenho certeza se quero ficar."

Elas discutem como Joy pode obter o reconhecimento que busca e determinar se é adequadamente valorizada por seu empregador. Joy pode ou não se manter no cargo após a reconfiguração da empresa, mas pelo menos tomará uma decisão fundamentada em informações equilibradas, em vez de em reações instintivas.

Os coaches são maravilhosos no que diz respeito a nos ajudar a desacelerar e reavaliar. Mas é possível melhorar sua capacidade de regular as emoções sem um coach. Da próxima vez que se sentir inundado de emoções e quiser tomar uma atitude drástica, tente o seguinte método em duas etapas:

1. Em primeiro lugar, desacelere. Afaste-se do turbilhão de emoções e de qualquer possível atitude que elas possam levá-lo a tomar. Para isso, perceba suas emoções; dê nome a elas; pergunte-se o que as desencadeou. Observe suas reações físicas — os batimentos cardíacos, pontos de tensão no corpo. Se você está muito agitado para pensar com clareza, procure adiar qualquer ação até que seu corpo tenha se acalmado. Faça uma caminhada, medite, ligue para um amigo, pegue a correspondência. Ao fazer isso você afasta as ações das emoções, e, com isso, consegue fazer uma reavaliação.

2. Em segundo lugar, faça uma reavaliação. Use esse espaço que você criou para pensar. O que suas emoções estão tentando lhe dizer? Que partes dessa mensagem são úteis? Que partes não são? Para Joy, por exemplo, foi importante perceber que não se sentia valorizada. Para permanecer

na empresa e prosperar em sua nova função, ela precisava saber que seus chefes a valorizariam. Em seguida, reflita sobre suas alternativas. Que opções você tem? De que informações precisa para se decidir?

Em situações especialmente complexas é possível que você precise repetir essas etapas diversas vezes, sobretudo se ainda não estiver acostumado à técnica. Com o tempo, porém, ficamos cada vez melhores e mais rápidos em recuperar a perspectiva e o controle da situação.

OTIMISMO

O otimismo descreve a tendência de se sentir esperançoso e confiante em relação a um resultado positivo no futuro. Sabemos há algum tempo que o otimismo é um preditor-chave da resiliência. Durante os estudos sobre desamparo aprendido iniciados em 1967, Marty descobriu que, mesmo diante de eventos ruins *inescapáveis*, cerca de um terço dos participantes não se sentiu desamparado em momento algum.[8] Esses indivíduos resilientes tendem a considerar os contratempos algo temporário, local e controlável: *vai embora rápido, é uma situação isolada e tem muita coisa que eu posso fazer no futuro para evitar que esse tipo de situação se repita.*

Observe a palavra-chave: *inescapável*. As histórias que essas pessoas contavam a si mesmas para lidar com o desconforto não condiziam com a experiência vivida. Ainda assim, elas continuaram a contar histórias otimistas. Como resultado, seguiram tentando e acabaram se saindo melhor. A lição é clara e poderosa. Quanto mais *cremos* que podemos fazer algo para escapar de determinada situação, mais tolerável ela nos parece. Isso é otimismo: a tendência a esperar um resultado favorável.

Mas por que nos ensinaríamos a pensar dessa maneira? Porque, na maior parte das vezes, isso é bom para nós. O otimismo prediz não apenas resiliência psicológica, mas também física. Você sabia que os otimistas vivem cerca de oito anos a mais que os pessimistas? Eles são significativamente menos propensos a morrer de ataque cardíaco, quando este ocorre, e possuem sistemas imunológicos mais fortes. Pensar com otimismo é bom para a mente e o corpo.[9]

Há novas e poderosas evidências sobre o desempenho dos otimistas no trabalho. Juntamente com Marty e o já falecido Ed Diener, o pesquisador

Paul Lester acompanhou mais de 900 mil soldados durante cinco anos, com foco no trabalho exemplar. Ao longo desses cinco anos, 12% dos soldados receberam o tão cobiçado prêmio do Exército por "desempenho exemplar". A questão era: a partir dos testes psicológicos que os soldados fizeram ao ingressar no Exército, poderíamos ter previsto quem ganharia o prêmio? Sim, e isso ficou nítido a partir dos resultados. Soldados que tinham alta emoção positiva, baixa emoção negativa e alto otimismo tinham quatro vezes mais chances de ganhar os prêmios por desempenho e heroísmo. Tendo em vista que a população da amostra trabalhava em mais de 150 ocupações diferentes e altamente variadas, essas descobertas provavelmente valem para um ambiente de trabalho típico dos Estados Unidos.[10]

Uma das intervenções mais bem estudadas para ajudar as pessoas a pensarem com otimismo é a chamada "Melhor Eu Possível". Nesse exercício, você escolhe um momento do futuro — vamos supor, daqui a quinze anos. Imagine-se daqui a quinze anos, com tudo dando certo nesse meio-tempo: você está com alguém que ama, se esse for o seu desejo; tem a carreira que está tentando seguir; está morando onde sempre quis. Em seguida, passe dez minutos escrevendo sobre esse futuro. Como você passa o tempo? Que amigos ou familiares vê com mais frequência? Qual é a sensação de ter essa vida? Mais de trinta estudos mostram que esse exercício aumenta não apenas o otimismo, como também a saúde física.[11] E é possível repeti-lo nos mais diversos intervalos de tempo. Cada vez que faz isso, você fortalece a capacidade de otimismo.

Exercícios com foco em saborear o sucesso, exercitar a gratidão e enaltecer o trabalho árduo nos ajudam a ser mais otimistas em relação ao futuro. Também é possível monitorar os níveis de otimismo observando as informações que consumimos, inclusive nas redes sociais. Durante a pandemia, por exemplo, para conseguir ouvir com mais clareza o otimismo interno que tentava nutrir, muita gente precisou de ajuda para ignorar notícias negativas não realistas — como relatos exagerados de aumento de casos de covid-19, por exemplo.

AGILIDADE COGNITIVA

Agilidade cognitiva descreve nossa capacidade de transitar por diversos cenários possíveis para então focar no mais promissor e, por fim, agir. Vimos anteriormente como a agilidade cognitiva, na forma de adaptabilidade, foi essencial para nosso trabalho histórico como caçadores-coletores. Era uma capacidade que andava de mãos dadas com o conjunto de habilidades generalistas de que precisávamos. Para realizar a caça e a coleta em novas topografias, primeiro tínhamos que identificar os recursos. Se não se abrissem para as evidências, os caçadores-coletores deixariam de fazer descobertas valiosas. Sem esse foco e uma mentalidade generalista, eles não seriam capazes de colher ou caçar os alimentos identificados.

Adquirimos essas habilidades honestamente, como espécie, ao longo de milhões de anos de evolução para a vida de caçadores-coletores. Mas a partir da Revolução Agrícola paramos de usá-las. Com a agricultura, e depois a industrialização, passamos a ter papéis mais específicos e atividades de trabalho mais predeterminadas.

Hoje, no entanto, voltamos a precisar da agilidade cognitiva e da adaptabilidade do caçador-coletor para nos adequarmos às corredeiras do mundo de trabalho. Nesse cenário, interpretamos as correntezas, analisamos o contexto e nos abrimos para o maior leque possível de opções, de modo a não ficarmos presos, sem alternativa.

Voltemos ao caso de Robert VanOrden, que perdeu o emprego de uma hora para outra após o fechamento da fábrica da GM em Hamtramck. Sua demissão poderia ter provocado um período de depressão e desemprego prolongado. Mas não foi essa a história de Robert. Após um breve período de tristeza, ele sacudiu a poeira e começou a descobrir uma nova maneira de viver. Com a agilidade de um caçador-coletor, explorou seus arredores em busca de oportunidades e montou um novo conjunto de atividades de trabalho. Primeiro, se aproveitou da economia de bicos e começou a dirigir para a Lyft, concorrente da Uber. Em seguida, empregou suas habilidades técnicas mais amplas como faz-tudo, fazendo bicos na vizinhança e até instalando uma cozinha comercial para uma igreja de Detroit. Depois, transformou sua paixão pela restauração de automóveis numa fonte de renda, vendendo veículos restaurados. Por fim, aproveitando seu amor pela música, passou a agenciar bandas locais.[12] Mesmo quando foi recontratado pela GM, Robert se candidatou a cargos em outros lugares, para manter as opções em aberto.

John Seely Brown tem escrito sobre a importância da agilidade há décadas, mas vive essas lições na prática há ainda mais tempo. Antes da canoagem e das motocicletas, JSB viajava de carona. Na cidade rural de Hamilton, no estado de Nova York, onde ele cresceu, pegar carona era a maneira mais fácil de explorar o mundo. A cada viagem que fazia, a cada carro que via na estrada, JSB ia ganhando a capacidade de enxergar sinais de perigo ou de segurança para determinar em qual veículo entrar e como ir de um ponto a outro de forma não linear e sem pesar no bolso. Aprendeu a dormir em qualquer lugar, até na beira da estrada.

Em 1958, aos dezoito anos, JSB pegou caronas de Nova York a Cuba para visitar a namorada. Mas como alguém consegue ir para Cuba — ainda mais no meio da Revolução Cubana — de carona? Primeiro JSB pegou carona em automóveis até Key West, na Flórida. Em seguida, ficou espreitando o aeroporto, observando, esperando encontrar o piloto certo com a carga certa e disposto a "entregá-lo" numa pista perto de Havana. A viagem de volta foi mais agitada: a polícia de Key West o prendeu depois que o piloto, numa atitude suspeita, o deixou no meio da pista e decolou novamente. Ele só foi solto graças a uma carta de recomendação que tinha no bolso para um momento de crise. Após ser libertado no meio da noite, sem ter nenhum outro lugar para dormir, JSB perguntou à polícia se podia dormir na prisão mesmo. Eles concordaram, deixando a cela destrancada.

É preciso certo tipo de agilidade para se livrar da cadeia; e um tipo de agilidade totalmente diferente para decidir permanecer nela mesmo depois de ser liberado.

A agilidade cognitiva nos dá opções. Onde alguns veem uma parede, outros, como JSB, veem túneis ocultos ou espaço para viajar de maneira clandestina. Felizmente, é possível ensinar a agilidade cognitiva, e aqueles que mais têm dificuldade nesse aspecto são os que apresentam as melhorias mais drásticas. Os que começam no último quartil de pontuação em agilidade cognitiva têm uma melhoria de 77% nessa capacidade em apenas três meses de coaching.[13]

Uma das amargas ironias da agilidade cognitiva é que precisamos ser mais ágeis em momentos de crise — quando somos detidos num galpão perto de uma pista de decolagem, digamos —, que é exatamente quando a amígdala deseja que nós surtemos. Nesse instante, o cérebro é tomado pelo medo, e torna-se difícil manter-se aberto às possibilidades. Em vez disso, nos tornamos excessivamente conservadores e estreitamos o campo de visão. Assim, muitas vezes precisamos combinar o trabalho de regulação emocional com o trabalho de agilidade cognitiva. Nessa situação, geralmente também precisamos aprender a construir o otimismo.

Um dos preditores mais importantes de baixa resiliência, por exemplo, é a *catastrofização*. As pessoas que catastrofizam imediatamente as situações imaginam o pior cenário possível em momentos de incerteza. De um grupo de 70 mil soldados destacados para o Iraque e o Afeganistão, os catastrofistas se mostraram muito mais propensos a desenvolver TEPT do que os não catastrofistas, sobretudo quando precisaram encarar combates ferrenhos. Os catastrofistas apresentam níveis baixos de otimismo, regulação emocional e agilidade cognitiva.[14]

Para avaliar sua própria tendência à catastrofização, imagine o seguinte cenário: é meio-dia de uma sexta-feira. Você está trabalhando quando, na tela do seu computador, recebe uma mensagem enviada pelo assistente do seu chefe. Seu chefe quer falar com você pessoalmente às 16h30.

Para onde vai seu pensamento?

Alguns pensarão na mesma hora: "Vou ser demitido". E, ao ter esse pensamento, ficarão apavorados, não conseguindo se concentrar em mais nada pelo resto do dia.

É verdade que às vezes as demissões ocorrem logo antes do fim de semana e de uma hora para outra. Mas, se o funcionário não tem apresentado mau desempenho, a hipótese de demissão está longe de ser a explicação mais provável para a reunião. Seu chefe vive tendo reuniões às 16h30 de sexta-feira. Todas são para demitir funcionários? Provavelmente não.

Mas para aqueles que tendem a catastrofizar as coisas, a mensagem soa como uma sentença de morte. Os catastrofistas permitem que a ansiedade e o medo dominem sua leitura da realidade — um caso de má *regulação emocional* e baixo *otimismo*. Além disso, focam num único resultado — um caso de *agilidade cognitiva* prejudicada. Se tivesse uma agilidade cognitiva em nível normal, o funcionário pensaria em diversos possíveis motivos para a reunião.

Com treinamento, é possível desaprender a catastrofização. O exercício "Vamos colocar as coisas em perspectiva" aborda essa distorção cognitiva, expandindo nosso campo de visão para toda a gama de resultados possíveis. Veja como funciona:

Vamos colocar as coisas em perspectiva

Em qualquer cenário no qual seu pensamento vai automaticamente para a pior conclusão possível, seu objetivo é prever diferentes resultados com mais precisão.

1. Pegue uma folha e, no canto esquerdo superior, escreva "pior possível". No canto direito superior escreva "melhor possível". No exemplo da reunião de sexta à tarde, escreva "ser demitido" no canto esquerdo.
2. Agora que você tem em mente o pior resultado possível, é hora de ir até o extremo oposto. Qual é o melhor resultado possível? Qual é o cenário mais positivo que você pode imaginar? No exemplo, pode ser "obter uma promoção". Anote isso no canto direito.
3. Por fim, pense em pelo menos três explicações "mais prováveis" e escreva--as no meio da página. "Chefe precisa de ajuda urgente com um projeto" pode ficar nessa parte. É importante apresentar vários exemplos mais prováveis, porque com isso sua mente aprende a fazer uma distribuição de probabilidades mais realista. Existem muito mais resultados "mais prováveis" do que melhores ou piores — e é isso que torna essa parte do espectro tão importante. Uma mente cognitivamente ágil será capaz de levar em conta essas probabilidades ao imaginar os resultados possíveis.

Uma versão desse exercício foi usada para treinar 40 mil suboficiais do Exército americano, com o intuito de desenvolver não só a resiliência deles, como também de suas tropas. Eles aprenderam a identificar o pensamento catastrófico, contestá-lo e desenvolver instintos novos e cognitivamente mais ágeis, de modo a serem capazes de reagir com mais flexibilidade a turbulências futuras.

AUTOCOMPAIXÃO

Kristin Neff, professora da Universidade do Texas em Austin, define a autocompaixão, o quarto motivador da resiliência, como a capacidade de sentirmos compaixão por nós mesmos em situações de sofrimento, fracasso ou percepção de inadequação.[15] A autocompaixão nos permite pegar o manual que usamos para confortar outras pessoas que estão passando por dificuldades — um manual que conhecemos bem e que nossos cérebros acessam com facilidade — e simplesmente aplicá-lo a nós mesmos.

Um aspecto fundamental dessa prática é compreender nossos problemas no escopo mais amplo dos desafios comuns enfrentados pela humanidade. No geral, as adversidades que encaramos hoje não são tão diferentes das vividas ao longo da história.[16] A autocompaixão também é uma ferramenta eficaz para combater os sintomas relacionados ao trauma naqueles que lutam contra o TEPT.[17]

Uma maneira simples de praticar a autocompaixão é imaginar que tudo o que você está enfrentando agora está, na verdade, acontecendo com outra pessoa. Não foi você, mas seu amigo Ollie, que estragou a apresentação na frente dos diretores da empresa. O que você sentiria em relação a Ollie? Como você o apoiaria e o ajudaria a se reerguer? Não é difícil explorar essas respostas emocionais e comportamentais, mas muitas vezes elas são drasticamente diferentes daquelas que naturalmente aplicamos a nós mesmos quando somos nós que causamos a crise. Ao acessar a compaixão, combatemos nossos sentimentos negativos de medo ou vergonha com sentimentos de amor e carinho.

AUTOEFICÁCIA

O último motivador-chave da resiliência é a autoeficácia — a crença de que podemos alcançar o sucesso em determinado empreendimento. Cunhado originalmente pelo psicólogo Albert Bandura na década de 1980, o termo autoeficácia se refere a um preditor incrivelmente poderoso de tudo, desde o desempenho no trabalho até o sucesso na dieta ou nos exercícios físicos. O empenho de Robert VanOrden em encontrar um portfólio de trabalho novo e altamente variado foi uma demonstração de enorme autoeficácia. Ele sabia que o trabalho estava lá fora e acreditava que era capaz de encontrá-lo, então saiu atrás dele e o encontrou. Um conceito intimamente relacionado ao de autoeficácia é o de agência, a crença de que podemos mudar acontecimentos futuros. A agência nos protege do desamparo aprendido.

É possível aprimorar a autoeficácia. De acordo com Bandura, a melhor maneira de fazer isso é por meio de experiências de maestria. E para desenvolver a maestria em qualquer área é preciso obter vitórias pequenas e constantes ao longo do tempo. Definir metas alcançáveis e segmentadas nos ajuda a evitar as armadilhas de almejar demais e não alcançar o objetivo. Objetivos pequenos também nos ajudam a construir confiança, o que nos permitirá enfrentar desafios maiores com o passar do tempo.[18] Quando, depois de todo esse trabalho, alcançamos um alto nível de habilidade — a maestria —, sentimos um grau mais alto de autoconfiança, que se transfere para diversas outras áreas.

A agilidade cognitiva e a autoeficácia trabalham de mãos dadas, conforme podemos ver na seguinte história: Shaya[19] é gerente de marketing de uma das maiores empresas de tecnologia do mundo, com sede na área da Baía de San Francisco. Filha de imigrantes marroquinos, ela cresceu na Flórida, frequentou escolas públicas e trabalhou no almoxarifado de uma mercearia local para ajudar no sustento da família. Shaya se interessou por marketing por causa da publicidade do fim dos anos 1980. Ela se lembra de olhar para as imagens banais nas latas de sopa Campbell e querer ajudar outras pessoas a imaginar uma vida melhor por meio de novos produtos.

Recém-saída da faculdade, Shaya começou a trabalhar para uma empresa de materiais de escritório com foco em fóruns de marketing tradicionais, entre os quais anúncios impressos e eventos ao vivo — conferências e reuniões com clientes não muito distintas dos eventos de construção de marca tão comuns no passado. Num dia típico ela redigia textos, ligava para clientes e planejava a agenda de conferências. Shaya trabalhava duro, mais do que os outros de sua equipe, ansiosa por conseguir a estabilidade financeira que os pais nunca alcançaram. Ela percebeu que, com foco e perseverança, poderia aprender habilidades abrangentes em seu campo de atuação.

Três anos depois de começar em seu primeiro emprego, Shaya descobriu que a empresa iria declarar falência, causada pela concorrência de empresas mais experientes no uso de tecnologias. Ela tinha visto os sinais da disrupção chegando, mas não sabia como alertar seus superiores, e teve muita dificuldade para encontrar um novo emprego, porque todas as empresas que a entrevistavam queriam candidatos com experiência em marketing digital.

Nesse momento de insegurança, Shaya lembrou o quanto havia aprendido em apenas três anos: *Se eu consegui fazer uma vez, posso fazer de novo.* Seu histórico lhe deu a confiança para se inscrever em cursos de marketing on-line. Isso é autoeficácia. Depois de um tempo, a ânsia de aprender e a disposição para recomeçar em um cargo no nível básico renderam a Shaya seu primeiro emprego no ramo do marketing digital.

Nos últimos dez anos, passando por empresas de tecnologia empresarial muito maiores, o trabalho de Shaya mudou totalmente para o marketing on--line. Hoje o marketing é fortemente analítico e atendido por dezenas de softwares: ferramentas de marketing de mídia social, de otimização de mecanismo de busca, de geração de leads e captura, de e-mail marketing e muito, muito mais. Todos os meses, semanas e até mesmo dias surgem novos recursos e tecnologias com o potencial de consolidar ou arruinar uma empresa. A tecnologia de marketing — "MarTech" — é uma indústria por si só, ao lado das tecnologias financeira, de saúde e outras. Shaya se orgulha de acompanhar as últimas tendências da MarTech. Ela não precisa se tornar especialista em cada nova ferramenta, mas convém que tenha a mente aberta o suficiente para ver como cada uma delas pode ser relevante para seu trabalho. Para isso, talvez precise assistir a demonstrações, baixar testes gratuitos ou conversar com os primeiros clientes de novas tecnologias para descobrir quais foram suas experiências. No caso das ferramentas que Shaya considera que vale a pena incorporar ao fluxo de trabalho de sua equipe, ela deve mudar para o modo de ação focada, no intuito de descobrir os prós e contras da ferramenta e influenciar outros a usá-la.

Ao mesmo tempo, Shaya precisa acompanhar as mudanças mais drásticas no próprio setor de tecnologia empresarial. Como gestora de grande parte do portfólio de marketing de sua empresa, a cada mês seu foco pode mudar — por exemplo, é possível que num mês ela precise promover produtos de compartilhamento de arquivos para clientes norte-americanos e no outro tenha que promover produtos de imagem voltados para compradores corporativos da região da Ásia-Pacífico. A área de foco de Shaya é determinada tanto de cima para baixo — por superiores fazendo malabarismos com recursos em produtos emergentes — quanto de baixo para cima, tendo em vista que ela e seus colegas acreditam que é preciso prestar atenção a novas oportunidades promissoras.

Qualquer transição — de um produto para outro, de uma geografia para outra, de um kit de ferramentas tecnológicas para outro — desafia a autoeficácia, a agilidade cognitiva e a resiliência geral de Shaya. Antes de tudo, ela precisa ser capaz de enfrentar as corredeiras da mudança sem chafurdar no desamparo. Em seguida, deve equilibrar a abertura para novas oportunidades com a execução focada.

A autoeficácia, a autocompaixão, a agilidade cognitiva, o otimismo e a regulação emocional são os alicerces da resiliência psicológica necessária para prosperarmos no trabalho, e todos esses fatores psicológicos podem ser ensinados. Abordagens personalizadas, como coaching ou sistemas de aprendizado orientados por dados, adaptam a experiência de aprendizado às necessidades de cada indivíduo. Alguns de nós precisam se concentrar mais na regulação emocional, por exemplo, enquanto outros precisam desenvolver a musculatura do otimismo.

Com a prática, todos podemos construir resiliência e avançar cada vez mais em direção à antifragilidade. E quando isso é feito da maneira correta os resultados são rápidos:[20] em apenas três meses vemos uma impressionante melhora de 125% nas pontuações de resiliência, com base em autoavaliações, para os que começam no nível mais baixo nessa habilidade. Esse aumento na resiliência ajuda as pessoas a evitarem resultados negativos e a prosperarem em suas vidas pessoais e profissionais. Isso é provocar uma mudança na curva.

Até aqui vimos como a resiliência beneficia os indivíduos e como podemos construir nossas reservas pessoais de resiliência. Mas a resiliência também opera nos níveis de equipe e organização, de maneiras importantes para os resultados coletivos. Vamos nos voltar para o grupo.

A ORGANIZAÇÃO RESILIENTE

A pandemia de covid-19 nos proporcionou uma lição objetiva sobre a resiliência da força de trabalho. Da noite para o dia, dezenas de milhões de trabalhadores se viram trabalhando de casa, em locais apertados, com colegas de quarto, cônjuges e filhos pequenos que deveriam estar na escola, mas estavam em casa. Os trabalhadores do setor de serviços tiveram que lidar com o fechamento de escritórios e com mudanças constantes em leis e regulamentos. E esses foram os sortudos. Milhões de outros simplesmente perderam o emprego. E também perdemos entes queridos, dia após dia. Nossos níveis de exaustão, confusão, medo e raiva cresceram de forma alarmante.

As organizações precisavam que todos os funcionários se articulassem ao máximo. Quanto tempo demorariam para mudar a produção, deixando de fazer casacos para costurar máscaras, de fabricar automóveis para produzir respiradores? Grande parte da força de trabalho passou a depender dos auxílios emergenciais, enquanto os que se mantiveram no emprego passaram a ter o dobro de trabalho para executar.

E assim a pandemia revelou a resiliência como o verdadeiro alicerce de qualquer estratégia de capital humano. Trabalhadores com baixas pontuações em resiliência dormiam menos, comiam pior, raramente se exercitavam e produziam menos, ao passo que trabalhadores com alta resiliência preservaram não apenas seu bem-estar, mas também a capacidade de desempenho. Seus altos eram mais altos e seus baixos não eram tão baixos. A resiliência os preparou para prosperar mesmo nesse momento tão desafiador.

Num esforço para quantificar essa vantagem, no primeiro semestre de 2020 analisamos os retornos financeiros das empresas com as quais trabalhamos e os comparamos com as pontuações de resiliência de seus funcionários. As empresas cuja força de trabalho revelou pontuações médias de resiliência mais altas apresentaram um retorno sobre os ativos 42% maior e um retorno anual sobre o patrimônio líquido 3,7 vezes maior. Além disso, apresentaram um crescimento 3,2 vezes maior em relação ao ano anterior.[21]

Também analisamos de que forma a resiliência dos líderes motivou esses resultados. Descobrimos que, do ponto de vista organizacional, líderes resilientes só trazem benefícios. Os funcionários que se reportam a líderes resilientes são quase três vezes mais resilientes e sofrem 50% menos burnout do que os funcionários cujos chefes demonstram baixa resiliência. Equipes com líderes resilientes foram 30% mais produtivas, e também mais inovadoras e ágeis do ponto de vista cognitivo.[22]

Se você não acredita em alguma dessas informações, lembre-se dos seus últimos chefes. Eles eram resilientes? Viviam estressados? Agora, reflita sobre seu próprio grau de bem-estar ao se reportar a cada um deles. Você enxerga o padrão?

Em maio de 2020, cerca de 22% das empresas americanas tinham a resiliência entre suas competências de liderança.[23] Competências de liderança são os comportamentos e habilidades que as organizações esperam ver em seus líderes. Em geral, elas concebem treinamentos de liderança com foco nessas áreas. Conforme veremos no capítulo 10, a maioria desses treinamentos não é baseada em evidências. Mas, ainda assim, 22% é um começo.

A hora de construir resiliência é e sempre será *agora*. A pergunta que mais nos fazem é: de que maneira começar?

Nós sabemos como. Existem programas baseados em evidências disponíveis no mercado hoje. Eles atendem às necessidades individuais de desenvolvimento de formas precisas, orientando-se por dados, com base em muitas décadas de pesquisa e milhares de estudos. Essas intervenções fazem uma grande diferença no desenvolvimento dessa capacidade fundamental, tanto no nível do indivíduo quanto no de equipe, e mesmo no da organização. E muitos deles alcançam esse resultado não em questão de anos, mas de meses.

Construir resiliência nos permite encarar melhor os desafios de hoje e de amanhã. A questão não é como, mas quando. O que estamos esperando?

5. A motivação para encontrar significado: O sentimento de importância na economia moderna

Tendo seu por quê? da vida,
o indivíduo tolera quase todo como?[1]
Nietzsche

Na década de 1970, Louis "Studs" Terkel, que viria a ganhar o Prêmio Pulitzer, fez às gerações futuras o favor de preservar, em fitas de rolo, vozes de americanos falando sobre seu trabalho. Encadernadores, balconistas, metalúrgicos, dentistas, caminhoneiros e coveiros conversavam com Terkel, que percorria o país falando com as pessoas sobre como passavam o tempo no trabalho: com quem interagiam, os sentimentos provocados pelo trabalho, os pensamentos ao longo do dia. A versão escrita dessas conversas foi publicada em 1974 sob o título *Working: People Talk about What They Do All Day and How They Feel about What They Do* [Trabalhando: Pessoas falam sobre o que fazem o dia todo e como se sentem em relação ao que fazem].

Tendo escrito o livro pouco antes do início de uma das transformações trabalhistas mais drásticas da história, na época Terkel não fazia ideia de que sua obra, publicada no momento perfeito, viria a se tornar um retrato do mundo de "antes". Como as pessoas se sentiam a respeito do que faziam pouco antes do mundo de trabalho nas corredeiras?

Na introdução, Terkel resume em poucas palavras a sabedoria mais poderosa que adquiriu durante esse tempo com os trabalhadores americanos. O principal tema que emerge das diversas histórias é o desejo de encontrar significado no trabalho:

> [Este livro] é sobre uma busca [...] tanto pelo significado cotidiano quanto pelo pão de cada dia, tanto por reconhecimento quanto por dinheiro, por espanto em vez de torpor; em suma, por uma espécie de vida, em vez de uma espécie de morte de segunda a sexta. Talvez a imortalidade seja parte da busca. O desejo — tanto o dito quanto o não dito — dos heróis e heroínas deste livro era ser lembrado.

A observação de Terkel foi ao mesmo tempo universal e o produto único e surpreendente de sua época. Os psicólogos humanistas Abraham Maslow e Viktor Frankl, contemporâneos de Terkel, chegaram a conclusões semelhantes sobre o papel essencial que o significado desempenha em nosso trabalho. "Se o trabalho não tem significado, então a própria vida chega perto de não ter significado", afirmou Maslow em 1962.[2] Em 1969, os educadores Neil Postman e Charles Weingartner definiram o projeto de "criação de significado", hoje considerado fundamental para a educação, o trabalho e o acompanhamento psicológico.[3] Havia algo no ar.

O próprio Vale do Silício nasceu desse etos. Em geral, achamos que o alvorecer do Vale aconteceu na década de 1990, mas já nos anos 1970 a equipe da Xerox PARC, comandada por John Seely Brown, estava desenvolvendo a Ethernet, a interface gráfica do usuário e as impressoras a laser. Os engenheiros foram atraídos para a área pelo excelente Departamento de Engenharia da Universidade Stanford, pelo clima excelente da região e pelo acesso aos primeiros processadores de computador. Esses engenheiros também sonhavam em fazer avanços nas viagens espaciais e em ultrapassar os limites do progresso humano.

Essa marcha para o oeste não foi uma corrida do ouro, mas uma corrida pelo significado. Essas mentes pioneiras — os grandes inovadores da geração — foram atraídas pelo dinheiro, claro, mas também pelo propósito. Nas palavras de Reid Hoffman, antigo funcionário da Apple e cofundador do LinkedIn, no prefácio que escreveu para o livro de Fred Kofman sobre trabalho significativo:

> No Vale do Silício, vemos muitas vezes como as empresas que crescem mais rápido, que executam com mais consistência e se tornam agentes dominantes em

suas indústrias [...] são aquelas que definem suas missões corporativas em termos grandiosos, nobres e incrivelmente ambiciosos.[4]

Hoje, toda corporação tem uma declaração de missão que busca inspirar funcionários e ao mesmo tempo atrair clientes. Os funcionários da Disney oferecem experiências mágicas para criar felicidade. A Sony inspira e satisfaz nossa curiosidade. A Patagonia salva nosso planeta. Cento e trinta anos atrás, a Coca-Cola foi fundada por um farmacêutico que escolheu esse nome porque os dois Cs ficariam bem na publicidade. Agora, o propósito da Coca-Cola é "Refrescar o mundo. Fazer a diferença".[5]

Muitas dessas declarações soam vazias. Num mercado de trabalho competitivo, os funcionários podem se dar ao luxo não só de trabalhar em empresas com objetivos mais alinhados a seus valores pessoais, mas também de pedir demissão de empresas cujas ações consideram repreensíveis. O músico Neil Young incentivou os funcionários da Spotify a fazerem exatamente isso quando a empresa se recusou a dispensar sua maior estrela de podcast, Joe Rogan, que estaria espalhando fake news sobre as vacinas contra a covid-19. "Saiam desse lugar antes que ele devore suas almas", aconselhou Young.[6]

Nessa mesma toada, como parte do processo de entrevista e contratação de profissionais, os candidatos a vagas devem estar preparados para explicar sua conexão pessoal com a missão da empresa. Hoje em dia, trabalhos são ganhos e perdidos com base no grau de paixão exibido pelo profissional. Quem acredita na missão da empresa quer estar rodeado de pessoas que pensam igual.

Mas por que a missão e o significado se tornaram parte tão essencial do nosso trabalho? Este capítulo analisa a centralidade do desempenho orientado por um propósito para nossa prosperidade, e também as ferramentas de que dispomos para medir e nutrir o senso de significado.

DEFINIÇÕES: SIGNIFICADO E PROPÓSITO

Segundo o psicólogo Michael Steger, o significado tem três componentes:[7]

1. Compreensão: Dar sentido à própria experiência.
2. Propósito: Ter objetivos ou missões altamente valorizados na vida.
3. Significância: Compreender que a vida vale a pena e tem valor.

Embora muito diferentes, esses três componentes estão implícitos na acepção do termo "significado".

Nem todos os trabalhos são igualmente significativos; nem todos procuramos encontrar significado no trabalho da mesma maneira. Num famoso estudo de 1997 sobre posturas no ambiente de trabalho, os psicólogos Amy Wrzesniewski, Clark McCauley, Paul Rozin e Barry Schwartz mostraram que as pessoas enxergam o trabalho como um emprego, uma carreira ou uma vocação:

- Emprego: O foco está nas recompensas financeiras e necessidades. Empregos são meios para aproveitar a vida fora do trabalho. Você sai quando encontra outro que pague melhor.
- Carreira: O foco está na ascensão profissional. Quem tem uma carreira sente orgulho de suas realizações profissionais e de sua posição social elevada. Você sai quando para de ser promovido.
- Vocação: O foco está no trabalho que o faz se sentir realizado. Você se sente chamado a realizar um trabalho valioso do ponto de vista social ou moral, e permanece nele aconteça o que acontecer.

Três pessoas diferentes numa mesma função podem enxergar o trabalho como um emprego, uma carreira ou uma vocação, a depender da orientação que tenham.[8] Esses diferentes tipos de motivação produzem diferentes tipos de trabalho. Quem trabalha por dinheiro — ou seja, tem motivações extrínsecas, externas — fará exatamente o que é necessário e nada mais. Por outro lado, quem tem uma vocação, um senso de propósito mais elevado — uma motivação intrínseca —, vê o trabalho como algo profundamente conectado a quem ele é. O significado alimenta o desempenho muito além do que é estritamente exigido da função.

ATÉ QUE PONTO A MOTIVAÇÃO PARA ENCONTRAR SIGNIFICADO NO TRABALHO ESTÁ DIFUNDIDA?

Bilhões de pessoas ao redor do mundo vão trabalhar todos os dias. Quantas procuram significado no trabalho? Talvez você presuma que o significado é importante para uma pequena e privilegiada parcela de trabalhadores, ao passo que a maioria das pessoas apenas considera o trabalho como um mero emprego.

Também estávamos céticos. Em 2018, nosso laboratório começou a descobrir quantos trabalhadores havia em cada grupo. Concentramos nossa pesquisa nos Estados Unidos, onde temos o maior volume de dados e acesso a trabalhadores de diversos perfis econômicos. Pesquisamos 2 mil funcionários em tempo integral de todas as idades, setores, cargos e rendas.[9]

Descobrimos que a parcela de trabalhadores que desejam ter um trabalho com significado não é nada pequena. Na verdade, nos Estados Unidos, não é nem mesmo uma "parcela". Praticamente todos os participantes do estudo — de todas as gerações e níveis de renda, independentemente do setor ou posição — queriam ter um trabalho com mais propósito. Todos queriam que o trabalho fosse menos um emprego e mais uma vocação.

Também nos perguntamos como os trabalhadores consideravam seus trabalhos atuais. No mesmo estudo, usando uma escala de classificação de 0 (sem significado) a 100 (significado máximo), as pessoas deram a seus empregos atuais uma pontuação média de 49.

Ou seja: nossos "copos de significado" estão mais para meio vazios do que para meio cheios.

Também perguntamos a esses 2 mil trabalhadores quanto do salário eles sacrificariam para ter um trabalho no qual enxergassem muito significado. Os resultados foram surpreendentes. Em média, as pessoas estavam dispostas a sacrificar incríveis 23% de seus ganhos futuros para ter um emprego no qual enxergassem muito significado, percentual que valeu para faixas de renda de 40 mil dólares por ano até 200 mil dólares por ano.

Para colocar esse número em perspectiva, em 2018 os americanos gastaram cerca de 17,5% de sua renda com hipotecas.[10] Ou seja: estamos dispostos a desembolsar uma parcela maior para trabalhar com algo que tenha significado do que para pagar a casa em que vivemos.

OS BENEFÍCIOS DE UM TRABALHO SIGNIFICATIVO

Mas por que o significado deveria ser tão essencial para nossa vida profissional a ponto de organizações recrutarem pessoas com base em sua conexão com a missão da empresa, e a ponto de indivíduos estarem dispostos a abrir mão de muito dinheiro para ter um trabalho em que enxerguem um propósito?

Não é apenas hype. Vamos começar com os benefícios organizacionais. Um dos santos graais dos departamentos de RH modernos é o "esforço discricionário". As empresas buscam obter o máximo de trabalho de seus funcionários. O psicólogo Aubrey Daniels, que fundou o campo da gestão de desempenho, definiu o esforço discricionário como "o nível de esforço que as pessoas poderiam alcançar se quisessem, mas acima e além do mínimo exigido".[11] Quem tem um mero *emprego* não faz qualquer esforço discricionário, mas quem tem uma *vocação*, sim. O esforço discricionário é necessário para a criação de produtos de trabalho extraordinários — para níveis de habilidade e inovação que seriam inatingíveis de outra forma. Esse é o tipo de trabalho que vem de dentro, alimentado por um propósito.

E os resultados? Nosso estudo descobriu que os funcionários que enxergam suas funções como uma vocação trabalham mais horas e faltam menos. Eles gostam mais de seus trabalhos, permanecem na empresa por mais tempo e são mais produtivos, gerando cerca de 9 mil dólares a mais em valor para a empresa ao ano. Para cada mil funcionários que enxergam um grande significado em seu trabalho, as empresas economizam uma média de 5,94 milhões de dólares em custos anuais de rotatividade. Esses trabalhadores também são excelentes facilitadores no cumprimento do desafio organizacional: mesmo quando a gestão é ruim ou o ambiente é tóxico, superam a negatividade mais facilmente e são menos propensos a pedir demissão.

Para o trabalhador que enxerga o trabalho como vocação as recompensas são ainda maiores. No lado profissional, ele recebe mais aumentos e promoções do que aquele que vê o trabalho apenas como um emprego. Ou seja: você não precisa aceitar o tal corte de 23% no salário — muito pelo contrário: fazer o que ama e amar o que faz gera benefícios financeiros.

No lado pessoal, o trabalho significativo é bom para a saúde. Foi demonstrado que trabalhar por motivações intrínsecas — por motivos que vêm de dentro de nós, e não por uma recompensa externa — tem um impacto positivo em nosso bem-estar geral.[12] O campo de estudos conhecido como teoria da autodeterminação,[13] fundado pelos psicólogos Edward Deci e Richard Ryan, considera a motivação intrínseca o ingrediente essencial para o bem-estar psicológico em todas as áreas da vida. E esse poço fundo de motivação intrínseca é fundamental no mundo de trabalho contemporâneo. Percorrer as corredeiras não é brincadeira. Estamos nela todos os dias, enfrentando desafio após desafio, remando com toda a força enquanto as ondas quebram em nós. Significado e propósito nos motivam a seguir em frente.

Na prática, se a resiliência e a agilidade cognitiva são *como* percorremos as mudanças, o significado e o propósito formam o *porquê*, são o combustível de que precisamos para enfrentar os desafios futuros. Dados mostram que nossos dois primeiros poderes do PRISM — trabalho significativo e resiliência — andam de mãos dadas. No mesmo estudo de 2018, comparamos os níveis de resiliência psicológica daqueles que consideraram que seus empregos são mais ou menos significativos. O resultado não deixa margem a dúvidas: os trabalhadores que consideraram o trabalho mais significativo (nesse caso, os 25% da amostra que alcançaram pontuações mais altas) tiveram uma pontuação 23% maior em questões relativas à resiliência do que os trabalhadores que consideraram o trabalho menos significativo (os 25% da amostra com pontuações mais baixas).

Em contraste, o antropólogo e anarquista americano David Graeber descreveu longamente os efeitos psicológicos negativos do trabalho inútil. Seu livro de 2018, *Bullshit Jobs*, argumenta que milhões de pessoas, de recepcionistas a marqueteiros e burocratas, têm empregos que não servem para nada e sabem muito bem disso. Embora talvez o argumento de Graeber seja exagerado, o impacto psicológico negativo desse trabalho sem significado descrito por seus entrevistados merece menção. Eles são atormentados por problemas como ansiedade, depressão e baixa autoestima, e suas doenças psicossomáticas desaparecem misteriosamente assim que encontram um trabalho com mais propósito.[14]

Precisamos de um trabalho com significado para nos ajudar a realizar a mudança e florescer no processo. As organizações precisam que o trabalho tenha um significado para nós, de modo que possamos aproveitar ao máximo os bons momentos e tolerar os momentos ruins.

Considerando-se tudo isso, cabe a pergunta: é possível promover o significado? Ou ele é algo que simplesmente... está lá?

O QUE TORNA UM TRABALHO SIGNIFICATIVO?

Outra razão pela qual realizamos nosso estudo de 2018 foi a vontade de identificar os fatores mais importantes no ambiente de trabalho, aqueles necessários para que os funcionários considerem seu trabalho significativo. Compreender esses motivadores proporciona a indivíduos e organizações um ponto de entrada para a intervenção.

O primeiro fator organizacional importante que identificamos foi a sensação de não se estar sozinho. *O apoio social no ambiente de trabalho* exerce grande influência sobre o nível de significado percebido pelo trabalhador. Os trabalhadores com maior sensação de apoio social no ambiente profissional apresentaram pontuação 47% maior nos índices de significado de trabalho do que aqueles que não têm essa sensação. Um dos maiores desafios para as organizações hoje, sobretudo depois da covid-19, é preservar o senso de comunidade mesmo com o trabalho remoto, a alta rotatividade e a instabilidade. Mas a maioria das pessoas não percebe que parte do que está em jogo é a própria alma do trabalho.

Outro fator crítico exposto pelos dados foi o *alinhamento de valores e propósitos com os líderes*, sobretudo os mais seniores. Funcionários que se sentem alinhados com os valores dos colegas se mostraram 33% mais satisfeitos com o trabalho — nada mau! No entanto, os que se sentem alinhados com os valores de seus líderes ficaram 46% mais satisfeitos. Os valores da liderança são importantes, e não só para acionistas ou diretores, mas também para os trabalhadores que precisam seguir seus líderes nas corredeiras. Um bom ponto de partida é a declaração da missão da empresa. Para serem mais eficazes, os líderes seniores devem viver na prática os valores defendidos pela empresa.

Também descobrimos alguns diferenciais importantes no nível de significado com base no tipo de trabalho. Os trabalhadores do conhecimento, por exemplo, consideraram seu trabalho mais significativo do que outros tipos de trabalhadores. Por quê? Uma análise detalhada revelou que eles têm um maior senso de *crescimento profissional ativo*. Todos os trabalhadores querem, e merecem, experimentar essa sensação de crescimento no trabalho. Ao buscar essas oportunidades de crescimento como indivíduos e oferecê-las de forma universal como organizações, estamos permitindo que todos sintam essa satisfação.

Uma pesquisa conduzida por Ethan Bernstein, professor da Harvard Business School, sugere que mudanças podem criar um ambiente em que todos se sintam como trabalhadores do conhecimento.[15] Por exemplo, os funcionários têm desempenho superior quando recebem certos direitos de privacidade e o direito de experimentar em zonas livres de julgamento. As organizações que criam essas condições geralmente oferecem a eles uma maior sensação de significado. Os indivíduos se beneficiam tanto em termos materiais quanto psicológicos, e as organizações obtêm retornos extraordinários. Todos saem ganhando.

COMO REFORÇAR O SIGNIFICADO DO TRABALHO: COMO INDIVÍDUOS

Podemos chamar isso de perspectiva externa (de fora para dentro) sobre o significado — os fatores organizacionais que influenciam até que ponto, em média, as pessoas consideram significativo o trabalho que realizam. Para chegar a essas respostas, aplicamos testes com pontuações de significância e observamos, a partir dos resultados, como elas se correlacionam com os recursos organizacionais.

A versão de dentro para fora dessa mesma pergunta é a seguinte: quais partes do trabalho as pessoas *dizem* ter mais significado para elas?

Dois professores da Universidade de Canterbury, em Christchurch, a cidade natal de Graeme Payne na Nova Zelândia, descobriram que os funcionários costumam vivenciar sete motivadores de significado no trabalho.[16] Qual deles descreve melhor aquilo que faz o trabalho parecer significativo?

1. Crescimento pessoal: Você sente que o trabalho contribui ativamente para o desenvolvimento do seu eu interior.
2. Crescimento profissional: Você sente que o trabalho lhe permite ativar todo o seu potencial profissional. (De acordo com nossas descobertas, esse foi o motivador mais comum entre os trabalhadores do conhecimento.)
3. Propósito compartilhado: Você sente que você, seus colegas e seus líderes estão trabalhando por um propósito comum.
4. Serviço: Você encontra significado ao servir a outras pessoas.
5. Equilíbrio: Você encontra significado no esforço de equilibrar suas posturas e prioridades pessoais e profissionais.
6. Inspiração: Você se sente inspirado pela visão e pelas lideranças da empresa em que trabalha.
7. Honestidade: Seus valores fundamentais são a comunicação direta e a avaliação realista do trabalho.

Grande parte do trabalho de criação de significado deve acontecer no nível individual. Ajudar as pessoas a entenderem o que cria nelas próprias esse senso de propósito é essencial para um bom coach.

Jinny é gerente de P&D (pesquisa e desenvolvimento). Trabalha com produtos da "próxima geração" e está no meio da carreira. Ela disse a Patrick, seu coach, que estava muito frustrada porque havia recebido do chefe uma avaliação de desempenho negativa. Jinny sabia que não estava rendendo tudo o que podia, mas ao mesmo tempo não conseguia fazer o que lhe era pedido. "Ele está pedindo que eu me mate de trabalhar num projeto que talvez nunca saia do papel", explicou. "E eu tenho que contratar pessoas para me ajudar nesse trabalho no qual não levo a menor fé."

Para desfazer essa frustração e permanecer em seu posto, Jinny precisava recuperar a motivação. Numa das primeiras sessões com seu coach, ela havia identificado sua principal fonte de significado no trabalho: o *serviço*. Ela deseja que seus esforços sirvam à sociedade. Assim, sentia-se ameaçada diante da possibilidade de seus produtos jamais chegarem a ser construídos.

Patrick ajudou-a a criar duas estratégias a fim de se reconectar. Em primeiro lugar, Jinny precisava repensar e voltar a aceitar o nível de risco inerente ao trabalho com produtos tecnológicos de ponta. Nas equipes de inovação, os sucessos geram um forte impacto, ao passo que os fracassos geram frustração. Jinny precisava ser capaz de tolerar a possibilidade de um beco sem saída como parte de seu serviço. Em segundo lugar, ela estava perdendo oportunidades de realizar pequenos atos ao seu redor. O processo de contratação de funcionários, por exemplo, que a deixava ansiosa, era uma oportunidade de ajudar pessoas em início de carreira a aprenderem habilidades-chave que só ela poderia transmitir. E ela percebeu que até seu chefe poderia se beneficiar de sua ajuda, tendo em vista que, por comandar uma equipe com resultados inconstantes, precisava tolerar a mesma frustração que ela.

Também podemos nos apoiar em diferentes fontes de propósito em diferentes funções e ambientes, o que nos proporcionará maior agilidade. Para alguns trabalhadores, por exemplo, a pandemia de covid-19 propiciou uma mudança de foco: do crescimento profissional para o serviço. Em momentos de transição e turbulência, servir ao próximo e trabalhar com honestidade podem ser motivadores bastante poderosos.

A fonte de trabalho significativo mais comum em todas as populações de trabalhadores no nosso estudo de 2018 foi o *crescimento pessoal*. Ao longo da carreira, buscamos oportunidades de nos desenvolver, na jornada rumo ao que Maslow chamou de autoatualização. E aumentar a sensação de que estamos realizando um trabalho significativo é fácil: basta descobrir de que maneiras estamos nos esforçando para crescer — em termos de pensamentos, relacionamentos, habilidades, conhecimento — e buscar oportunidades de nos concentrar nelas.

Uma forma de reforçar seu senso de crescimento pessoal é revisitar suas realizações de tempos em tempos. Com que frequência refletimos sobre uma tarefa desafiadora que executamos bem? E com que frequência refletimos sobre uma tarefa ou um projeto que tenha estimulado nossas habilidades interpessoais como colega de trabalho, amigo ou líder? Perceber e saborear o crescimento aumenta nosso senso de propósito e nossa satisfação.[17]

UMA ALTERNATIVA AO SIGNIFICADO: A SENSAÇÃO DE IMPORTÂNCIA

Anos atrás, antes da pandemia, diante de um grupo de diretores de recursos humanos do estado de Illinois, no centro financeiro de Chicago, Gabriella falou sobre o significado e o propósito do trabalho. O evento foi organizado por uma empresa de mídia, na sede de seu canal de TV esportivo. Após os aperitivos e coquetéis, todos entraram no local da palestra, que era o próprio estúdio do telejornal. Sob lâmpadas fluorescentes azuis e alaranjadas, atrás da ampla mesa branca no palco do estúdio, Gabriella só enxergava os participantes quando eles erguiam a mão para falar.

"Há uma coisa de que não estou completamente convencido", começou um homem. "Como empregadores, será que cabe mesmo a nós tornar o trabalho de nossos funcionários mais significativo?"

É uma pergunta justa, honesta e importante — em toda palestra, inevitavelmente alguém toca nesse assunto. A resposta de Gabriella foi reiterar os benefícios que a empresa obtém ao fazer isso.

Mas o cavalheiro não estava perguntando por que valia a pena fazer isso; ele estava perguntando *se* valia a pena. Líderes empresariais têm muitos motivos para evitar entrar no tema do significado do trabalho. Para alguns, é desconfortável. Significado é algo muito pessoal; é realmente da conta do chefe? Significado evoca espiritualidade. Para muitos, a religião ainda é a maior fonte de significado na vida. Que lugar a empresa pode ocupar nessa esfera?

Parte do desafio é o fato de que a palavra "significado" é muito ampla, com inúmeras acepções. Mesmo a definição de Steger, que vimos na página 86, inclui três diferentes construtos: compreensão, propósito e significância. Isso cria uma ambiguidade e uma confusão que tornam difícil falar, medir e melhorar o significado mais do que o necessário, sobretudo no caso de líderes empresariais.

Por todas essas razões, ao longo dos anos, no trabalho conjunto que realizamos, gravitamos em torno do construto de "importância" como uma alternativa mais concreta, mensurável e acionável ao significado no ambiente empresarial. A importância se aproxima mais do que o significado da essência daquilo que importa para o trabalhador e também do que a empresa é capaz de influenciar. Os céticos — como o homem na plateia do estúdio de TV — não têm nenhum problema com a importância. Todo mundo entende instintivamente que é preciso sentir que o trabalho é importante e que outras pessoas — nossos chefes e líderes — geralmente estão mais bem posicionadas do que nós para nos ajudar a enxergar esse impacto.

Definimos a importância como a sensação de diferença que fazemos no mundo. Dos três aspectos na definição de Steger, "significância" é o que mais se aproxima da importância, embora a importância também influencie nosso senso de propósito. Pense na importância como um subconjunto concreto de significado. Indivíduos que sentem que seus esforços não têm importância perdem a motivação para enfrentar os desafios e até para trabalhar. Por isso, as organizações têm interesse em garantir que seus funcionários saibam por que não só eles, como também o trabalho que realizam, são importantes.

A filósofa e ganhadora da bolsa MacArthur para "gênios" Rebecca Goldstein, criadora do Mapa de Importância em seu brilhante e hilário romance de 1993, *The Mind-Body Problem*, argumentou amplamente que uma característica que define o ser humano é a necessidade de ter importância. E a seleção natural favorece a importância. Nas palavras dela:

Se um organismo — qualquer organismo — tivesse a capacidade de expressar sua mais profunda motivação, a motivação que é o pré-requisito para todas as outras motivações que o estimulam a realizar suas tarefas e atividades incessantes — correr, se esconder, perambular, invadir, acasalar —, ele diria que sua própria existência, persistência e florescimento neste mundo *são importantes*.[18]

Isso é o que Goldstein chama de Instinto de Importância. Nossa necessidade de ter importância é o imperativo primordial de nossa própria sobrevivência.

POR QUE É IMPORTANTE TER IMPORTÂNCIA?

Pela lente do Instinto de Importância de Goldstein, a importância é a história que contamos a nós mesmos para explicar nossa existência. Ela nos ajuda a entender por que sentimos que precisamos sobreviver, mesmo que nossa necessidade de sobrevivência seja biológica.

Para sua própria surpresa, Homer Martinez, um morador de Chicago, trabalhou a vida inteira como coveiro. Ao ser entrevistado por Studs Terkel, ele compartilhou a narrativa que usava para explicar por que deveria considerar seu trabalho importante:

Nunca sonhei em ter esse tipo de trabalho, mas acredito que ele seja importante, porque nem todo mundo é capaz de ser coveiro. Quer dizer, você pode cavar a terra para instalar tubulações de esgoto, mas para isso pode cavar o buraco de qualquer jeito, pode deixar cair terra nele, pode fazer a maior bagunça. No caso de uma cova, não: tudo tem que estar arrumado e limpo. O buraco precisa ser retangular e perfeito.

O ato físico de cavar um buraco é sempre o mesmo, quer o cavemos para colocar um caixão, passar uma rede de esgoto ou qualquer motivo que seja. A narrativa de Martinez conta como ele entende por que ele, Homer, está vivo e cavando buracos dia após dia — por que os buracos que ele cava têm uma *importância* única.

Sabemos que nossa capacidade de explicar nossas próprias ações por meio da narrativa de importância carrega tremendas implicações para nosso bem-estar individual. Sem isso, vacilamos.[19] Uma das características da depressão é um baixo senso de autoestima. Na depressão, acreditamos que não somos importantes, e que portanto nossas atividades não têm qualquer propósito. Assim, por que se dar ao trabalho de tentar? Não temos energia nem o menor desejo de nos envolver com o mundo. O significado sempre foi um dos cinco pilares do bem-estar, conforme definido por Marty e colegas no PERMA.[20] Hoje, porém, substituímos o significado (*meaning*) por seu constituinte específico mais acionável — a importância (*mattering*) — como o M de PERMA.

Muitos daqueles que olham para o futuro do mundo de trabalho nas corredeiras temem essa perda de significado como resultado de repetidas perdas de emprego e instabilidades. Como afirma o cientista da computação e futurista Kai-Fu Lee em seu célebre livro *Inteligência artificial*, "a turbulência nos mercados de trabalho e nas sociedades vai ocorrer no contexto de uma crise muito mais pessoal e humana, a perda psicológica do propósito".[21] Yuval Noah Harari também sente esse medo. "Precisamos proteger os humanos, não os empregos. A crise em pauta é a crise de significado, não de emprego."[22]

Concordamos com os dois, mas acrescentamos que, do ponto de vista organizacional, trata-se, mais especificamente, de uma crise de importância.

O QUE FAZER PARA QUE NOSSOS COPOS DE IMPORTÂNCIA FIQUEM MEIO CHEIOS

O significado da importância no trabalho deve ser diferente para nós hoje do que era no passado, sobretudo tendo em vista que o tempo de permanência das pessoas em cada emprego vem diminuindo cada vez mais.[23] Precisamos sentir mais cedo que somos importantes; e precisamos ser capazes de redefinir esse senso de importância com frequência, à medida que nossos papéis mudam. Nesse novo contexto, as organizações e os indivíduos precisam de intervenções para manter seus copos de importância sempre cheios.

No fim de 2018 reunimos Goldstein e um grupo de pesquisadores para trabalhar conosco na medição e na construção da importância. Embora todos concordássemos que a importância era uma alternativa útil ao conceito mais genérico de significado, havia muito trabalho a fazer para que ela ganhasse força no campo da ciência.

Nossa primeira tarefa foi criar a Escala de Importância Organizacional, uma vez que as escalas psicométricas são necessárias para medir se a possível intervenção deu certo.[24] Orientamos nossa escala em torno da ideia de que a importância pode ser definida de forma objetiva ou subjetiva. Goldstein explicou que é possível enxergar a importância em termos clássicos como "*aretê*" (ἀρετή), a conquista da excelência nas ações individuais; ou como "*kleos*" (κλέος), o renome e a glória conquistados pela excelência na ação. O primeiro — *aretê* — é um tipo interno de importância que o indivíduo pode alcançar com esforço, experiência e paciência. O segundo — *kleos* — é externo e requer o reconhecimento de terceiros. Tanto um como o outro são aspectos da importância significativos para a produtividade.

Essa dualidade serve bem tanto para a medição quanto para a intervenção, pois *aretê* pode se concentrar em como os indivíduos conseguem ajudar a si mesmos a alcançar um senso de importância, enquanto *kleos* foca em como as organizações conseguem estimular seus funcionários a conhecerem o valor mais amplo de suas contribuições para os outros. Enquanto os aspectos mais elevados do significado levam meses ou anos para serem cultivados, podemos desenvolver o senso de importância de nosso trabalho quase imediatamente, por meio de uma combinação de *aretê* e *kleos*.

Usamos a Escala de Importância Organizacional para medir intervenções no intuito de construir o senso de importância do indivíduo. Você pode usá-la para avaliar se sente que seu trabalho é importante.[25] Pontuações mais altas — alcançadas pela soma das pontuações atribuídas às afirmativas — se correlacionam com mais promoções e aumentos e menos rotatividade.

Escala de Importância Organizacional

Responda numa escala de 1 (discordo totalmente) a 5 (concordo totalmente):

A. *Realização* (*aretê*)

- Meu trabalho contribui para o sucesso da minha organização.
- A qualidade do meu trabalho tem um impacto real na minha organização.
- Meu trabalho influencia o funcionamento da minha organização.

B. Reconhecimento (*kleos*)

- Minha organização elogia meu trabalho publicamente.
- Meus colegas elogiam meu trabalho.
- Sou conhecido pela qualidade do meu trabalho na organização.
- Meu trabalho me tornou popular em meu ambiente de trabalho.

Você tem a sensação de *aretê* em relação ao seu trabalho? E de *kleos*? Pontuações acima de 13 para "Realização" e acima de 15 para "Reconhecimento" são excepcionalmente altas.

Com a escala em mãos, o passo seguinte é elaborar intervenções para aumentar o senso de importância dos trabalhadores. Tomando como exemplo o livro *The Mind-Body Problem*, criamos um Mapa de Importância Organizacional a que os gestores podem recorrer para ajudar seus subordinados diretos a entenderem melhor a importância do trabalho que estão fazendo para os outros, com foco em *kleos*. Projetamos o mapa de modo a focar nas áreas mais essenciais da importância. No centro dele, o gestor coloca o nome e a foto do funcionário. Ao redor dele há três círculos concêntricos, cada um com três caixas de texto. No círculo mais interno, os gestores identificam os três valores da empresa que o funcionário mais representa. Esses valores ficam mais próximos do centro para representar a conexão deles com a identidade do funcionário. Os gestores devem oferecer citações e detalhes explicando cada valor. A personificação de valores é fundamental para nosso senso mais profundo de significância.

O segundo círculo lista três equipes que o funcionário ajudou. Isso permite que o gestor o ajude a entender como seu trabalho é importante para os outros. Nosso ritmo de trabalho é muito intenso, e o trabalho vive mudando, por isso nem sempre percebemos o impacto dele na organização. Assim, com citações e depoimentos, o círculo de equipes permite que o gestor destaque as ondas de impacto geradas pelo trabalho do funcionário.

Por fim, o círculo mais externo se concentra nos três resultados organizacionais produzidos pelo trabalho do empregado. Aqui, o gestor pode destacar que os processos desenvolvidos pelo funcionário melhoraram a eficiência da empresa em $x\%$; que seu atendimento aos clientes melhorou a pontuação das avaliações deles em $y\%$; que suas vendas geraram $\$z$. Talvez o funcionário já saiba de alguns desses resultados, mas não de outros.

É importante que, em cada círculo, o funcionário aprenda algo novo e concreto sobre sua importância para os outros. Isso expande seu senso de importância e o ajuda a sentir que essas diversas dimensões de importância são vistas por seu gestor e por outras pessoas.

No canto superior do quadro os líderes seniores da empresa devem incluir uma citação e uma assinatura. Essa parte pode ser gerada automaticamente, mas mesmo nesse caso promove uma sensação de aprovação oficial que contribui para o senso de importância, sobretudo em termos de *kleos*.

Como as corredeiras vão mudar nosso sentimento de importância no trabalho? No futuro, o trabalho se tornará mais ou menos significativo? Uma vez que somos otimistas, e estamos bastante cientes dos novos tipos de trabalho que nos reserva o futuro — trabalhos mais humanos e menos mecânicos; mais variados e menos rotineiros —, enxergamos a possibilidade de que haja mais trabalhos significativos, e não menos, conforme as tecnologias de automação evoluírem. Maiores volumes de exaustão de dados provenientes do nosso trabalho também significam mais potencial para medir e reconhecer a importância.

Mesmo em meio a essas marés positivas e humanizadoras, haverá muitos desafios, e precisaremos de motivações guiadas pelo senso de importância para nos ajudar a superá-los. Felizmente, tanto os bons quanto os maus momentos nos oferecem a oportunidade de nos reconectarmos ao nosso propósito na vida, contanto que estejamos abertos a isso. E a verdade é que as condições mais horrendas da história mundial produziram algumas das mais profundas meditações da humanidade sobre o significado. Em 1946, Viktor Frankl resumiu o que havia aprendido com a tortura dos campos de concentração:

> [...] e continua existindo, portanto, um resquício de liberdade do espírito humano, de atitude livre do eu frente ao meio ambiente, mesmo nessa situação de coação aparentemente absoluta, tanto exterior como interior. Quem dos que passaram pelo campo de concentração não saberia falar daquelas figuras humanas que caminhavam pela área de formatura dos prisioneiros, ou de barracão em barracão, dando aqui uma palavra de carinho, entregando ali a última lasca de pão? E mes-

mo que tenham sido poucos, não deixam de constituir prova de que no campo de concentração se pode privar a pessoa de tudo, menos da liberdade última de assumir uma atitude alternativa frente às condições dadas. E havia outra alternativa! A cada dia, a cada hora no campo de concentração, havia milhares de oportunidades de concretizar esta decisão interior, uma decisão da pessoa contra ou a favor da sujeição aos poderes do ambiente que ameaçavam privá-la daquilo que é a sua característica mais intrínseca — sua liberdade.[26]

A importância é o componente do significado que nos permite explicar a nós mesmos por que é relevante acordar todos os dias e fazer o que fazemos. A importância alimenta nossa felicidade, nossa produtividade, nossa capacidade de resistir às situações difíceis da vida. Indivíduos, líderes e organizações podem nutri-la dentro de si — e precisarão fazer isso para superar os desafios que virão pela frente.

6. Afinidade rápida: Conexão sob pressão

Conecte, George, conecte!
Stephen Sondheim, *Sunday in the Park with George*

Era 14 de dezembro de 1970. Às dez horas da manhã de um dia ensolarado em Princeton, Nova Jersey, o primeiro grupo de voluntários chegou para um experimento psicológico. Os participantes eram seminaristas da Princeton Theological se preparando para uma vida de serviço espiritual.

Ao chegarem ao escritório do cientista-chefe do estudo, os participantes foram informados de que o experimento analisaria a carreira dos seminaristas. Cada um deles foi instruído a preparar uma fala breve sobre o tema e recebeu material de leitura para se inspirar. Metade dos participantes recebeu uma folha de papel com perguntas e ideias sobre o melhor uso do aprendizado adquirido no seminário. A outra metade recebeu uma cópia de uma famosa parábola do Novo Testamento: a do bom samaritano, que para na estrada para ajudar alguém em necessidade.

Os voluntários não sabiam, mas tudo isso era um mero prelúdio.

Em seguida, o cientista-chefe informou a cada voluntário que, por falta de espaço, eles teriam que ir andando até outro prédio para falar sobre suas carreiras. Os participantes receberam um mapa com uma rota que os levava por um beco até o prédio ao lado.

Assim, um a um, eles foram saindo.

Ao chegar ao beco, cada participante se deparava com uma cena surpreendente: um homem caído no chão, gemendo de dor, ao pé de uma porta aberta com tudo escuro do lado de dentro. O experimento: quem pararia para ajudar, tal como o bom samaritano da Bíblia, e quem passaria direto pelo homem?

O homem gemendo no chão, um membro disfarçado da equipe de pesquisa, prestou atenção nas reações de cada seminarista. Alguns passaram apressados sem notá-lo. Outros o encararam ou assentiram para ele, mas não pararam. Alguns pararam por segundos para perguntar se ele estava bem. E alguns "superajudantes" o levaram porta adentro, recusando-se a deixar o local até a chegada de uma ambulância.

Quem parou? Quem passou depressa? O que determinava se um participante parava para ajudar outro ser humano necessitado?

Os diretores do estudo, John Darley e C. Daniel Batson, levantaram a hipótese de que estimular os alunos a pensar na parábola do bom samaritano os tornaria mais propensos a ajudar — uma demonstração do poder das Escrituras para inspirar o comportamento moral. No entanto, a análise dos resultados não mostrou uma diferença estatisticamente significativa. Os alunos que não haviam lido a parábola ajudaram (ou deixaram de ajudar) o homem em número semelhante aos que a haviam lido.

Nenhuma das outras variáveis testadas por Darley e Batson fez diferença. Exceto uma.

O tempo.

Os alunos que haviam sido instruídos a *se apressar* até o outro prédio se mostraram muito menos propensos a parar para ajudar o sujeito com dor no chão. Aqueles informados de que tinham um pouco de tempo livre pararam com mais frequência para ajudar.[1]

É difícil imaginar pessoas mais dispostas a parar para ajudar alguém nessa situação do que seminaristas. Ainda assim, mesmo entre aqueles que dedicam a vida a servir ao próximo, a percepção de que havia pouco tempo de sobra os impediu de parar para ajudar uma pessoa obviamente necessitada.

Hoje, décadas depois do experimento, vivemos uma vida mais agitada do que nunca. Assim, que esperança podemos ter?

O tempo é uma das maiores barreiras atuais para a conexão social. Acreditamos estar sofrendo de uma "fome de tempo": sempre temos muito o que fazer, mas nunca tempo o suficiente.[2] E as empresas modernas consagram essa mentalidade. Os sistemas de gestão de capital humano monitoram como e onde os funcionários passam seus dias. Os funcionários mantêm "gráficos de tempo" a fim de acompanhar a alocação desse recurso escasso nos projetos. A eterna luta pelo equilíbrio entre vida profissional e pessoal muitas vezes se resume a um problema: simplesmente não existem horas suficientes no dia para se sair bem no trabalho e em casa. Setenta por cento dos americanos almoçam na mesa de trabalho ou sequer almoçam.[3] Cinquenta e seis por cento dos médicos acham que não têm tempo suficiente para demonstrar compaixão pelos pacientes.[4] A falta de tempo — ou nossa percepção de falta de tempo — nos impede de nos conectarmos uns aos outros.

A pressão para ser "pontual" estimula todo tipo de comportamento antissocial. É o caso das pessoas que demonstram agressividade no trânsito, ficando furiosas com outros motoristas por qualquer motivo, ou daquelas que fazem mil coisas ao mesmo tempo,[5] dividindo a atenção na vã esperança de que isso não produza resultados medíocres ou até mesmo fatais. Nos Estados Unidos, em média, nove pessoas morrem e mais de mil são feridas a cada dia por motoristas distraídos, mandando mensagens de texto ou falando ao celular.[6]

Ao longo do tempo, o contexto social do nosso mundo de trabalho nas corredeiras tem dificultado cada vez mais a conexão entre as pessoas. Setenta mil anos atrás, vivíamos em grupos pequenos, estáveis e não hierárquicos, encontrando, quando muito, algumas centenas de pessoas ao longo da vida, todas com a mesma cor de pele, acostumadas ao mesmo terreno e trabalhando juntas nas mesmas poucas atividades.

Claro que, em comparação com outras espécies, nossas interações sociais sempre foram altamente complexas, na medida em que grande parte do córtex é dedicada a entender as pessoas. Sentados ao redor da fogueira com nossa tribo, como poderíamos compor uma frase que ao mesmo tempo lisonjeasse Jenny, não humilhasse Carly, não entediasse Mandy e ainda fizesse Darryl dar uma risada? O neuropsicólogo inglês Nick Humphrey foi o primeiro a levantar a hipótese da existência de um elo entre a nossa rica paisagem social e nosso cérebro extraordinariamente grande.[7] Diversos estudos neurocientíficos confirmaram isso, demonstrando, por exemplo, que quanto maior o tamanho da nossa rede social — medida por artefatos como textos e e-mails —, maior o tamanho de algumas partes específicas do nosso córtex pré-frontal, da nossa amígdala etc.[8] Somos programados para crescer por meio dos relacionamentos com os outros. Somos capazes de reconhecer indivíduos e prever — e até certo ponto manipular — o que eles farão. Temos uma "teoria da mente" que nos permite intuir o que os outros estão pensando e agir de acordo. Podemos negociar, persuadir, flertar, simpatizar, mentir, comandar e obedecer usando esse dispositivo. E podemos fazer isso de forma rápida e simultânea com diversos membros da espécie.

A complexidade do nosso contexto social hoje é muitíssimo maior do que quando nos reuníamos ao redor da fogueira, fato comprovado acima de tudo pelo número e pela variedade de conexões nas nossas redes. Profissionais globais interagem com milhares de pessoas das mais diferentes culturas em todo o mundo — um conjunto incrivelmente amplo de colegas de trabalho, vizinhos, servidores, lojistas, zeladores, professores, parceiros de baralho, investidores, mentores, gamers etc., e essa lista só aumenta a cada ano.

Em 2019, antes da pandemia de coronavírus, 30% dos americanos trabalhavam remotamente.[9] Em outubro de 2020, pelo menos metade dos funcionários americanos trabalhava de casa alguns dias por semana.[10] Em média, ficamos três ou quatro anos na mesma empresa antes de recomeçar em outro lugar e ganhar um grupo de colegas de trabalho inteiramente novo.[11] Mudamos de equipe, de local de trabalho e de função. Uma gerente em Taiwan trabalha enquanto sua equipe de empreiteiros no Brasil e no Canadá dorme. Eles se comunicam por e-mail e aplicativos de mensagens, trocando códigos e documentos à medida que o sol nasce em cada continente.

Mas embora o método, a escala e a velocidade das conexões sociais tenham mudado drasticamente, nossa *necessidade* de nos conectar com o outro está mais forte do que nunca.

Neste e no próximo capítulo, vamos analisar a importância das conexões sociais para nosso bem-estar físico e emocional como humanos; para nosso desempenho no mercado global moderno; e para a experiência de nossos clientes. Depois de entendermos esses benefícios, vamos descrever as barreiras que tanto têm dificultado a conexão, por mais fundamental que ela seja. Por fim, vamos explicar como superar essas barreiras usando o terceiro dos nossos poderes PRISM — um conjunto de estratégias que chamamos de *afinidade rápida*.

CONEXÃO E BEM-ESTAR

Bem-estar implica conexão social. O risco de quase todos os transtornos mentais — da depressão à ansiedade, da esquizofrenia ao TEPT — aumenta com o isolamento social. Quando estamos sozinhos, privados dos cuidados dos outros, não estamos bem. Por outro lado, quase todas as atividades positivas realizadas com outra pessoa nos proporcionam mais alegria.

Algumas das evidências mais convincentes da importância da conexão social para a prosperidade humana vêm de estudos de doenças físicas, e não psicológicas. Uma vasta literatura estabelece um elo entre apoio social e melhores resultados clínicos. Pesquisadores da área de gerontologia da Universidade Brigham Young compilaram descobertas de 148 desses estudos, abrangendo 30 mil indivíduos. Conclusão: ter relacionamentos fortes aumenta nosso índice de "sobrevivência para todas as causas" em 50%, o que significa que, *seja qual for* a causa da morte que estamos enfrentando, temos 50% mais chances de sobreviver se tivermos um forte apoio social.[12]

Em um estudo de acompanhamento, o mesmo grupo de pesquisadores virou a questão de ponta-cabeça e perguntou qual é a probabilidade de morrermos jovens se formos solitários, descobrindo que pessoas socialmente isoladas têm um risco 26% maior de morte prematura.[13] Ou seja: nossa própria longevidade depende das nossas conexões.

Qual é a base biológica dessa dependência? Para entender o elo fisiológico entre conexão e longevidade, precisamos primeiro definir alguns termos. Hoje em dia é possível clicar num simples botão na tela do celular para "se conectar" com outras pessoas pelas redes sociais, mas isso de pouco adianta para o seu cérebro ou o seu bem-estar geral. Assim, como é a conexão biologicamente importante?

A *empatia* descreve nossa capacidade de vivenciar as emoções dos outros como se nós mesmos as vivêssemos. Quando temos empatia sentimos um pouco do que o outro está sentindo. Nesse momento, um tipo específico de neurônio, chamado neurônio-espelho, é ativado em sincronia com o da outra pessoa.

Quando começou a jogar bridge on-line por chamada de vídeo, Marty testemunhou em primeira mão a formação de laços surpreendentemente fortes entre pessoas que nunca haviam se encontrado. Certa noite, ele estava jogando em dupla com Ming, um de seus parceiros favoritos, quando o time adversário cometeu um pequeno erro. Vários outros jogadores conversavam ruidosamente ao mesmo tempo.

"Tenho estado indisposto ultimamente", interrompeu Ming.

"Algum problema sério?", perguntou Marty.

A conversa ao fundo diminuiu um pouco.

"Pois é, Marty..."

A conversa diminuiu um pouco mais.

"Eu tenho câncer. De pâncreas."

Silêncio entre os jogadores.

"Trouxe meu computador para o hospital."

Silêncio total.

"Para poder morrer entre os meus amigos."

Um longo silêncio.

Comovido, digitaram os jogadores.

Extremamente comovido.

A ideia consternadora de jogar cartas on-line num quarto de hospital enquanto a morte se aproxima faz nossos neurônios-espelho dispararem, e com isso *sentimos* uma pequena fração da dor de Ming. É diferente da *simpatia*, que é o exercício cognitivo de reconhecer os sentimentos de outra pessoa sem vivenciá-los.[14]

Para enfatizar ainda mais a natureza biológica da conexão profunda, a psicóloga Barb Frederickson, da UNC Chapel Hill, cunhou o termo *ressonância de positividade* para descrever a experiência de compartilhamento mútuo de sentimentos positivos, cuidado, preocupação e sincronia biológica. Quando nos sentimos fortemente conectados aos outros, o corpo sente. Ficamos mais calmos, tomados de afeto, e o tempo até passa mais devagar. Ao passo que a empatia normalmente implica sentimentos compartilhados de sofrimento, a ressonância de positividade abrange toda a gama de emoções compartilhadas, e esse compartilhamento é uma experiência inerentemente positiva. Em termos mais poéticos, podemos pensar na ressonância de positividade como o sentimento de amor materializado.[15]

A *compaixão* abrange tudo isso para descrever o estado de empatia que produz ação. Enquanto a *simpatia* significa entender o que o outro está sentindo sem o sentir na própria pele, e a *empatia* refere-se à experiência de vivenciar o que imaginamos que o outro está sentindo, então a *compaixão* significa que nossos sentimentos nos incitaram a agir para aliviar o sofrimento do outro. No ambiente de trabalho, a simpatia é menos valiosa do que a empatia, que é menos valiosa do que a compaixão. Queremos que nossos colegas ponham a mão na massa para nos ajudar. Queremos que nossos funcionários ponham a mão na massa para ajudar nossos clientes.

Um último termo: *afinidade*. A empatia e a compaixão podem ser vividas e representadas como eventos que acontecem apenas uma vez. A afinidade, porém, é um relacionamento próximo e de confiança entre duas pessoas que nasce da prática consistente da empatia e da compaixão entre elas ao longo do tempo.

De posse dessas definições, voltamos à questão de como a conexão influencia a fisiologia. Qual é a base biológica para aquela sensação de "animação e afeto" que vem da ressonância de positividade? Conhecemos relativamente bem o conjunto de mecanismos fisiológicos responsáveis pelos muitos benefícios positivos da conexão para a saúde. Quando vivenciamos a sincronia emocional com outra pessoa — seja por meio da empatia ou da ressonância de positividade —, nosso corpo passa a se comportar de outra maneira. Tudo desacelera. Nós relaxamos de dentro para fora.

O sistema nervoso tem muitas subdivisões, e cada uma delas controla funções específicas, como mover os músculos ou registrar sensações como calor. Duas subdivisões importantes são o sistema nervoso simpático e o sistema nervoso parassimpático. (O termo *simpático*, aqui, não tem qualquer relação com o conceito de *simpatia* mencionado anteriormente.)

A principal função do sistema nervoso simpático é ativar a reação de luta ou fuga, para nos estimular psicológica e fisicamente diante de uma ameaça. Precisamos dessa salvaguarda para sobreviver aos perigos reais. Mas essa reação de luta ou fuga é altamente sensível e pode acontecer mesmo quando a ameaça não é tão séria. Trata-se de outra incompatibilidade: um carro buzinando atrás de nós não representa o mesmo perigo que um leão em modo de ataque, embora possa parecer que sim. Logo, para maximizar o bem-estar é preciso minimizar a atividade do sistema nervoso simpático — o que resulta em menos ansiedade, estresse e raiva.

Lembre-se, porém, de que nosso objetivo é alcançar o +10, e não apenas evitar ficar no negativo. Não queremos apenas menos estresse, queremos mais significado, conexão e alegria.

É nesse ponto que o sistema nervoso parassimpático — o sistema de "descanso e recarga" — se torna fundamental. Quando recebemos a compaixão dos outros, ou sentimos compaixão por alguém, ele envia sinais que realizam todo tipo de milagre, desde baixar a pressão sanguínea até reduzir o ritmo da respiração. Essas mudanças promovem a sensação de bem-estar e melhoram nossa fisiologia.

A estrela da Equipe Parassimpática é o nervo vago, que se tornou o nervo mais importante para os cientistas que estudam o bem-estar. Ele inibe a atividade simpática e reduz a superexcitação, abrindo caminho para um aumento do bem-estar, e não apenas para a redução do sofrimento. Em geral, o tônus vagal é aferido pela variabilidade da frequência cardíaca (VFC), que mede o quanto a frequência cardíaca de um indivíduo sobe ou desce a partir do ritmo cardíaco médio. É de se imaginar que quanto maior o desvio, pior — ou seja, que mais irregularidade produz mais estresse. Na prática, porém, é o contrário. Mais variabilidade indica maior adaptabilidade da frequência cardíaca e mais bem-estar. Menos variabilidade significa maior risco cardiovascular. Pessoas com VFC alta têm melhor memória, melhor controle sobre as emoções, menos depressão, mais felicidade e mais capacidade de manter a atenção.[16]

Além do sistema parassimpático, diversos outros mecanismos contribuem para o bem-estar proporcionado pela conexão. Quando nos encontramos num estado de afinidade e ressonância de positividade, os níveis de cortisol caem. O cortisol, também conhecido como o "hormônio do estresse", influencia o peso, a situação cardiovascular, a memória, a função imunológica etc. Embora ajude a regular o corpo durante períodos de pico de estresse, um nível de cortisol elevado por muito tempo faz mal e pode produzir um ciclo vicioso de problemas físicos que levam à liberação de ainda mais cortisol. A conexão social interrompe esse ciclo e regula o nível desse hormônio no sangue.

Outra via cerebral ativada pela conexão libera a oxitocina, também conhecida como o "hormônio do amor". A oxitocina aumenta a sensação de conexão e de felicidade geral, ao mesmo tempo que reduz a pressão arterial e aumenta nossa capacidade de sentir dor. Ela avisa quando alguém faz parte da nossa tribo e nos faz sentir amados, amorosos e seguros.[17]

Quem se sente amado demora menos tempo para se curar de todo tipo de ferida, desde queimaduras até grandes traumas. Quando nos sentimos apoiados, a sensação de dor física diminui, e passamos a tolerar melhor desconfortos mais fortes.[18] O laboratório da professora Sonja Lyubomirsky, da Universidade da Califórnia em Riverside, demonstrou que praticar atos de bondade gera melhorias nos genes humanos que causam as inflamações. A conexão confere não apenas resultados biológicos e psicológicos imediatos, mas também benefícios que se acumulam ao longo do tempo.

E quanto às conexões mais superficiais? Os neurocientistas já demonstraram diferenças anatômicas e fisiológicas entre as experiências de ajudar os outros por compaixão ou por obrigação.[19] De Immanuel Kant a Martin Buber, os filósofos estavam certos quando intuíram que ajudar alguém com algum objetivo é diferente de se conectar com alguém sem qualquer objetivo.

A sensação de desfrutar conexões reais, ter amizades verdadeiras e saber que somos amados é parte essencial da nossa humanidade. Sem ela, sentimos diversos tipos de sofrimento.

CONEXÃO E DESEMPENHO NO TRABALHO

Em 2008, 34 estudantes da Universidade da Virgínia foram parados enquanto atravessavam o campus e solicitados a estimar a inclinação de uma ladeira à sua frente. Alguns estavam caminhando sozinhos. Outros estavam acompanhados de um amigo. A equipe de psicólogos aproveitou a situação para entender se estar com um amigo influenciava a percepção do participante sobre a inclinação da ladeira.

Os resultados tiveram um quê de metafórico. Ao estimar a inclinação de uma ladeira, consideramos que ela é bem menos íngreme quando estamos acompanhados de um amigo do que quando estamos sozinhos. A companhia faz com que a tarefa se torne menos assustadora para nossa mente.[20]

Em trabalhos nos quais as habilidades necessárias, as tecnologias, os portfólios de produto e o posicionamento do mercado mudam a cada trimestre, cada grau de ladeira a menos ajuda. No capítulo anterior vimos que o apoio social no trabalho é fundamental para elevar o senso de significado necessário para superarmos os desafios. Assim, a capacidade de estabelecer esse apoio rápido, em cada nova função, dentro de cada nova equipe, é muito importante.

Parte do que está em jogo profissionalmente fica claro na literatura sobre solidão. Nossa pesquisa, publicada no site da Harvard Business Review em

2018, descobriu que trabalhadores mais solitários têm menor satisfação no trabalho, recebem menos promoções e são mais propensos a pedir demissão.[21] Por outro lado, aqueles que têm um melhor amigo no trabalho são *sete vezes* mais engajados do que os que não têm.[22] Somos mais felizes nos papéis que exercemos quando temos um grande amigo ao nosso lado.

A maioria das discussões sobre apoio social no trabalho defende que devemos contar não apenas com um melhor amigo no trabalho, mas com um espectro mais amplo, uma comunidade. Em *Grande potencial*, o psicólogo Shawn Achor apresenta argumentos convincentes segundo os quais não somos capazes de atingir nosso potencial como profissionais, seja em trabalhos que exijam criatividade ou não, sem parcerias próximas com vários outros profissionais. Por sua vez, os estudos sobre colaboração em equipe buscam explicar como as equipes com interações sociais em maior número e variedade trabalham de maneira mais inovadora e, em geral, mais produtiva do que as equipes com relacionamentos mais fracos.[23]

As histórias de inovação confirmam esse ponto de vista. Jared Diamond elucidou como os aborígines da Tasmânia estavam em desvantagem cognitiva em comparação com os aborígines australianos. A Tasmânia está separada do continente australiano pelo quase intransponível estreito de Bass, ao passo que as relações sociais na Austrália não são inibidas pela geografia. Assim, a sofisticação das ferramentas australianas aumenta ao longo de 2 mil anos, ao passo que a das ferramentas da Tasmânia se deteriora.[24]

De fato, quando comparamos nosso pensamento a outros, enriquecemos a compreensão. Quando conseguimos trabalhar em equipe nas corredeiras, os benefícios são enormes. Mas não é fácil realizar essa proeza. Na Era Industrial, peças iguais percorriam a linha de montagem e eram manipuladas na mesma sequência, pelos mesmos especialistas. Hoje, novos tipos de especialistas surgem diariamente à medida que a tecnologia evolui. Vejamos o caso da proliferação de funções relacionadas à inteligência artificial: cientista de dados, engenheiro de dados, analista, engenheiro de aprendizado de máquina, pesquisador de dados. Com tanto dinamismo, torna-se exponencialmente mais difícil prever as colaborações e trabalhar nelas. As equipes se formam, se desfazem e se reconstroem da noite para o dia, fazendo com que a todo momento trabalhadores com novos conjuntos de habilidades, em combinações nunca antes vistas, precisem trabalhar em parceria.

Um dos ingredientes secretos para uma colaboração em equipe bem-sucedida em qualquer trabalho é o sentido de pertencimento — a sensação de ser aceito e incluído por quem está a nosso redor. Sem esse sentimento não vamos dar tudo de nós. Em outras palavras, uma empresa pode reunir os melhores especialistas numa sala e pagar uma fortuna por isso, mas, se eles não se sentirem parte da equipe, não darão tudo de si.

Muitos líderes corporativos defendem a ideia de pertencimento, mas só da boca para fora — no fundo, não acreditam nela. Devido a essa resistência contínua à ideia de que o pertencimento é essencial para o bom funcionamento de uma equipe de trabalho, conduzimos um estudo em 2018 para descobrir se o sentido de pertencimento a uma equipe realmente *faz* com que os indivíduos tenham um desempenho diferente. Recrutamos 2 mil trabalhadores americanos, de todo o país, para formar equipes virtuais ad hoc de três pessoas.[25] Na primeira parte do estudo, os colegas de equipe construíram identidades de grupo jogando um jogo juntos. Na segunda parte, trabalharam numa tarefa.

A "pegadinha" era que apenas um membro de cada equipe era um ser humano. Os outros dois eram bots, embora o participante humano não soubesse. A atividade de formação de equipes era um jogo virtual de pegar a bola. Na condição de inclusão, os bots passaram a bola igualmente entre si e para o participante humano. Na condição de exclusão, o participante quase nunca recebia a bola.

Após o jogo, demos aos participantes problemas simples de matemática, com recompensas financeiras em intervalos aleatórios. Novamente, havia duas condições. Alguns participantes foram informados de que ficariam com o dinheiro — até dez dólares, digamos — para si. Os demais foram informados de que teriam que dividir o dinheiro com seus colegas de equipe — até trinta dólares, divididos em três partes. Em seguida, deixamos que eles resolvessem os problemas até que decidissem parar. Como as recompensas eram distribuídas de maneira aleatória ao longo do tempo, quanto mais tempo o participante continuasse no jogo, mais dinheiro receberia ao final.

Observe que em todas as condições o participante podia ganhar o mesmo valor máximo. A única diferença era se o dinheiro ia só para ele ou se seus companheiros de equipe também se beneficiavam. (Observe ainda que nossas análises consideravam a personalidade e outros fatores que poderiam distorcer os resultados.)

Em três reproduções distintas do teste, descobrimos, primeiro, que os sentimentos de inclusão ou exclusão não afetavam o quanto as pessoas trabalhavam individualmente, quando o dinheiro ia todo para elas. Ser excluído do grupo não diminuía a motivação para trabalhar apenas em benefício próprio.

Em seguida analisamos a condição da equipe, em que os participantes tinham que dividir a recompensa. Os participantes que foram incluídos por suas equipes trabalharam tanto para a equipe como para si mesmos.[26] Por outro lado, os participantes que se sentiram excluídos na primeira parte da pesquisa trabalharam significativamente menos — *mesmo que com isso recebessem menos ao final*. Num mundo perfeitamente racional, não importa quantas vezes um companheiro de equipe lhe passa a bola: você dá o seu melhor para obter o maior valor possível para si. Mas não é isso que as pessoas reais fazem. Quando nos sentimos excluídos, paramos de trabalhar, com consequências negativas para todos os envolvidos.

Até aqui, vimos como as conexões sociais estimulam o bem-estar, nos enriquecem individualmente como trabalhadores e criam equipes de sucesso. Agora, vamos ver como melhoram a experiência dos nossos clientes.

CONEXÃO E EXPERIÊNCIA DO CLIENTE

Em 1994, Ken Schwartz tinha quarenta anos e estava no auge da vida. Era um renomado advogado especialista em direito à saúde, exercitava-se com frequência, comia bem e se considerava saudável — até que uma tosse persistente o mandou para o hospital, e os exames revelaram um câncer de pulmão em estágio avançado.

Em alguns aspectos, Schwartz teve sorte. Morava em Boston, onde se encontram vários dos melhores hospitais do mundo. Seu irmão, um médico formado no Hospital Geral de Massachusetts, conseguiu que ele tivesse acesso aos melhores especialistas. Em virtude de sua profissão, Schwartz sabia muito bem como lidar com o sistema de saúde. Resumindo, ele era um insider. Mas, à medida que sua condição piorou, essas vantagens começaram a parecer insuficientes. Perto do fim da vida, ele olhou em retrospecto para o período em que havia sido paciente no hospital e escreveu palavras comoventes sobre o que de fato o havia ajudado durante esse tempo:

Por mais habilidosos e competentes que sejam meus cuidadores, o mais importante é que eles demonstraram empatia comigo de uma forma que me dá esperança e me faz sentir um ser humano, não apenas uma doença. Por diversas vezes me senti comovido por pequenos gestos de gentileza — um aperto de mão, um toque gentil, uma palavra tranquilizadora. De certa forma, esses gestos simples de humanidade parecem me curar mais do que as altas doses de radiação e quimioterapia que mantêm minha esperança de cura [...]. Num mundo tão preocupado com custos, com suas inevitáveis reduções de pessoal e moral, será que um hospital é capaz de continuar estimulando esses momentos preciosos de envolvimento entre paciente e cuidador, que dão ao paciente esperança e um apoio fundamental para o processo de cura?[27]

A preocupação de Schwartz era com o fato de que o benefício mais assimétrico que ele recebia, como um insider, era o tempo que os médicos dedicavam a ele — o tempo que passavam demonstrando compaixão. Ele sabia que esse nível de conexão entre paciente e médico era muito raro, e que a situação chegara a esse ponto por causa da pressão sobre cuidadores e médicos para atender mais pacientes todos os dias. Pouco antes de sua morte, ele fundou o Schwartz Center for Compassionate Healthcare, cujo objetivo é priorizar o cuidado compassivo em todas as facetas da medicina: a prestação de cuidados médicos, a estrutura dos sistemas de saúde, a medição de resultados e a concepção da formação médica.

Vinte e cinco anos depois, centenas de estudos confirmaram a visão de Schwartz. Hoje, sabemos que médicos compassivos prestam cuidados clínicos de melhor qualidade e seguem as melhores práticas com mais frequência, e seus pacientes obtêm melhores resultados. De acordo com estudos, médicos mais compassivos também cometem menos erros graves.[28] Mesmo não conhecendo essas pesquisas os pacientes intuem tudo, como foi o caso de Schwartz. Conforme relatou o *Wall Street Journal* em 2004, ao escolher um médico, as pessoas valorizam mais as habilidades interpessoais do que seu treinamento profissional — não porque não nos importamos com os resultados, mas porque entendemos que um médico que investe tempo para estabelecer um relacionamento pessoal trabalha mais e melhor em prol do paciente.[29]

Lições semelhantes se aplicam a todos cujo trabalho envolve o serviço direto a outros seres humanos, de faxineiros a dentistas, de policiais a enfermeiros e garçons. Em muitas profissões, a conexão social é a essência do trabalho.

Mesmo em setores como atendimento ao cliente, onde a automação é cada vez mais comum, essa tendência enfatiza a preciosidade do contato humano, pois cada interação entre funcionário e cliente ganha importância. Vejamos o caso da evolução da linguagem da indústria. Trinta anos atrás, o objetivo era alcançar a satisfação do cliente. No início, as equipes que lidavam com clientes se tornaram as unidades de "sucesso do cliente". Hoje vamos além do sucesso: queremos alcançar o *encantamento* do cliente, "uma forma extrema de satisfação do cliente".[30] A mudança não é meramente semântica — reflete de que forma a competição global intensificou a demanda por serviços de alta qualidade. Os clientes são experientes e têm expectativas mais elevadas.

As empresas gastam rios de dinheiro treinando seus funcionários para que encantem o cliente. O Disney Institute treina equipes que não fazem parte da organização no serviço de elite do próprio Walt Disney, oferecendo workshops em "Atendimento Excepcional ao Cliente" pela bagatela de 1750 dólares por pessoa por dia.[31] Não é difícil justificar esses investimentos. Em geral, a medição dos níveis de satisfação do cliente mostra uma relação preditiva com os ganhos futuros de um negócio.[32] Numa análise minuciosa, os investidores enxergam as métricas de rotatividade de clientes — um sinal de *in*satisfação — como indicadores importantes da sustentabilidade da empresa.

O lado mais sombrio do imperativo do encantamento do cliente é a experiência não dos clientes, mas dos próprios representantes de serviço. Um grande número de profissionais do setor de serviços — entre os quais se incluem os médicos — sofre com altos índices de burnout, depressão e até toxicomania.[33] As reiteradas exigências de seus clientes os deixam exaustos, não motivados. O burnout aumenta com o tempo. As organizações exigem do atendimento ao cliente níveis cada vez mais elevados de foco no cliente, sem entender o impacto dessa demanda sobre o funcionário.

Para se entregar de maneira tão plena a um cliente é preciso fazer o que a socióloga Arlie Russell Hochschild chamou de "trabalho emocional", no qual suprimimos nossas respostas emocionais autênticas a serviço do trabalho remunerado. Em *The Managed Heart*, publicado em 1983, ela mostrou que os comissários de bordo, por exemplo, precisam ser "mais gentis do que o natural" e suprimir o próprio medo pelo bem dos clientes. Durante a pandemia, os balconistas de loja assumiram o trabalho emocional de pedir educadamente às pessoas para colocar as máscaras ou mostrar o comprovante de vacinação, mesmo tendo que lidar com comentários sarcásticos.[34] Sobre os trabalhadores essenciais, Hochschild disse na época: "A tarefa interna do trabalhador emocional é absorver os horrores imediatos — ou seja, administrar os próprios sentimentos — sem permitir que o sobrecarreguem". O trabalho emocional aumenta de maneira significativa o risco de burnout.[35]

Quando nos sentimos solitários, não acreditamos que nosso trabalho é importante e não somos capazes de lidar com as mudanças turbulentas ao nosso redor, então não se pode esperar que alcancemos um alto padrão de serviço ao próximo. E considerando que o setor de serviços é responsável por 70% do PIB dos Estados Unidos, o problema cada vez maior do burnout está se tornando uma questão de importância nacional.[36]

BARREIRAS À CONEXÃO: TEMPO, ESPAÇO E NÓS/ELES

Conectar-se com os outros é essencial para o bem-estar pessoal, pois melhora de forma drástica nossos resultados profissionais e leva a interações mais agradáveis e bem-sucedidas com os clientes. Tudo isso representa metade do motivo pelo qual a conexão social é tão importante para cada um de nós no trabalho hoje.

A outra metade é o fato de que hoje, mais do que nunca, tem sido difícil fazer essa conexão. O mundo de trabalho contemporâneo apresenta três grandes barreiras à afinidade em comparação com o passado, e para fazer conexões fortes e sustentáveis com nossos colegas de trabalho e clientes dependemos da nossa capacidade de superá-las.

Tempo

Assim como aconteceu na pesquisa com os seminaristas de Princeton que precisavam ir correndo de um prédio para outro, nosso cérebro trata o tempo como um fator fundamental na decisão de gastá-lo ajudando os outros. Fome, cansaço e lesões são alguns outros elementos que determinam nosso nível de generosidade, mas, nos dias de hoje, o recurso mais precioso dos trabalhadores é o tempo.

Pergunte aos médicos se eles têm tempo para interagir com os pacientes da forma como gostariam, e mais da metade — 56% — vai responder que não tem tempo para tratá-los com compaixão.[37] Vale ressaltar que muitas vezes o que motiva essa mentalidade não é a falta de tempo objetiva, mas nossa experiência subjetiva de "fome de tempo". Para nos conectarmos rapidamente precisamos encarar e eliminar essa percepção.

Espaço

Nunca antes nosso local de trabalho foi tão repartido quanto hoje, fisicamente falando. Antes da pandemia, 30% dos americanos trabalhavam de maneira remota; durante a pandemia, entre 50% e 60% trabalharam de casa.[38] Na indústria de desenvolvimento de softwares, há muito tempo é normal que colegas de uma mesma equipe trabalhem em colaboração com diversas partes do mundo, com apenas 40% das equipes de desenvolvimento alocadas na sede.[39]

Nem é preciso dizer que este não é o tipo de conexão para o qual evoluímos. O toque, o cheiro e a proximidade física desencadeiam nos primatas — entre os quais nos incluímos — a liberação de hormônios que contribuem para os diversos benefícios de saúde proporcionados pela conexão discutidos anteriormente. Por outro lado, até hoje ninguém provou que abraçar um computador pode produzir oxitocina.

Nesse ínterim, as tecnologias que evoluíram para fortalecer a conexão social e eliminar essas divisões podem estar fazendo mais mal do que bem — assim, outra barreira a superar são as próprias soluções que implementamos para nos ajudar. Dezenas de estudos em países da Estônia à Espanha, dos Estados Unidos à China, demonstraram a existência de uma ligação entre o uso de redes sociais e depressão e ansiedade. Em 2016, num dos estudos mais importantes, Liu Lin e colegas correlacionaram o uso de redes sociais com sintomas de depressão em 1787 adultos americanos que fizeram parte da amostra. Os cientistas descobriram que o uso constante das redes sociais aumentava[40] drasticamente as chances de depressão e o isolamento social — quanto mais tempo passamos on-line, menos conectados nos sentimos.[41] Ao que parece, a simples presença de um telefone celular interfere na profundidade da conexão que esperamos alcançar numa conversa.[42] Hoje em dia, os pesquisadores já comprovaram a natureza causal dessa relação, mostrando que a abstinência das redes sociais melhora o bem-estar subjetivo do indivíduo.[43]

As redes sociais nos separam ainda mais do que a distância geográfica.

Nós/Eles

Uma das realidades sociais menos edificantes dos primatas é a nossa sensibilidade às dinâmicas dos grupos dos quais participamos. Do ponto de vista evolutivo, era uma questão de sobrevivência. Precisávamos saber determinar rapidamente se alguém estava do nosso lado ou contra nós e processar as ações dessa pessoa de acordo com nossas conclusões.

Neurologicamente, conectar-se com "nós" é diferente de conectar-se com "eles". Quando vemos que um indivíduo do nosso grupo está sofrendo, sentimos empatia. Os circuitos cerebrais responsáveis pelas emoções — em especial a amígdala — são ativados, e vivemos na pele as emoções que nosso amigo está sentindo. Quando alguém do nosso grupo demonstra compaixão por nós, essa compaixão diminui nossa dor.

Por outro lado, ao processar a dor do "outro", não a sentimos da mesma maneira que ele. Quando adotamos a perspectiva de um estranho, vemos a ativação das áreas cerebrais responsáveis pela teoria da mente — uma forma de pensar sobre como os outros enxergam o mundo muito menos automática e emocional do que a maneira como processamos a perspectiva de uma pessoa que amamos.[44] Em termos evolutivos, somos criaturas tribais. Sentimos mais compaixão por pessoas semelhantes a nós. Nosso círculo moral se estende a "nós", não a "eles".

Aumentar o diâmetro do círculo moral é importantíssimo para a harmonia global do futuro. Nas palavras do neuroendocrinologista Robert Sapolsky, "agir moralmente com relação a um de Nós é automático, ao passo que fazer o mesmo por Eles exige certo esforço".[45] Já vimos que o sentido de pertencimento é fundamental para o desempenho da equipe. É mais natural ajudar um de "Nós" a sentir que pertence ao nosso grupo do que um "Deles". Conforme mudamos de equipe, função e localização física ao longo da carreira, precisamos aprender a converter novos colegas em "Nós" de modo a superar rápida e constantemente a visão de "Eles".

* * *

A realidade social contemporânea é diferente de tudo que nossos ancestrais poderiam ter imaginado. Nosso bem-estar e nosso desempenho dependem das conexões sociais. No entanto, vivemos longe uns dos outros; não nos conhecemos; e não temos tempo para construir relacionamentos. Esses desafios são assustadores, mas superáveis, como veremos a seguir.

7. Afinidade rápida II: Como fazer conexões com afluência de tempo, sincronicidade e individuação

Tendo em vista que a conexão social é fundamental para nosso sucesso nas corredeiras, como superar estas três barreiras — Tempo, Espaço e Nós/Eles? Como construir um relacionamento com nossos colegas de trabalho e clientes da maneira mais rápida e significativa possível? Este capítulo continua de onde paramos e oferece soluções.

AFLUÊNCIA DE TEMPO

Os seminaristas que correram de um prédio para o outro não pararam para ajudar um homem caído num beco porque tinham sido instruídos a se apressar. Essa instrução — "se apressar" — aciona um roteiro mental. Ficamos focados. Nos movimentamos rápido, ignorando os estímulos que podem nos impedir de atingir nosso objetivo — e entre esses estímulos estão as distrações sociais.

A pressa não é algo ruim por natureza, mas se estamos sempre com "fome de tempo" nossa qualidade de vida cai, e com isso perdemos grandes oportunidades. O truque é interromper esse roteiro para restaurar nosso senso de equilíbrio. Mas como?

Duas estratégias podem nos ajudar nessa tarefa. Primeira: embora não possamos acrescentar horas ao dia, podemos fazer com que *pareça* que acrescentamos. Um famoso estudo de 2010 conduzido por um trio de professores de

Wharton, Yale e Harvard analisou quatro estratégias para reduzir a sensação de "fome de tempo":

1. Devolver às pessoas algum tempo durante o dia, antes comprometido com determinada tarefa.
2. Pedir às pessoas que gastem o mesmo tempo que usam em determinada tarefa para ajudar outras pessoas.
3. Pedir às pessoas que desperdicem tempo.
4. Pedir às pessoas que gastem esse tempo consigo mesmas.

Só uma dessas intervenções deu às pessoas a sensação de ter tempo de sobra — o que os autores chamam de "afluência de tempo". Quer adivinhar qual?

O título do artigo resume sua conclusão: "Giving Time Gives You Time" — quando damos nosso tempo, recebemos tempo de volta.[1] Quando ajudamos os outros, sentimos que esse é um tempo que foi acrescentado ao nosso dia, e não perdido. Em comparação, esse efeito não ocorre quando ajudamos a nós mesmos.

Internalizar essa lição requer prática. Precisamos nos esforçar para dedicar tempo aos outros nos momentos em que nos sentimos menos capazes de fazê--lo. Também precisamos refletir sobre essa experiência, de modo a perceber a sensação de afluência de tempo. É importante não exagerar — não adianta se inscrever para realizar trabalho voluntário durante três horas num evento da comunidade se você só tem uma hora disponível. Comece com pouco e vá construindo a partir daí — mas comece. Evite viver "na correria e no estresse", porque é justamente quando nos sentimos menos capazes de ajudar o próximo que ações do tipo mais podem nos fazer bem.

A segunda estratégia para combater a "fome de tempo" é quantificar o tempo que realmente despendemos para ajudar o próximo. Infelizmente, tendemos a superestimar o tempo necessário para realizar essa tarefa, e assim acabamos não ajudando em nada. Esse é um problema especialmente difícil de combater na medicina: faltam tantos profissionais nas clínicas de saúde que os funcionários sentem que não conseguem cuidar de maneira adequada de nenhum paciente, que dirá de todos.

Várias intervenções para ensinar os médicos a mostrarem compaixão de maneira eficaz foram testadas. Pesquisadores da Johns Hopkins, por exemplo, testaram um roteiro a que os oncologistas podem recorrer para terminar as consultas com seus pacientes.

No início da consulta, eles dizem: "Sei que é uma experiência difícil e quero que saiba que estou aqui com você. Talvez você tenha dificuldade em entender algumas das coisas que vou dizer hoje, então, se eu disser algo que pareça confuso ou não faça sentido, quero se sinta à vontade para me interromper. Estamos aqui juntos e vamos passar por isso juntos".

Então, no fim da consulta, o oncologista diz: "Sei que é um momento difícil e quero enfatizar novamente que estamos juntos nessa. Vou estar ao seu lado a cada passo do caminho".

Os pacientes cujos oncologistas seguiram esse roteiro classificaram seus médicos como mais cordiais, compassivos e atenciosos. E talvez o mais importante: esses pacientes têm níveis comprovadamente mais baixos de ansiedade do que aqueles cujos médicos não seguiram o roteiro.[2]

Mas o objetivo do estudo não era enfatizar a importância da compaixão, mas mostrar como um médico pode demonstrar compaixão a um paciente *rapidamente*. Ao todo, os oncologistas levaram em média apenas quarenta segundos para seguir o roteiro. Ao ouvir apenas 81 palavras, os pacientes passaram a apresentar muito menos ansiedade.

Vários outros estudos chegaram a conclusões semelhantes. Um estudo holandês sobre como dar más notícias a pacientes, por exemplo, descobriu que são necessários apenas 38 segundos para o médico expressar compaixão de uma forma que reduza a ansiedade do paciente. Outros estudos confirmaram que em *menos de um minuto*[3] é possível expressar a compaixão necessária para reduzir a preocupação do paciente. É difícil imaginar um cenário mais importante do que um médico dando más notícias. Se médicos apressados recitando um roteiro memorizado podem fazer a diferença em quarenta segundos, então gestores, atendentes de call center, recepcionistas e comissários de bordo podem esperar resultados semelhantes.

Até pequenos incrementos de tempo podem fazer a diferença. Um estudo de 2017 descobriu que cada frase compassiva dita por um médico reduzia a ansiedade do paciente em 4,2%, e a cada frase adicional o efeito se acumulava.[4]

Faça você mesmo esse experimento no trabalho. Dez segundos de compaixão podem conectá-lo a um colega, fortalecer o relacionamento entre vocês dois e melhorar o bem-estar de ambos:

- *Você fez um ótimo trabalho hoje! Sei que a última semana foi difícil. Vejo o quanto você está trabalhando duro e tenho orgulho de trabalhar ao seu lado.*
- *Eu realmente admiro a forma como você lida com as adversidades. Quero que saiba que não está sozinho. Estou aqui com você para o que der e vier e vamos superar isso juntos.*

Por mais que as pessoas sintam que não têm tempo sobrando, a triste verdade é que diariamente perdemos de trinta minutos a três horas de trabalho na internet ou de outras maneiras.[5] Quem de nós realmente não pode reservar alguns segundos para se conectar com um colega ou cliente, utilizando simples palavras de compaixão?

Para alcançar a afluência de tempo é preciso desafiar a própria percepção de "fome de tempo", primeiro se forçando a doar apenas alguns minutos, ou mesmo segundos, do seu tempo a outra pessoa, e, em seguida, percebendo — e aproveitando! — a sensação de que o tempo se expandiu, a consequência do primeiro passo.

SINCRONICIDADE

É um alívio saber que em um minuto ou até menos podemos fortalecer em grande medida nossos relacionamentos. Mas no mundo de trabalho atual as conexões interpessoais são limitadas não só pelo tempo, mas também pelo espaço. Ao contrário dos médicos que dizem palavras gentis pessoalmente, precisamos atrair a atenção dos nossos colegas a grandes distâncias. Qual é a "receita" para rapidamente criar afinidade em uma força de trabalho que atua de forma remota e com seus integrantes espalhados pelo mundo?

Recentemente nosso laboratório investigou essa questão em parceria com o Laboratório de Atividades Positivas e Bem-Estar de Sonja Lyubomirsky, na Universidade da Califórnia em Riverside. Lyubomirsky é uma das maiores especialistas do mundo em conexão social. Ao longo de meses, pagamos trabalhadores americanos em tempo integral para realizar atos gentis para outras pessoas — desconhecidos, colegas de trabalho ou parentes. Algumas das interações ocorreram pessoalmente. Outras foram por vídeo, telefone, e-mail ou redes sociais. Definimos interações sociais bem-sucedidas como aquelas que produzem *ressonância de positividade*. Conforme observado no capítulo anterior, a ressonância de positividade descreve a experiência de sentimentos positivos compartilhados, cuidado e preocupação mútuos e sincronia biológica ou comportamental com outro indivíduo.

Por meio desse experimento, descobrimos um importante "como" para a conexão moderna. Aprendemos que a gentileza realizada de forma síncrona — pessoalmente, por telefone ou por vídeo — funciona melhor, quer seja realizada para um desconhecido, um colega de trabalho ou um parente. A gentileza assíncrona — via e-mail, mensagem de texto ou rede social — cria muito menos ressonância de positividade. Estar juntos *em tempo real* é um ingrediente importante para a profundidade da conexão. O tempo compartilhado e as experiências compartilhadas são importantes.

Também é por isso que o e-mail pode ser um desastre. Muitas informações se perdem na ausência de um feedback corretivo imediato. *Por que ele usou ponto-final em vez de ponto de interrogação no fim da frase? Ela errou meu nome de propósito? Foi sarcasmo ou erro de digitação? Já se passaram três horas desde que enviei uma mensagem, por que não recebi uma resposta?* A falta de contexto contribui da mesma forma para a toxicidade das redes sociais. Na pior das hipóteses, esse tipo de interação gera o oposto da ressonância de positividade: espirais de negatividade.

Quando comparamos os resultados de duas versões de uma mesma intervenção popular da psicologia positiva chegamos a uma descoberta semelhante. Tanto na Visita de Gratidão quanto na Carta de Gratidão, você elabora um breve depoimento para uma pessoa viva que o ajudou em dado momento, mas a quem nunca agradeceu da forma adequada. O depoimento tem três partes: primeiro você descreve o que essa pessoa fez ou disse; depois explica como você foi afetado; e por último mostra onde está hoje como resultado da bondade dessa pessoa. Na Visita, você liga para a pessoa e diz que quer visitá-la sem explicar o motivo, então aparece na porta dela e lê o depoimento. Também é possível ler o depoimento por telefone ou chamada de vídeo. Em geral, ambas as pessoas choram, e a pessoa homenageada sente um aumento considerável no bem-estar e uma redução na depressão. Na Carta, você apenas envia o depoimento. A Carta também produz um aumento de bem-estar e diminuição da depressão, porém em menor grau do que a Visita.

Em nosso estudo com Lyubomirsky, o fato de a sincronicidade permitir uma conexão profunda independentemente da localização física nos surpreendeu, e é algo que pretendemos investigar mais a fundo. Mas a diferença entre tempo compartilhado e tempo assíncrono não surpreendeu. É reconfortante ver que, num mundo virtual, o tempo compartilhado pode superar a distância física. Os funcionários devem continuar usando o e-mail ou aplicativos de mensagens para uma troca rápida de informações, mas, para nos conectarmos de verdade, precisamos sair das redes sociais e conversar uns com os outros, ao vivo.

"ELES" SÃO "NÓS"

Até aqui vimos que não precisamos de muito tempo para nos conectar, embora seja necessário alterar nossa mentalidade, deixando de lado a "fome de tempo" para alcançar esse objetivo. Também vimos que o modo mais eficaz de fazer uma conexão é o tempo compartilhado, uma lição importante para gestores e centrais de atendimento ao cliente que hoje utilizam demais o chat ou o e-mail em vez da conversa ao vivo.

Mas o que é preciso para superar a terceira barreira, nosso reflexo biológico de fazer uma divisão entre Nós e Eles? Como demorar menos para alcançar o sentimento de unidade em meio a grandes diferenças culturais, organizacionais, religiosas, étnico-raciais e socioeconômicas? Como expandir nosso círculo moral?

Essa pergunta merece um livro próprio, ou mesmo vários, e representa uma área de pesquisa interdisciplinar rica e complexa que está além das nossas qualificações. Mas, como cientistas comportamentais que ajudam funcionários, equipes e organizações a lidarem diariamente com as diferenças, podemos compartilhar algumas de nossas habilidades.

No capítulo 6, descrevemos nosso jogo experimental de passar a bola, no qual as equipes faziam o participante se sentir um de "Nós" ou um "Deles". Quando os participantes se sentiam um "Deles", não cumpriam a segunda parte da tarefa como uma espécie de protesto, prejudicando toda a equipe.

O experimento não acabou aí. Tendo provado que a exclusão reduz a produtividade da equipe, queríamos saber se era possível reverter esse efeito.

Assim, testamos uma série de intervenções para restaurar o sentimento de "Nós" pós-exclusão — e se, com isso, seria possível desfazer o impacto negativo na produtividade da equipe.

Duas das intervenções que testamos merecem menção. A primeira é o *empoderamento*. Os participantes excluídos pelos bots no nosso experimento foram convidados a compartilhar suas ideias sobre como melhorar o jogo — sugeriram que uns passassem a bola para os outros de forma mais igualitária, que fosse monitorado o número de passes e outros comportamentos para promover a inclusão. O resultado foi notável. O simples fato de eles terem um lugar para expressar suas ideias de mudança reverteu totalmente os efeitos no desempenho da equipe. Na verdade, os participantes que foram excluídos pelos bots e depois solicitados a oferecer ideias de mudança trabalharam mais por suas equipes do que aqueles que haviam sido incluídos pela equipe de bots desde o início do experimento.

Como o empoderamento reverte a exclusão? Solicitar a opinião de um indivíduo pode promover nele um maior sentimento de controle sobre a situação, o que, por sua vez, reforça a participação. Pedir a opinião de um indivíduo mostra que as ideias dele podem fazer a diferença. Um fenômeno semelhante foi observado em alguns estudos sobre como e por que pacientes com médicos que demonstram compaixão têm resultados melhores no combate às doenças. A relação não é tão óbvia: por que um médico gentil manteria seus pacientes mais saudáveis? Nesses experimentos, a autoeficácia do paciente — a crença de que temos a capacidade de vencer os desafios — é um importante mediador de bons resultados. Ou seja: quando o médico age com compaixão, num primeiro momento isso inspira a autoconfiança no paciente, que passa a crer que é capaz de fazer as mudanças que o médico precisa que ele faça — e então de fato as realiza. Num estudo com portadores do vírus HIV, por exemplo, os pesquisadores descobriram que os soropositivos que se tratavam com médicos compassivos se sentiam mais capazes de aderir à medicação, e então de fato aderiam.[6] Juntos, o empoderamento e a compaixão podem estimular a autoeficácia, um dos preditores mais poderosos de resultados psicológicos positivos.

Uma segunda intervenção que testamos no experimento de passar a bola foi a *tomada de perspectiva*. Quando os participantes excluídos liam depoimentos de outros participantes que também haviam sido excluídos, sentiam-

-se menos sozinhos e mais seguros sobre a própria experiência.[7] Isso, por sua vez, os levava a trabalhar mais por suas equipes em seguida.

É possível utilizar diversos tipos de exercícios de tomada de perspectiva para construir pertencimento e inclusão. Um exercício bastante comum é pedir aos membros de um grupo que tentem imaginar como é a experiência de pessoas que fazem parte de outro grupo. Imaginar a experiência do "Nós" é naturalmente muito fácil, mas para imaginar a experiência do "Eles" e alcançar o mesmo nível de compreensão do outro grupo precisamos realizar o trabalho árduo de visualizar mentalmente um mundo desconhecido fora do nosso contexto.

Quando dá certo, a tomada de perspectiva nos permite não apenas acessar cognitivamente a experiência de outra pessoa, mas também, com certo esforço de imaginação, sentir emocionalmente o que ela está sentindo. Essa conexão empática representa, pelo menos de forma temporária, o reprocessamento cognitivo de um "Eles" como um "Nós".

O empoderamento e a tomada de perspectiva são ferramentas poderosas para desfazer a exclusão. Mas como evitar a exclusão? Colegas bondosos e gentis querem que os outros se sintam incluídos, não excluídos. Mas, além de passar a bola para todos os participantes de um jogo, o que podemos fazer?

Um acelerador importante da mudança de "Nós" para "Eles" é a *individuação*. O cérebro designa alguém como "Eles" com base em traços de grupo, não individuais.[8] Identificar alguém de quipá como judeu não diz nada sobre a identidade individual dessa pessoa, além de sua crença numa religião específica. O foco intencional nos traços individuais — esperanças, afinidades, hábitos, personalidade — elimina as generalizações que levam esse indivíduo a ser automaticamente classificado como "outro".

Uma habilidade relacionada a essa é a *recategorização*. Todos nós temos diversas identidades. Duas pessoas podem estar a quilômetros de distância numa dimensão, mas muito próximas em outra. Inúmeras identidades podem ser compartilhadas: duas pessoas podem trabalhar como cuidadoras, ser especialistas na mesma linguagem de programação, ser leitoras assíduas dos mesmos escritores, filhas caçulas. O importante é localizar esses pontos em comum. O neuroendocrinologista Robert Sapolsky conta uma anedota bastante ilustrativa que se passa na Guerra de Secessão:

Na Batalha de Gettysburg, o general confederado Lewis Armistead foi mortalmente ferido enquanto liderava uma ofensiva. Estirado no campo de batalha, fez um sinal maçônico secreto, na esperança de ser reconhecido por algum colega maçom. E foi: por um oficial da União, Hiram Bingham, que o protegeu, levou-o a um hospital de campo da União e guardou seus pertences. Em um instante, a demarcação Nós/Eles representada pela dicotomia União/Confederados tornou-se menos importante do que a dicotomia maçom/não maçom.[9]

Os psicólogos Sam Gaertner e John Dovidio chamaram isso de "identidade endogrupal comum".[10] Estudos utilizaram essa abordagem para ajudar, por exemplo, funcionários de duas corporações que estavam em processo de fusão a se unirem.[11]

A individuação e a recategorização são duas partes do mesmo processo: o de conhecer uma pessoa por quem ela é como indivíduo e como membro da sociedade. Para muitos de nós, esse processo é bastante natural. Numa festa, por exemplo, quando alguém é apresentado ao amigo de um amigo, o que a maioria das pessoas faz é, em geral, automaticamente começar a sondar por informações que as ajudem a formar uma imagem de quem é essa pessoa no mundo. Nesse sentido, a "conversa fiada" é um ato de coleta de informações. As perguntas que fazemos, a maneira como as fazemos, a ordem em que elas fluem — tudo isso influencia o que pensamos da outra pessoa e o que ela pensa de nós.

Usando a individuação e a recategorização com cuidado, podemos transformar uma conversa fiada em afinidade rápida. Da próxima vez que você conhecer alguém novo no trabalho, seja da sua equipe ou de outra, assuma o controle do seu impulso reflexivo em busca de informações e faça perguntas não para traçar contornos gerais de identidade do seu colega, mas para encontrar o caminho mais rápido e específico para o "Nós". Nossos sapatos são da mesma marca? Nossos filhos pequenos nos enlouqueceram hoje de manhã? Ouvimos o mesmo podcast sobre nutrição? Você também costuma acampar no verão? Quando encontrar um ponto em comum, continue nele. Minere esse veio para formar uma conexão mais forte. Use esse ponto em comum como uma lente para aprender mais sobre a outra pessoa. Isso é muito mais do que conversa fiada: é reprogramar tanto o seu cérebro quanto o do seu interlocutor, transformando "Eles" em "Nós".

As empresas se valem dessas ferramentas informalmente em diversos contextos para alcançar ganhos organizacionais. As estratégias de negociação baseadas na psicologia utilizam a recategorização para reduzir a tensão de lado a lado.[12] As equipes de atendimento ao cliente aprendem a utilizar seus próprios produtos para chegar rapidamente a um denominador comum com seus clientes. Se o público-alvo de uma empresa são mães e pais, os profissionais da equipe de atendimento deixam claro para o cliente que também são mães ou pais. Se trabalham com restaurantes, hotéis etc. — empresas que precisam ser hospitaleiras com seus clientes —, dizem que já foram garçons ou camareiros.

Profissionais de vendas experientes são extremamente hábeis em encontrar o caminho mais curto para o "Nós". Observá-los atuando é ter uma verdadeira aula nessa habilidade. Quando conhece alguém, Brad McCracken, vice-diretor sênior de vendas mundiais da BetterUp — e um ser humano incrível —, precisa de poucos minutos para criar uma afinidade. Ele começa o trabalho antes mesmo da reunião — pesquisando o histórico da pessoa, onde mora, onde trabalha, se já fez voluntariado etc. Hoje em dia os clientes em potencial esperam que os novos contatos façam esse dever de casa. McCracken começa a conversa com uma introdução importante para o possível cliente: "Eu cresci em Saint Louis" (porque ele viu que o cliente em potencial é de uma cidade próxima a Saint Louis) "e tenho dois filhos pequenos, e um deles adora esportes" (porque o cliente em potencial faz trabalho voluntário como técnico de futebol). "Eu trabalhava na SAP, mas adoro trabalhar para uma startup" (porque o cliente em potencial acabou de fazer uma transição semelhante), "e um fato divertido a meu respeito é que, para mim, a melhor parte de liderar uma equipe é ensinar as pessoas a fazer algo melhor do que eu jamais serei capaz de fazer" (porque o cliente em potencial postou no blog um texto sobre humildade e liderança).

Tudo que Brad está dizendo é significativo e verdadeiro. Ele não está inventando nada — está apenas se concentrando nas suas facetas que se encaixam naturalmente nas facetas de seu novo contato. Os laços que Brad forma parecem autênticos — e são. Embora vendedores e clientes em potencial sejam, de certa forma, os melhores exemplos de "Nós" e "Eles" no ramo profissional, Brad desenvolveu a arte de destacar aspectos de sua identidade para se conectar com os possíveis clientes.

Por meio da individuação, da recategorização, do empoderamento e da tomada de perspectiva, podemos estabelecer uma conexão com nossos colegas e clientes mais rapidamente. Mas como aprofundar a afinidade? Nossa última habilidade nos permite causar o maior impacto pelo tempo investido na relação: a habilidade de escutar.

ESCUTA PROFUNDA

Junto com a demonstração de compaixão, uma das ações mais simples e poderosas que podemos realizar em prol de outro ser humano é a escuta profunda — a escuta presente e generosa, o contrário da escuta apressada. Bons ouvintes criam espaço para seu interlocutor expressar completamente o que está pensando. Ouvintes menos habilidosos, por outro lado, por vezes se mostram muito reativos do ponto de vista emocional, tentando resolver problemas antes da hora ou minimizando o desafio do interlocutor para aplacar a própria ansiedade. O problema é que, ao fazerem isso, eles anulam os benefícios da conversa para ambas as partes: quem está falando se sente reprimido, e quem está ouvindo não é capaz de vivenciar a sensação de expansão do tempo que surge quando ajudamos alguém.

Para os especialistas em comunicação existem cinco tipos de escuta:[13]

- Discriminativa, na qual identificamos e isolamos o tipo e a fonte do som que ouvimos.
- Abrangente, na qual focamos na compreensão do conteúdo — o que acontece, por exemplo, quando assistimos a uma reportagem.
- Crítica, na qual julgamos o valor das informações que estão sendo compartilhadas.
- Empática, na qual tentamos vivenciar o que o falante está pensando ou sentindo.
- Apreciativa, na qual escutamos para obter prazer — exemplo: quando ouvimos música.

A escuta empática é o tipo de escuta que os centros de atendimento ao cliente contratam e que os grandes professores fazem de maneira implícita. Raramente treinamos para esse tipo de escuta, por mais que ela seja essencial para essas profissões. Mas é possível ensinar essa habilidade. Eis um exercício que você pode usar para praticar:

Da próxima vez que for conversar com um colega de trabalho individualmente, tente ouvi-lo da mesma forma que ouviria um cônjuge ou um amigo íntimo. Permita que seu colega *domine a conversa*. Não interrompa, exceto para assentir com a cabeça e expressar concordância. Como resultado de ter a chance de falar longamente, sem interrupções, ao final da conversa seu colega entenderá melhor a situação e sentirá alívio emocional.

Quando ele fizer uma pausa, *faça perguntas abertas*. Em vez de "E então? Eles retornaram o contato?", pergunte: "O que aconteceu depois?". Em vez de "Você está se sentindo melhor hoje?", pergunte: "Como você está se sentindo em relação a isso agora?".

Repita o que ouviu para ter certeza de que compreendeu a situação. Quando repetimos o que ouvimos, permitimos que nosso interlocutor ouça as próprias palavras ditas de outra forma. Ele toma distância das próprias ideias e, com isso, pode analisá-las sob outra perspectiva. Pense em cada frase como um presente de seu interlocutor se revelando para você. Haverá momentos em que você se sentirá inclinado a contar que se sente da mesma forma ou vivenciou uma experiência parecida. Embora seja importante manter o foco no seu interlocutor, compartilhar suas histórias mostrando suas vulnerabilidades criará entre vocês uma conexão forte e mais recíproca.

E, por fim, *permita o silêncio*. Quando a pessoa que está falando faz silêncio, provavelmente está pensando, raciocinando. Dê tempo para seu interlocutor processar a conversa e as lembranças que surgem durante o processo. Ele terá a sensação de que você está dando a ele o presente do tempo.

Vale ressaltar que a escuta empática é guiada pelas necessidades emocionais do *falante* — o ouvinte deve se concentrar não no seu próprio estado emocional, mas no do falante. Anneke Buffone, psicóloga social e pesquisadora de experiência do usuário, distingue a empatia neurótica da empatia madura. Na empatia neurótica, a pessoa se pergunta: "Como será que eu me sentiria se tivesse vivido isso?". Na empatia madura, a pergunta é outra: "Como será que essa pessoa se sentiu ao viver isso?". A empatia madura exige mais tempo e reflexão, mas tem efeitos melhores.[14]

A escuta empática está no centro de todo bom coaching ou terapia, indo na essência da construção de afinidade. E, num ambiente em que cada vez mais empresas pedem a seus gestores que treinem seus comandados, torna-se uma habilidade essencial. Num contexto de trabalho hierárquico, gerentes dão ordens. Na estrutura corporativa altamente ágil, dinâmica e cada vez mais horizontal de hoje, os gerentes treinam seus subordinados, capacitando-os a alcançar suas metas. Quando executada da forma correta, a escuta empática pode ser transformadora tanto para quem fala quanto para quem escuta.

Por todos esses motivos, ouvir também é uma atividade que traz riscos. Lembre-se do trabalho emocional de Hochschild: o trabalho de suprimir nossas respostas emocionais autênticas a serviço de um trabalho remunerado. Quando realizamos a escuta profunda de forma reiterada, suprimimos nossas emoções, e isso pode, de fato, ser considerado um trabalho emocional. Como equilibrar ações voltadas para o outro com o risco de burnout emocional? Como estabelecer o devido limite para não nos prejudicarmos no momento em que nos doamos?

A existência de limites apropriados nos relacionamentos é uma das marcas da maturidade e da saúde psicológica adulta. No trabalho, os limites variam de acordo com o relacionamento em questão — seja com seu chefe, cliente, colega ou confidente próximo. Uma forma simples de pensar sobre limites é através das lentes do nosso velho amigo Tempo. Existe um tempo razoável que podemos gastar apoiando emocionalmente cada pessoa; além desse limite, o tempo gasto passa a ser irracional. Esse tempo é maior para um amigo próximo, menor para um colega de trabalho com quem temos pouco contato. É maior nos casos em que a escuta e a autorrevelação são recíprocas, e menor quando se trata de uma via de mão única. O tempo para escutar um cliente varia de acordo com a empresa e o ramo de atuação. Algumas empresas têm padrões predefinidos. Em outras, se você não souber quanto tempo é razoável, terá que recorrer a seu chefe ou seus colegas com mais tempo de casa.

Depois que tiver uma noção clara a respeito do parâmetro essencial do tempo, você se sentirá seguro, sabendo que a escuta tem um fim; que não vai passar horas e horas escutando seu interlocutor; e que o tempo que você gasta recebendo as palavras da outra pessoa fortalecerá sobremaneira a conexão que está construindo. Estabeleça um limite de tempo apropriado para cada interlocutor e sincronize compaixão e escuta, fortalecendo seu relacionamento de maneira mais eficaz.

Precisamos uns dos outros. Precisamos ser importantes uns para os outros. Precisamos uns dos outros para nos sentirmos bem, para estar bem, para viver bem. Precisamos uns dos outros para ter sucesso pessoal e profissional. E as organizações contam com nossos comportamentos sociais para estimular a produtividade, a inovação e o sucesso com o cliente. As barreiras à conexão apresentadas pela forma de trabalho atual são grandes e crescerão ainda mais nas próximas décadas. Vamos continuar com a sensação de que não temos tempo para os outros. Vamos continuar nos sentindo distantes fisicamente, porque de fato estamos. E vamos continuar lutando para ter a sensação de pertencimento, por causa das diferenças reais que nos dividem.

Em meio a essa situação, estamos sendo solicitados a nos conectar com mais pessoas, mais rápido, transpondo um abismo cada vez maior criado pelas nossas mais diversas origens, para realizar tarefas cada vez mais complexas.

As soluções não são simples, mas são eficazes. Vamos ter que lutar contra nossa percepção de "fome de tempo" para praticar os comportamentos sociais que nos ajudarão a sentir que temos tempo de sobra. Com isso poderemos dedicar o tempo que temos — mesmo que sejam apenas alguns segundos — ao compartilhamento de experiências síncronas, pequenas palavras de bondade e escuta generosa. E podemos utilizar muitas estratégias baseadas em evidências — a individuação, a recategorização, o empoderamento e a tomada de perspectiva — para encontrar um caminho rápido em busca do sentimento de "Nós".

O trabalho é árduo, mas por si só é uma recompensa.

8. Prospecção: O superpoder do século XXI

A Grande Bonança de Dados começou em 21 de abril de 2010, na famosa Conferência F8 do Facebook. No palco, com um moletom exclusivo e jeans largos, Mark Zuckerberg apresentou um produto que seria, em suas palavras, "a coisa mais transformadora que já fizemos pela rede".[1]

O produto, o Open Graph, aumentava a conectividade entre os usuários do Facebook. A partir de então eles seriam capazes de ver, por exemplo, quais artigos seus amigos estavam lendo ou quais restaurantes haviam avaliado. Assim, cada indivíduo da rede se tornaria um portal para todos os outros membros da mesma rede, simplificando a tarefa de acumular grandes quantidades de dados sobre os hábitos on-line das pessoas — os conteúdos com o quais se engajaram, os lugares aonde foram, a forma como gastaram seu dinheiro. O produto também contava com uma interface de programação de aplicações (também conhecida como API, de *application programming interface*, na prática uma conexão entre aplicativos de computador) que permitia aos desenvolvedores transferir essas informações para dentro ou para fora do Facebook. Os desenvolvedores poderiam manter o acesso às informações indefinidamente.[2]

Na época, esses recursos foram apresentados como atrativos. O objetivo do Open Graph era "criar uma web mais inteligente, mais social, mais personalizada e mais consciente do ponto de vista semântico".

Para Aleksandr Kogan, o Open Graph era um presente dos deuses vindo de Menlo Park — cidade californiana que abriga a sede atual da Meta.

Kogan, psicólogo e cientista de dados, fundou o Laboratório de Pró-Sociabilidade e Bem-Estar da Universidade de Cambridge. Era considerado um pensador astuto, interessado em utilizar novos métodos para investigar questões antigas da conexão humana.

O Open Graph permitiu que Kogan fizesse essas perguntas numa escala sem precedentes. Um estudo de 2015 publicado na *Personality and Individual Differences* mostra o funcionamento do processo. Kogan e colegas analisaram a relação entre riqueza e redes globais: ter mais dinheiro significa que você tem mais ou menos amigos de outros países?[3] Seu laboratório ofereceu um dólar a cada participante para que eles preenchessem um formulário de consentimento no qual forneciam aos pesquisadores acesso a seus perfis no Facebook. Inscreveram-se 857 pessoas.

Esse seria um número decente de participantes para qualquer estudo psicológico. Mas, por causa do Open Graph, cada indivíduo recrutado por Kogan trouxe informações de várias centenas de amigos, fazendo com que o conjunto de dados crescesse.

Legalmente, pela barganha de 857 dólares, Kogan e sua equipe compraram dados de quase 300 mil pessoas com conta no Facebook.[4]

E esse foi apenas um estudo. De repente, com uma facilidade surpreendente, Kogan se tornou capaz de construir perfis detalhados de *milhões* de pessoas de todos os cantos do planeta, de todas as categorias demográficas.

Vale notar que pelo menos no início parecia que Kogan tinha as mais nobres intenções. Nenhum indivíduo era identificado, e sua equipe estava minerando os dados em busca de informações sobre bem-estar, a serviço do bem social mais amplo.

Se Kogan tivesse continuado a usar os dados apenas dessa maneira, talvez o mundo nunca tivesse ouvido falar de sua história, e talvez sua vida fosse mais parecida com a de John Rust, David Stillwell e Michal Kosinski, seus colegas professores de Cambridge. Rust, Stillwell e Kosinski haviam sido os primeiros a levar pesquisas com o Facebook para Cambridge. O trio desenvolveu um aplicativo chamado myPersonality para entender as relações entre tipos de personalidade e atividades sociais on-line. Esse grupo optou por manter as pesquisas exclusivamente no campo acadêmico, mesmo quando seu potencial comercial tornou-se claro.[5]

Mas Alex Kogan escolheu outro caminho. Em 2013, ele construiu seu próprio aplicativo, chamado Thisisyourdigitallife, que, ao que parece, num primeiro momento, foi planejado para trabalhos acadêmicos. Em 2014, porém, ele abriu uma empresa comercial, a Global Science Research, usando o aplicativo para administrar testes de personalidade. As pessoas que se inscreviam para fazer o teste permitiam, muitas vezes de forma involuntária, que a empresa acessasse não só o perfil de seus amigos, como também o dos amigos dos amigos.[6]

Ao todo, Kogan pagou cerca de 270 mil pessoas para realizar os testes, obtendo, com isso, dados de 87 milhões de usuários do Facebook.[7]

Esse conjunto de dados acabou sendo vendido para a Cambridge Analytica (CA), uma empresa de consultoria eleitoral. Numa entrevista de 2016 para a Sky News, o CEO da Cambridge Analytica, Alex Nix, gabou-se de que a empresa possuía "algo perto de 4 ou 5 mil dados sobre cada indivíduo" nos Estados Unidos.[8]

O resto é história. A Cambridge Analytica usou os dados para direcionar e manipular os eleitores durante o pleito de 2016 nos Estados Unidos e para influenciar os eleitores do Brexit no Reino Unido. Já existem alegações do envolvimento eleitoral da Cambridge Analytica no México, na Austrália, na Índia e na Argentina, entre outros países. A Comissão Federal de Comércio dos Estados Unidos multou o Facebook em 5 bilhões de dólares por violação de privacidade do consumidor, num acordo que incluía ainda restrições sobre a forma como a empresa passaria a lidar com a privacidade de dados dali em diante.[9]

Em retrospecto, parece óbvio que os dados poderiam e seriam utilizados de maneira indevida. Os seres humanos sempre serão suscetíveis à ganância e à corrupção. Mas Alex Kogan não construiu o Open Graph; simplesmente aproveitou seu potencial. Ao que tudo indica, os desenvolvedores do produto não faziam ideia de que estavam abrindo uma caixa de Pandora. O Facebook não só fez vista grossa para o trabalho de Kogan como participou dele abertamente, orgulhoso de usar sua plataforma para promover a compreensão científica do bem-estar. Entre os coautores do estudo sobre "riqueza e amigos" havia acadêmicos de Harvard e da Universidade da Califórnia, em Berkeley, instituições respeitáveis com histórias orgulhosas de pesquisa em ciências comportamentais. Além de dois autores do próprio Facebook.

Por que eles não previram que isso aconteceria?

Antes de nos permitirmos ficar presunçosos demais, precisamos lembrar que nossa espécie é conhecida por resolver um problema e logo em seguida descobrir que a solução deu origem a um novo e imprevisto conjunto de problemas. Tendemos a focar nas necessidades e condições do presente. O homem primitivo aprendeu a fazer fogo para se aquecer e cozinhar alimentos — não tinha como saber que no futuro pessoas seriam assassinadas em fogueiras e que a bomba atômica seria criada.

O que distingue a época atual das anteriores é a incrível complexidade e a vertiginosa velocidade com que coisas novas surgem. Encaramos problemas complexos num mundo VUCA (volátil, incerto, complexo e ambíguo). Um milhão e meio de anos se passaram entre a descoberta do fogo e a bomba de Hiroshima, mas apenas três anos transcorreram entre o Open Graph e o Thisisyourdigitallife. E o ritmo da mudança continua aumentando, de modo que hoje em dia parece que enfrentamos reviravoltas — tecnológicas, culturais, econômicas — a cada poucos meses. Estamos sempre tentando recuperar o atraso, nos esforçando para resolver problemas que já estão desatualizados.

Nesse sentido, o erro do Facebook foi típico do século XXI. Foi, acima de tudo, uma falha da imaginação humana. Eles não foram capazes de enxergar a *possibilidade*, muito menos o *desejo*.

Conforme enfrentamos um futuro volátil e cheio de incertezas, a capacidade de nos anteciparmos às mudanças e nos planejarmos para encará-las se torna cada vez mais fundamental. A pergunta "Por que não previmos que isso iria acontecer?" dá lugar a outra, mais premente e acionável: *Como podemos melhorar?*

PROSPECÇÃO: UMA CAPACIDADE PSICOLÓGICA DEFINIDORA DE NOSSA ERA

A capacidade humana de imaginar e planejar o futuro é extraordinariamente poderosa. A prospecção *metaboliza* o passado e o presente a fim de projetar o futuro. Tal como o metabolismo digestivo, a mente prospectiva extrai os nutrientes do passado e do presente para depois excretar as toxinas e os restos e se preparar para o amanhã. A prospecção abrange tudo, dos nossos pensamentos sobre o que comer no almoço até nossa capacidade de assinar uma "ordem de não reanimação" e nossos esforços coletivos para reduzir o aquecimento global. Com base no trabalho de Dan Gilbert, Tim Wilson, Peter Railton, Chandra Sripada, Roy Baumeister e outros, definimos a prospecção como "o processo mental de projetar e avaliar possibilidades futuras e usar essas projeções para orientar pensamentos e ações".[10] Em 2013, Marty, o filósofo Railton, o psicólogo Baumeister e o neurocientista Sripada publicaram o livro *Homo prospectus*, argumentando que a característica que define nossa espécie é a capacidade de imaginar e planejar o futuro.[11]

Quando éramos caçadores-coletores, precisávamos prospectar eventos naturais próximos e concretos. A Revolução Agrícola anunciou um novo tipo de trabalho baseado na prospecção — plantar sementes na primavera para colher no outono, cultivar um conjunto equilibrado de plantações, criar gado dócil e armazenar alimentos para nos proteger da fome. Como vimos no capítulo 1, a prospecção do agricultor também carregava a sombra da ansiedade.

Com a Revolução Industrial, os trabalhadores mudaram o foco da prospecção para a execução consistente de tarefas discretas aqui e agora. As máquinas passaram a ditar o ritmo, a ordem e o resultado. Mãos humanas realizavam tarefas repetitivas e momentâneas. Pensar no futuro ainda nos beneficiava fora do trabalho, mas, dentro da fábrica, a prospecção pouco importava como habilidade básica.

Só que agora a maré virou de novo. Com a transformação do trabalho atual, a prospecção voltou ao topo da lista de habilidades essenciais da força de trabalho. Os trabalhadores de hoje precisam dela mais do que nunca, e de novas maneiras, porque nosso mundo de corredeiras está sofrendo mudanças constantes e rápidas. A capacidade de se antecipar à mudança por meio da prospecção eficaz oferece enormes vantagens tanto para indivíduos quanto para organizações.

No nível individual, a prospecção nos permite nos preparar emocional e logisticamente para a mudança antes que ela chegue. Em 2021, analisamos como as habilidades prospectivas de 1500 trabalhadores se relacionavam com seus níveis de prosperidade pessoal e profissional. Descobrimos que os prospectores mais habilidosos — avaliados por uma bateria de testes de prospecção — apresentaram mais otimismo, autoeficácia e resiliência, e bem menos ansiedade e depressão. A capacidade prospectiva também se correlaciona com a produtividade e a satisfação com a vida — os melhores prospectores são 21% mais produtivos no trabalho e 25% mais satisfeitos com a vida em geral.[12] A prospecção nos permite antecipar o impacto das nossas decisões; impacto que, em nosso ambiente altamente conectado, se espalha pelas equipes, empresas e mercados.

No nível organizacional, a prospecção é essencial porque hoje em dia a estratégia deixou de parecer um plano de vinte anos. Os mercados e a tecnologia evoluem muito rápido. A prospecção no nível da empresa depende de informações de baixo para cima e em tempo real capazes de alimentar um conjunto dinâmico de abordagens para futuros possíveis.

Uma versão desta história: vamos fornecer todos os dados às máquinas, e elas nos dirão o que fazer. De acordo com essa versão, não são os humanos que precisam ser bons em prospecção, mas as máquinas. O problema é que todas essas máquinas ainda dependem fortemente de inputs humanos. Durante o ciclo eleitoral que culminou na eleição presidencial americana de 2016, o Partido Democrata usou um braço de pesquisa digital de ponta para prever sua vitória na terça-feira, dia 8 de novembro. Mas foram seres humanos que escolheram que dados coletar e como interpretá-los. Muitos pesquisadores decidiram usar os mesmos modelos da eleição de 2012, em vez de desenvolver novos modelos para explicar como os eleitores haviam mudado nesse meio--tempo. Outros usaram como base para suas previsões dados da cobertura da mídia a comícios políticos, sem levar em conta o viés político da imprensa, que pode subestimar ou superestimar o comparecimento do público a esses eventos. Também são os humanos que dizem às máquinas o que prever. Os algoritmos de aprendizado ainda se baseiam em hipóteses humanas, hipóteses que os algoritmos validam ou refutam. *Nós* decidimos o que pode ser verdade; as máquinas nos dizem se os dados são compatíveis com nossas hipóteses. Seja como for, por ora continuamos sujeitos a uma forma mais sofisticada de "lixo entra, lixo sai".

Assim, a prospecção organizacional exige que nós, como funcionários humanos, sejamos mais capazes de realizar previsões. Nesse mesmo estudo de 2021 também analisamos a relação da prospecção com os resultados de equipes dentro de empresas. E vimos que as equipes cujos líderes pontuam mais em prospecção têm melhor desempenho em diversos aspectos fundamentais:[13] o engajamento da equipe é 19% maior; as pontuações de inovação são 18% mais altas; e a agilidade, medida com uma escala de agilidade cognitiva, é 25% maior. Uma das diferenças mais importantes entre líderes de equipe mais fortes e mais fracos na capacidade de prospecção é o tempo gasto planejando. Líderes com boas pontuações em prospecção gastam 159% mais tempo planejando do que seus pares menos prospectivos. Esses líderes também estão mais comprometidos com seus empregadores — têm 33% menos chance de pedir demissão.[14]

Os benefícios individuais e organizacionais concretos são claros, mas também existe um lado mais filosófico na nossa necessidade de prospecção atual. Numa era de mudanças constantes, a capacidade de antecipar o que está por vir nos dá esperança de preservar nosso senso de agência. Assim como Graeme Payne, precisamos estar sempre atentos ao que está por vir. Nas situações em que capacidades como resiliência e agilidade nos ajudam a lidar com o tsunami de mudanças — nos mantendo acima da superfície da água enquanto as ondas quebram a todo momento —, a prospecção nos oferece o potencial de detectar as maiores ondas antes que elas cheguem. Por todas essas razões, ela é o quarto dos nossos poderes PRISM, uma meta skill fundamental para a prosperidade no trabalho hoje.

PROSPECÇÃO PARA EQUIPES DE DESENVOLVIMENTO DE SOFTWARE

As equipes de desenvolvimento de software — em geral pequenos grupos de trabalho formados por engenheiros, gerentes de produto e designers — nos oferecem alguns dos exemplos mais convincentes do papel fundamental da prospecção no ambiente profissional.

Consideremos os sistemas utilizados atualmente em áreas como segurança pública, privacidade, cuidados de saúde, instituições financeiras e instituições políticas. Para desenvolver essas plataformas, é preciso contratar uma equipe de desenvolvimento de software capaz de construir ferramentas digitais. Mas essas equipes não são igualmente especialistas nas esferas civis — o que é bastante compreensível. Assim, o ideal é que engenheiros e especialistas no assunto — como demógrafos ou servidores públicos das áreas de saúde, segurança ou eleitoral — se sentem juntos para refletir sobre cada decisão. Às vezes é isso que acontece, mas, no geral, devido à falta de recursos e cronogramas apressados, quem constrói esses sistemas precisa descobrir as respostas sozinho, por conta própria, tomando decisões em tempo real que têm grande impacto sobre o funcionamento da sociedade. E às vezes o desenvolvedor não consegue antecipar as possibilidades de algo dar errado.

No dia 9 de abril de 2014, às 23h54, horário do Pacífico, 81 centrais de atendimento de emergência nos estados da Califórnia, de Washington, da Flórida, de Minnesota, da Pensilvânia, da Carolina do Sul e da Carolina do Norte caíram. Durante seis horas, ninguém conseguiu atendimento telefônico. Onze milhões de pessoas ficaram sem esse suporte emergencial. Imagine-se num momento de necessidade, telefonando para um número de emergência e não sendo atendido. Ataques cardíacos, suicídios, roubos, acidentes de carro, incêndios domésticos — e ninguém para atender às ligações. Estima-se que durante esse período 6600 telefonemas não tenham sido atendidos.[15]

Os serviços emergenciais se mobilizaram rapidamente para diagnosticar o problema. O serviço de celular tinha caído? Onde estava o defeito?

Segundo a Comissão Federal de Comunicações, o problema foi resultado de um "erro de código de software" — no entanto, seria mais correto chamá--lo de erro de prospecção humana. "Erro de código de software" significa que alguém deixou de ver um ponto e vírgula no meio do programa. Mas os engenheiros em questão não erraram o código: na verdade, eles e as equipes das quais faziam parte erraram em duas *decisões* específicas que fizeram a diferença no código. Primeiro, ao criar o sistema de chamadas, a equipe impôs um limite de capacidade total. Assim, qualquer chamada recebida além desse limite não seria atendida. Além disso, a equipe estimou um número muito baixo. Segundo, para cada possível disfunção do sistema, a equipe de desenvolvimento de software construiu um sistema de alarme para acionar os supervisores das operações. Mas como os desenvolvedores nunca imaginaram que o sistema excederia seus limites, o alarme que projetaram era muito lento e de nível muito baixo para ser eficaz. Para os supervisores monitorando o sistema, tanto a origem quanto a gravidade do erro eram invisíveis.

A equipe de desenvolvimento de software deveria ter previsto esse problema? Claro. Podemos afirmar sem dúvida que o trabalho deles estava errado, porque havia informações mais corretas disponíveis para orientar suas decisões. Um desenvolvedor ou gerente de produto não poderia adivinhar instintivamente que o sistema ultrapassaria rapidamente o limite de 40 milhões de chamadas, mas se tivesse tido acesso a especialistas no assunto e a informações demográficas precisas, essa interrupção poderia ter sido evitada. O cerne do problema não estava na capacidade de programação dos profissionais, mas numa moldagem deficiente do futuro. Onze milhões de pessoas perderam acesso à linha pública de emergência por um erro de prospecção, não de código.

Quer estejamos tentando fazer o melhor uso de nossas ferramentas preditivas, considerando os possíveis impactos de um novo produto ou passando por momentos de turbulência na vida profissional, a prospecção começa no nível do indivíduo. Tudo remonta a uma parte especializada daquela bola de futebol rosada de um quilo e meio.

Vejamos como ocorre a prospecção dentro do cérebro.

PROSPECÇÃO E A REDE CEREBRAL PADRÃO

Uma das descobertas neurocientíficas mais importantes dos últimos tempos foi a da rede de modo padrão (também conhecida como rede padrão ou rede cerebral padrão), um conjunto de regiões cerebrais que atuam durante nossos momentos de inatividade mental.[16] Assim como grande parte das descobertas científicas mais importantes, essa foi acidental.

Pesquisadores de imagens por ressonância magnética funcional estavam mapeando as redes de "tarefa positiva" do cérebro — as regiões que se iluminam quando nos envolvemos em tarefas focadas, como anagramas ou aritmética. Na maioria dos experimentos, havia uma condição de controle, que consistia em períodos de descanso ("apenas fique deitado sem fazer nada"). Era de se esperar que as imagens do cérebro ficassem escuras e quietas durante o período de descanso, mas, em vez disso, uma rede confiável de estruturas cerebrais da linha média e do lobo temporal mediano se iluminava constantemente, sugerindo não uma estase, mas uma forte atividade.[17] Essa mesma rede é ativada sempre que deixamos a mente vagar — por exemplo, quando temos um devaneio.[18]

Reflita sobre o significado disso. Quando não há nada acontecendo, o cérebro não "desliga". Em vez disso, muda para um novo modo de pensar, um modo tão fundamental que é nosso *padrão* — a atividade que o cérebro passa a executar assim que tem um momento livre. E o que há de tão importante nessa atividade? Ela é especializada em dois processos: imaginar e planejar.

Chandra Sripada descreve a sensação de experimentar o modo padrão:

O conteúdo é quase perceptual e imagético: memórias autobiográficas de acontecimentos antigos, lembranças de eventos mais recentes, prospecções sobre o futuro próximo ou distante. As transições entre os pensamentos individuais são discursivas. Com frequência ocorrem associações temáticas entre itens de pensamento adjacentes, mas também grandes descontinuidades. Esse tipo de fluxo de pensamento sinuoso é ideal para identificar padrões e relacionamentos interessantes. Os pensamentos são justapostos próximos uns aos outros de formas imprevisíveis e em parte aleatórias, permitindo que os sistemas de aprendizado implícito "observem" esses novos fluxos de pensamento (tal como observariam eventos reais no mundo) e extraiam novos padrões, generalizações, interpretações e ideias.[19]

Todos nós sabemos muito bem como nosso nível de atenção sofre oscilações espontâneas. Está acontecendo com você enquanto lê este livro. A cada um ou dois minutos, você para de prestar atenção e sua mente começa a ter um devaneio. Você fica nesse estado por talvez um minuto, mas então volta a si e recomeça a leitura. Durante a divagação, a rede padrão está ligada, e nossa atenção se desvia de tarefas específicas para o devaneio. Nesse momento, a mente rompe as amarras do espaço e do tempo, misturando memória e fantasia. Quando retornamos à tarefa, a rede positiva de tarefas volta a funcionar, e a atenção se afasta do devaneio.[20] Essas oscilações — que podem demorar segundos ou minutos — se repetem ao longo do dia.

Sripada entende essa oscilação como um ciclo eterno entre tirar proveito e explorar (*exploitation* e *exploration*), conceitos distintos ligados à inovação — enquanto tirar proveito (*exploitation*) trata da escolha em investir em conhecimentos já assimilados, refinando-os para extrair seu potencial máximo, explorar (*exploration*) é um processo de inovação que envolve mais risco, propondo soluções mais radicais e não testadas. O pensamento de tarefa positiva é eficiente; respeita espaço e tempo, reunindo informações existentes sobre o mundo, e *tira proveito* do que sabe. A rede padrão *explora* novas possibilidades, imaginando cenas que podem diferir radicalmente do passado real e do presente real. Essas imagens vívidas e fantásticas nos permitem descobrir e aprender profundamente sobre o que ainda não existe.

Usando a rede positiva de tarefas, lemos o livro de história e codificamos o fato de que Franklin Roosevelt sucedeu a Herbert Hoover como presidente. Mas no momento seguinte associamos Herbert Hoover a um aspirador de pó gigante, o que nos leva ao vácuo do espaço, o que nos leva a questionar como seria viver em Marte, e isso é fundamental para o cérebro. No próximo capítulo veremos como essa interação é essencial para o trabalho criativo.

Sob esse ponto de vista, a divagação é uma característica da mente, não um defeito. À medida que temos cada vez mais apetite por tempo, podemos nos sentir tentados a controlar cada vez mais a atenção, a trabalhar sem parar e a reduzir o "tempo de inatividade" mental. Mas a verdade é que, mesmo que isso fosse possível, seria indesejável. Geralmente, nossas melhores ideias vêm do modo padrão. Existe um motivo para esse modo ser o padrão, e ao ignorá-lo nos prejudicamos.

Mas como a divagação mental molda nossa compreensão do futuro? E como podemos aproveitá-la para nos planejar ainda melhor?

Era isso que nosso colega Roy Baumeister queria saber.

O MODELO DE PROSPECÇÃO DE DUAS FASES

Baumeister, professor de psicologia na Universidade de Queensland, em Brisbane, Austrália, é um dos psicólogos mais publicados do mundo. Alto, lacônico, com um conhecimento prático de pesquisa em ciências comportamentais capaz de rivalizar com o PubMed, Baumeister publicou setecentos artigos e mais de quarenta livros. Ao longo dos anos, analisou a prospecção de vários ângulos. Num estudo trabalhoso, fez com que quinhentos participantes monitorassem seus pensamentos em momentos aleatórios durante três dias, a fim de entender melhor como pensamos sobre o passado, o presente e o futuro. Esses pensamentos abrangiam os modos de tarefa positiva e de divagação mental. Baumeister definiu o presente como o período de até cinco minutos do momento atual. Todo o resto era passado ou futuro.

Os dados resultantes nos dizem muito sobre o "quando" dos nossos pensamentos cotidianos. Vivemos mais no passado, no presente ou no futuro? Baumeister descobriu que as pessoas passam a maior parte do tempo pensando no presente, porém muito mais tempo pensando no futuro do que no passado. A prospecção ocupa pelo menos um quarto dos nossos pensamentos acordados.

Baumeister também descobriu um paradoxo interessante. Os pensamentos sobre o futuro parecem mais significativos e emocionantes em comparação com os pensamentos sobre o presente ou o passado. Mas, ao mesmo tempo, os pensamentos sobre o futuro carregam mais emoções negativas do que os do presente. Experimentos adicionais aprofundaram essa contradição. Embora muitas vezes se sintam otimistas ao pensar no futuro, as ações que as pessoas de fato empreendem enquanto têm esses pensamentos refletem pessimismo e aversão ao risco.

Como compreender isso? Quando o assunto é imaginar o futuro, parece que somos ao mesmo tempo mais otimistas e mais pessimistas.

Para resolver esse enigma, Baumeister, Kathleen Vohs, professora de marketing de Minnesota, e Gabriele Oettingen, professora de psicologia da Universidade de Nova York, propuseram que a prospecção ocorre em duas fases distintas:[21]

- A *fase 1* é rápida, abrangente e otimista. Nesse momento inicial, nossos pensamentos tendem a se concentrar nas perguntas "Como eu quero que seja o futuro?" ou "Que bom resultado pode estar por vir?". A primeira fase normalmente dura de segundos a minutos. É mais exploratória, reflexo da participação da rede cerebral padrão.
- A *fase 2* se instala logo depois e envolve uma avaliação muito mais lenta, específica, deliberativa e realista — e até mesmo pessimista — das situações apresentadas na fase 1. A questão agora é "Como eu chego lá?". Na fase 2, começamos a fazer um planejamento detalhado, tarefa que rapidamente pode começar a parecer opressora.

O modelo de duas fases ajuda a conciliar essas descobertas experimentais contraditórias sobre a experiência de prospecção — o fato de inferir sentido a partir de pensamentos sobre o futuro, mas também medo e ansiedade; o fato de que podemos projetar otimismo sobre o que está por vir e, em seguida, tomar decisões avessas ao risco. É extremamente significativo e empolgante imaginar para onde vamos, mas ao mesmo tempo é assustador quando começamos a pensar no que será preciso fazer para chegarmos lá. Esse medo pode nos fazer trilhar o caminho mais seguro.

O modelo de duas fases também pode ajudar a aprimorar a capacidade de prospecção. As pessoas utilizam suas diferentes habilidades naturais na prospecção. Por isso, nossas intervenções abordam cada fase em separado.

CONSTRUINDO O MÚSCULO DA PROSPECÇÃO: FASE 1

Para os otimistas que gostam do devaneio, a prospecção da fase 1 é *a melhor*. Pensamos de forma expansiva, projetamos versões ideais de nós mesmos em futuros estimulantes e maravilhosos. Nossa RMP (rede de modo padrão) vibra com as possibilidades.

Para outros, porém, a prospecção da primeira fase é desconfortável. Esses indivíduos não gostam de ambiguidade; preferem ir direto ao ponto o quanto antes. Como veremos no próximo capítulo, parte dessa tendência provavelmente tem a ver com baixos níveis de um traço de personalidade chamado *abertura a experiências*. Uma pessoa com dificuldades na fase 1 vai direto para o planejamento sem considerar todas as opções disponíveis. Com isso, comete uma espécie de "erro" mental: sem perceber, pode estar ignorando melhores oportunidades para si mesma, sua família ou sua organização, e se privando da enorme diversão — da alegria! — de criar fantasias.

Um tipo semelhante de "erro" da fase 1 aparece em pessoas propensas ao transtorno de estresse pós-traumático (TEPT). Como vimos no capítulo 4, um dos padrões de pensamento automáticos de pessoas com TEPT é a catastrofização. O catastrofizador identifica imediatamente o pior resultado possível e passa a considerá-lo inevitável, reprimindo a exploração de alternativas.

Uma intervenção útil nesse caso é o exercício "Vamos colocar as coisas em perspectiva", também do capítulo 4. Esse exercício nos permite aprimorar nossas habilidades prospectivas de forma estruturada, criando abertura para uma gama mais ampla de resultados possíveis. Além disso, ao fazer com que os praticantes passem mais tempo na fase 1, o exercício possibilita que eles sintam algumas das emoções positivas que essa fase é capaz de proporcionar. Explorar possibilidades altamente divergentes e empolgantes de mente aberta é algo bom, que todos deveriam experimentar.

Em casos graves de TEPT, o indivíduo pode ter dificuldade para acessar *qualquer* pensamento positivo sobre o futuro. Para resolver essa dificuldade, anos atrás David Yaden e Anne Marie Roepke, na época alunos de Marty, conduziram um estudo no qual testaram diferentes tipos de intervenções.[22] Eles pediam que indivíduos recém-expostos a adversidades executassem diferentes tarefas. Uma delas funcionou melhor, quando realizada uma vez por semana durante um mês. Eis as instruções:

Depois de passar por experiências difíceis, muitas pessoas vivenciam uma sensação de perda: sentem que certas oportunidades se foram, que "portas" se fecharam em suas vidas. Às vezes, porém, elas também descobrem que novas portas se abrem e novas oportunidades se apresentam. Essas novas oportunidades podem ser qualquer coisa (novas atividades, metas, modelos, amigos, mudanças de trabalho, ideias ou formas de ajudar as pessoas). A existência de novas oportunidades não torna as perdas insignificantes ou menos dolorosas; perdas importantes podem coexistir com novas oportunidades possivelmente importantes. Queremos saber se você notou alguma nova porta se abrindo em sua vida nos últimos seis meses. Nos próximos quinze minutos, escreva o que vier à sua mente sobre as novas oportunidades, ou "novas portas", que se abriram para você ou podem se abrir.

A tarefa aborda a armadilha do pensamento negativo e deixa clara a existência de experiências dolorosas. *Suas perdas são reais. Nós também as vemos.* Essa simples mensagem de solidariedade tem um efeito poderoso, estabelecendo um espaço mental compartilhado para pensamentos negativos. Os participantes sentem que têm permissão para se afastar desses pensamentos. Com isso, torna-se mais fácil resistir à atração que eles exercem e abre-se um espaço para pensamentos positivos sobre o passado, o presente e o futuro.

Roepke, Yaden e colegas descobriram que essa tarefa de escrita expressiva, introduzida com essas palavras específicas, aumenta nossa capacidade de crescer a partir de eventos adversos e diminui seus resultados negativos, além de fortalecer os músculos da fase 1, nos permitindo descobrir possibilidades antes escondidas pela negatividade.

Outra ferramenta para melhorar a prospecção da fase 1 é o *planejamento de cenários*. Desenvolvido na década de 1950 pelo futurista Herman Kahn para o think tank RAND, o planejamento de cenários estimula grupos de líderes a imaginarem futuros altamente divergentes (fase 1) e, em seguida, pede que eles trabalhem de trás para a frente, fazendo planos preparativos (fase 2).[23] A primeira parte do exercício produz visões que não teriam surgido de outra forma e que se mostram surpreendentemente úteis no planejamento de curto prazo. Num exemplo amplamente conhecido de uso do planejamento de cenários, a Royal Dutch Shell Corporation utilizou esse método para se preparar para o Choque do Petróleo de 1973 e os aumentos de preço resultantes da crise energética antes mesmo que eles ocorressem.

A elaboração de histórias sobre futuros muito diferentes estimula nossa extraordinária rede de modo padrão a explorar. Ao imaginar o futuro de maneira mais vívida, nos preparamos melhor para o que vem pela frente.

CONSTRUINDO O MÚSCULO DA PROSPECÇÃO: FASE 2

Para outras pessoas, a fase 2 da prospecção é a mais difícil.

Ela envolve a *avaliação* cuidadosa de possíveis cenários futuros com o intuito de determinar nossas ações, e algumas funcionalidades centrais do cérebro trabalham contra nós nesse momento.

A falácia do planejamento, originalmente descrita por Daniel Kahneman e Amos Tversky em 1979, é a nossa infeliz tendência de subestimar o tempo e o custo de uma tarefa futura. Se você já fez um projeto de reforma de seu imóvel, provavelmente sabe do que estamos falando.

Vale ressaltar que a falácia ocorre apenas quando estamos planejando *nossas próprias* tarefas futuras. Somos mais precisos com os planos alheios. Da próxima vez que estiver montando um orçamento para a remodelação do seu imóvel, peça a um amigo que concluiu um projeto semelhante para prever o custo e a duração do seu. Provavelmente ele será mais preciso.

Para melhorar na fase 2 da prospecção é preciso treinar e aprender a fazer uma avaliação mais realista do que o necessário para chegar a determinado resultado. Uma intervenção apoiada por evidências robustas é a estrutura "WOOP", criada pela professora Gabriele Oettingen, da Universidade de Nova York. A estrutura parece simples, mas tem levado a uma gama impressionante de resultados, desde perda de peso para diabéticos até o aumento do empenho e da frequência escolar de estudantes.

O WOOP é um processo em quatro etapas:

1. Identificar o desejo [**W**ish]
2. Refletir sobre o resultado [**O**utcome]
3. Concentrar-se nos **O**bstáculos
4. Determinar seu **P**lano

Muitos coaches usam um método semelhante chamado GROW. O GROW é estruturado em quatro etapas básicas para ajudar indivíduos a identificar metas e se planejar para vencer os obstáculos. Nesse método, o coach responsabiliza o cliente pela execução do plano. O GROW também pode ser adaptado para uso individual.

Exercício: O modelo GROW de coaching

G – Goals (Metas): O primeiro passo é identificar sua meta, que deve ser específica, mensurável, atingível, relevante e com prazo (do acrônimo SMART, em inglês, formado pelas palavras **S**pecific, **M**easurable, **A**ttainable, **R**elevant e **T**ime-bound). Nesta etapa, você responde às seguintes perguntas:

- O que você deseja alcançar?
- Como vai saber quando alcançou o objetivo?
- Dentro de que prazo é realista alcançar esse objetivo?

R – Reality (Realidade): O segundo passo é entender a realidade que o impede de alcançar seu objetivo. O coach ajudará seu cliente a identificar os principais obstáculos e os analisará cuidadosamente a fim de aumentar a autoconsciência. Algumas perguntas a serem respondidas nesta etapa:

- O que o impede de alcançar essa meta?
- Em que circunstâncias essas barreiras são mais/menos proeminentes?
- Que estratégias você tentou usar?
- Você já passou por algo parecido no passado?

O — Options (Opções): No terceiro passo, imaginamos opções para superar esses obstáculos. Essa é a parte mais gerativa do modelo GROW — um pouco de prospecção exploratória da fase 1 a serviço da reflexão e ponderação da fase 2. Algumas perguntas úteis nesta etapa:

- O que você pode tentar fazer diferente desta vez?
- Quais são os prós e os contras dessas opções?
- Imagine que você está contando a alguém sobre como alcançou seu objetivo. Qual foi o segredo do seu sucesso?

W — Will (Ações e responsabilidades): No quarto passo, você escolhe uma opção e a converte num plano de ação.

- Que opção você escolherá para alcançar seu objetivo?
- Que passos precisará seguir?
- Como vai superar os obstáculos a, b e c?
- Onde buscará ajuda caso fique travado?
- A quem vai revelar seu plano, de modo que essa pessoa possa ajudá-lo a se responsabilizar?

O método GROW ajuda as pessoas a fazerem grandes progressos em direção a seus objetivos. Seja com o GROW, o WOOP ou outros métodos semelhantes, desenvolver a capacidade de se antecipar a obstáculos e planejar como superá--los ajuda a melhorar nossa fase 2 da prospecção.

CORRIGINDO O VIÉS DO INOVADOR

A falácia do planejamento é só um dos muitos vieses cognitivos descobertos por Kahneman, Tversky e outros. Um viés cognitivo é, basicamente, um erro sistemático de pensamento. Esses erros estão embutidos na nossa mente e afetam a todos nós.

Mas por que viríamos com erros embutidos? Porque os vieses não são de todo ruins. Nas circunstâncias certas, eles agem como atalhos mentais que nos poupam tempo ou recursos. O problema é que estão sempre ativos, independentemente das circunstâncias, o que pode nos levar a algumas situações estranhas.

Em 2021, Andrew Reece, pesquisador da BetterUp Labs, e sua equipe propuseram um novo tipo de viés, que dificulta especificamente nossa capacidade de prospectar com precisão o potencial danoso de um novo produto. A ideia surgiu da observação de um padrão no mundo real: pessoas muito inovadoras que se destacam na fase 1 da prospecção podem ficar presas nela, incapazes de aprofundar a análise e enxergar possíveis problemas. Pense na promessa de Mark Zuckerberg para o Open Graph: seria "a coisa mais transformadora que já fizemos pela rede". O Open Graph foi transformador. Só não da maneira que Zuck esperava.

Andrew e sua equipe chamaram essa tendência de *viés do inovador*: nossa imprecisão no momento de avaliar o potencial danoso de qualquer produto que nós mesmos criamos. Ele é diferente do viés de confirmação — a tendência a buscar informações que apoiem as crenças existentes e a desconsiderar informações contrárias —, pois não se relaciona com a forma como integramos as informações de que dispomos, e sim com a forma como imaginamos o futuro.

A equipe testou essa teoria com uma série de experimentos. Primeiro, eles pediram aos participantes que avaliassem uma lista de invenções hipotéticas com relação ao seu potencial de causar bem ou mal. O objetivo era identificar invenções neutras, produtos que grandes grupos de pessoas sem interesses investidos achassem igualmente prováveis de produzir bem ou mal. Exemplos de invenções classificadas como neutras: uma injeção que poderia melhorar o QI e um holograma de um ente querido morto. A segunda etapa envolveu um novo grupo de seiscentos participantes. Antes da avaliação em si, todos eles participaram de um exercício: leram a descrição de uma invenção neutra, como o holograma, e depois a seguinte pergunta: como você promoveria a comercialização desse holograma? Os participantes precisavam refletir sobre sua proposta de valor, criar nomes e slogans e decidir como posicionar o produto para consumidores em potencial. A ideia do exercício era fazer com que os participantes se sentissem "donos" da invenção.

Na terceira etapa, os pesquisadores dividiram o mesmo grupo de seiscentos participantes em dois grupos, um grupo de controle e um grupo de "donos". Os donos foram instruídos a avaliar o potencial de dano versus benefício do holograma. Os participantes que ficaram no grupo de controle receberam uma nova invenção neutra (a injeção que aumenta o QI, por exemplo) e foram solicitados a classificar seu potencial para o bem ou para o mal. Perceba que o grupo de controle não gastou tempo trabalhando na segunda invenção.

A equipe de Andrew levantou a hipótese de três resultados possíveis:

1. **Entusiasmo viral.** O exercício de marketing teria estimulado tanto os donos quanto o grupo de controle a se sentirem otimistas em relação às invenções em geral. Ambos superestimariam o potencial para o bem de qualquer produto que avaliassem.
2. **Competitividade.** Os donos classificariam o holograma como tendo um potencial maior para o bem do que para o mal. O grupo de controle, por outro lado, se sentiria num estado de espírito competitivo por ter trabalhado duro no holograma, por isso superestimaria os possíveis danos da injeção para o QI.
3. **Viés do inovador.** Os donos veriam um potencial maior para o bem no holograma. O grupo de controle consideraria a injeção para aumentar o QI uma invenção neutra, assim como avaliadores imparciais na primeira etapa do experimento.

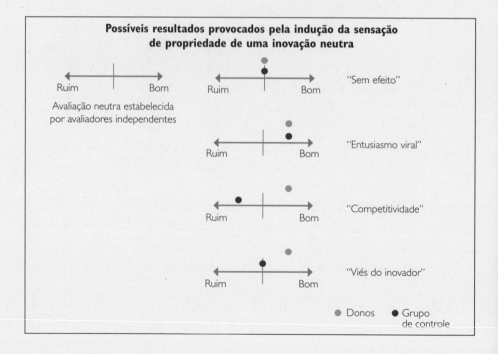

A possibilidade três saiu vencedora. O exercício de estímulo influenciou os donos em favor do holograma, ao passo que o grupo de controle se manteve neutro em relação à injeção para o QI. A equipe de Andrew replicou as descobertas com um segundo grupo de quinhentos participantes, com invenções variadas.

Uma possível conclusão a se tirar dessa história é que as organizações devem buscar terceiros para avaliar o potencial danoso de um produto, ou então criar equipes internas isoladas. Mas e se pudermos reverter o viés do inovador?

A última fase da pesquisa focou nessa questão. E a equipe descobriu rapidamente que, quando tentamos fazer as pessoas assumirem um ponto de vista mais realista, há riscos. Um deles é que elas percam o entusiasmo por um trabalho potencialmente importante. O sentimento positivo e ativador é fundamental para a inovação. Não queremos extinguir essa paixão.

Eles testaram várias intervenções para ajudar os donos a corrigir o curso sem perder o ímpeto. A vencedora foi a que chamaram de "pior cenário": donos e grupo de controle foram instruídos a catastrofizar *intencionalmente*, imaginando os resultados mais desastrosos para a invenção em questão. Tendo em vista a ênfase que demos ao lado negativo da catastrofização, surpreende saber que esse teste surtiu um efeito desejável. Estimular o grupo de controle a pensar nas consequências mais negativas de uma invenção não influenciou o grupo, que continuou classificando invenções de impacto neutro de fato como neutras. Mas, quando estimulados a pensar nas consequências mais graves de "suas" invenções, os donos voltaram um pouco à realidade, corrigindo suas classificações, que deixaram de ser excessivamente otimistas para se tornar neutras. E o melhor: essa correção aconteceu sem diminuição do entusiasmo do inovador.[24]

Com base nessas descobertas, agora temos na nossa caixa de ferramentas o início de uma nova intervenção específica capaz de ajudar inovadores e organizações a prospectarem com mais precisão os resultados futuros de seu trabalho.[25]

COMO MELHORAR A PROSPECÇÃO DE MANEIRA MENSURÁVEL

Tendo em vista que a prospecção é essencial para prosperar no mundo de trabalho nas corredeiras, cada vez mais a BetterUp tem buscado maneiras de melhorar essa habilidade de forma mensurável, de modo que os clientes consigam enxergar a evolução. Em 2018, a equipe de psicometria da BetterUp validou uma escala de prospecção pragmática de três itens que avalia a frequência e a eficácia dos pensamentos das pessoas sobre o futuro. Essa avaliação produz uma linha base para os clientes. Após as sessões de coaching, a avaliação é repetida.

Centenas de milhares de pessoas já fizeram essa avaliação antes e depois do coaching. Por isso, sabemos hoje que é possível ensinar a prospecção. Aqueles que são ruins nessa matéria não estão fadados a permanecer assim, e aqueles que são bons podem continuar melhorando. Na verdade, em todas as dimensões monitoradas da avaliação Whole Person Model, a prospecção é a que mais cresce. Em média, depois de três a quatro meses de coaching, as pessoas apresentam uma melhoria de 24% na capacidade de prospecção. Aqueles que começam com as pontuações mais baixas têm uma melhoria surpreendente de 115% no mesmo período.

Os resultados são animadores. Independentemente do seu nível de habilidade inicial, você pode desenvolver a prospecção para posicionar a si mesmo — e a sua organização — no caminho para o sucesso. Ela está na base da estratégia corporativa, do desenvolvimento de produtos, das parcerias comerciais, das carteiras de investimento. Trata-se de uma habilidade que nós, como espécie, ainda temos de expressar em toda a nossa capacidade, porque nunca antes nosso trabalho exigiu isso de forma tão extrema. Hoje, para simplesmente sobreviver no trabalho, é preciso ter a habilidade da prospecção. Mas a *excelência* na prospecção é o que separa aqueles que prosperam daqueles que se limitam a passar o dia fazendo o mínimo.

Anos atrás, o Facebook lançou uma nova função para "inovação responsável", subordinada à vice-presidente de design Margaret Stewart.[26] O objetivo era reforçar os esforços "ao longo de todo o ciclo de vida do desenvolvimento de produtos para antecipar e minimizar possíveis danos e garantir que estamos criando com responsabilidade".[27]

A arrogância da era do Open Graph sobre transformar a rede ficou no passado. Em seu lugar surgiu uma admissão de falha na prospecção.

O Facebook não está sozinho. Outras empresas também começaram a criar treinamentos de prospecção avançada para gerentes de produto e engenharia.

Com o tempo, podemos esperar que todas as organizações de P&D passarão a ter uma função como essa; que, para se tornarem engenheiros e gerentes de produtos, os profissionais terão que fazer cursos de prospecção; e, em última análise, que as expectativas legais da boa prospecção sejam criadas, de modo a garantir que quaisquer danos sejam evitados.

Façamos uma analogia com o papel do diretor de segurança da informação. Décadas atrás, o campo da "segurança da informação" não existia. Agora, depois de aprender com vinte anos de violações de dados e hacking, incluindo aqueles que Graeme Payne viveu na Equifax, toda grande empresa tem uma equipe de segurança da informação monitorando a privacidade e o armazenamento de dados. Essas equipes trabalham em estreita colaboração com os chefes do jurídico e da engenharia. As empresas são responsabilizadas por lei pelo não cumprimento das melhores práticas.

As lições aprendidas com as falhas nas previsões ainda não fizeram com que surgisse um cargo de diretor de prospecção. Nesse meio-tempo, essa emergente capacidade empresarial será cada vez mais necessária para os profissionais que constroem, lançam e prestam serviços a novos produtos de tecnologia. Os líderes nessa área precisam ter experiência em prospecção, tomada de decisões, gestão de partes interessadas, análise de dados, políticas públicas e ciências comportamentais.

Ainda há muito trabalho a fazer para incorporar essas habilidades prospectivas em larga escala na nossa força de trabalho. Mas *podemos* chegar lá. E, ao fazer isso, recuperaremos — como indivíduos e como organizações — nosso senso de agência, tão facilmente dissolvido pelo mundo de trabalho nas corredeiras.

9. Quando somos todos criativos

A chegada da IA servirá pelo menos para remover o que não pode ser a nossa razão de existir neste planeta [...]. Uma razão muito válida para existir é que estamos aqui para criar [...]. Nós inventamos coisas. Celebramos a criação. Somos muito criativos no processo científico, na cura de doenças, em escrever livros e filmes, contar histórias, fazer brilhantes trabalhos em marketing. Essa é a criatividade que devemos celebrar, e talvez seja isso que nos torne humanos.[1]
Kai-Fu Lee

Em novembro de 2006, aos 42 anos, Martha "Marty" Cobb se viu no beliche de cima de um dormitório no porão, olhando para um teto tão baixo que ela não conseguia sequer se sentar na cama.

Recém-divorciada e falida, Marty tinha poucas opções. Seus amigos em Lubbock, Texas, onde ela criava os três filhos, sugeriram que se candidatasse a uma vaga na Southwest Airlines. Ela trabalharia longas horas e passaria grande parte do tempo longe de casa, mas a falta de bons empregos no lugar onde morava facilitou a tomada da difícil decisão.

Marty chama a casa de três andares em Baltimore onde a Southwest espreme suas comissárias de bordo como sardinha em lata de "rancho David Koresh", uma brincadeira com o líder de uma seita religiosa que praticava a poligamia e foi morto pela polícia num cerco a seu rancho. Cada andar tem beliches e uma geladeira. As comissárias com menos tempo de casa ficam com os piores lugares. Vinte e seis mulheres dividiam a casa, que pertencia a um piloto do sexo masculino. Naquele Dia de Ação de Graças, enquanto comia peru frio num prato de isopor, Marty pensou: "O que foi que eu *fiz?*".

Não era a primeira vez que ela recomeçava. Nos tempos de universidade, Marty sonhava em se tornar uma planejadora de eventos para resorts de luxo. Cultivou esse sonho no Havaí, onde frequentou um curso de férias de verão ("Tirei 10 em hula-hula e 5 em economia"), e depois em Santa Barbara, ao trabalhar numa unidade do Biltmore, a cadeia americana de hotéis de luxo. Era uma propriedade diferente de qualquer outra que ela já tinha visto, e Marty imaginou as festas de gala que poderia organizar um dia.

Não muito tempo depois de retornar ao Texas para se formar, porém, Marty se casou. E então vieram três bebês. E Lubbock não tinha hotéis como o Biltmore — longe disso. Assim, durante dez anos, Marty se concentrou em criar os filhos. "Eu não tinha nenhum talento", comenta. "Não conseguia fazer nada, exceto espacates."

Na verdade, Marty é tão talentosa quanto humilde. Usar a criatividade para levar alegria aos outros é seu superpoder, alimentado por um senso de humor aguçado, com um talento especial para a improvisação. Ela afirma que foi o pai que incutiu nela a paixão por servir ao próximo. No Dia de Ação de Graças, ele entregava perus para dez amigos próximos da família. No Natal, toda a família Cobb se levantava cedo para assar pãezinhos de canela para os mesmos amigos. O pai de Marty ensinou as filhas a se disporem a ajudar as pessoas, sobretudo nos momentos difíceis. "Fazer alguma coisa é melhor que não fazer nada", dizia. "Você não faz por si, faz por eles."

Durante sua década como dona de casa, Marty tentou vários empregos de meio período, sempre no ramo dos serviços, onde poderia usar seu talento. Chegou a dar aulas de aeróbica, por exemplo, e fazia suas turmas rirem tanto que elas até esqueciam que estavam se exercitando.

Foi quando a mudança bateu à porta mais uma vez: seu primeiro casamento acabou. Marty conseguiu um trabalho de marketing com um ortodontista, e nessa função podia planejar grandes festas. O ortodontista era da Louisiana, e eles planejavam uma festa no estilo de New Orleans para seus clientes — com direito a lagostins e banda musical. Inventar maneiras elaboradas de entreter os clientes era exatamente o trabalho que ela queria.

E assim, depois que um segundo divórcio a deixou em dificuldades financeiras, Marty soube como dar a volta por cima. "Sempre ensinei a meus filhos: 'Siga sempre em frente e, se cometer um erro, sacuda a poeira e tente de novo.'"

O começo na Southwest não foi fácil. O treinamento foi extremamente intenso. Os primeiros seis meses foram um período probatório, com Marty sempre de reserva. A empresa poderia chamá-la a qualquer momento e ela teria que aparecer duas horas depois, pronta para voar. Como era nova, trabalhava nos fins de semana e feriados. Além disso, seus colegas foram instruídos a ficar de olho em seu desempenho durante o voo e relatar qualquer problema. Um relatório ruim podia levar à demissão imediata.

Por mais ansiosa que ela se sentisse, porém, nada se comparava ao estresse que irradiava dos passageiros. As pessoas voam por todo tipo de razão. Para cada lua de mel há alguém a caminho de um funeral. Marty acompanhou o corpo de militares abatidos em combate. Muitos passageiros tinham pavor de voar.

Com o início da pandemia, a situação piorou. Da noite para o dia, *ninguém* mais queria pisar num avião; os únicos passageiros estavam ali por algum motivo desagradável. Cada espirro ou tosse deixava todos em alerta máximo. Funcionários de companhias aéreas, igualmente apavorados com o vírus, suportaram o peso de sua indústria desabando ao seu redor. Em abril de 2020, o tráfego de passageiros foi 96% menor do que o verificado em abril de 2019.[2]

Crise em todos os lugares.

Marty sentiu o ar carregado de infelicidade. Queria ajudar. Então, fez o que lhe pareceu natural: contou piadas.

Aperte o cinto de segurança sobre o quadril, como minha avó faz com o sutiã de sustentação.

Para acionar as máscaras de oxigênio, basta inserir 75 centavos no primeiro minuto.

Se você estiver viajando com crianças pequenas, sentimos muito. E se estiver viajando com mais de um filho, escolha aquele que você acha que pode se dar melhor na vida e coloque a máscara de oxigênio primeiro nele.

Primeiro alguns passageiros surpresos davam risada, mas logo depois as gargalhadas se espalhavam por todo o avião. "Proporcionar algo às pessoas, fazer as pessoas rirem, gargalharem e esquecerem o que estava em terra e eu não podia mudar ou consertar... era isso que me fazia sorrir", lembra Marty. "Você começa a perceber que está fazendo a diferença. Quanto mais você dá, mais recebe de volta." Com apenas algumas palavras, Marty melhorava o ânimo de um avião cheio de passageiros.

Encorajada pelas respostas que obteve, Marty começou a inovar. Uma de suas falas mais experimentais era a seguinte:

Pessoal, foi um dia muito longo para nós, comissários de bordo, e sabemos que para vocês também, então vamos fazer a nossa pausa sindical. Mas, antes disso, vamos passar o carrinho de lanche. Na Southwest, acreditamos no trabalho inteligente, e não no trabalho duro. É o que chamamos de a Southwest Express indo até você.

Nesse momento, Marty começava a atirar sacos de pretzels e amendoins pelo avião. Os passageiros se amontoavam nos corredores para pegar os lanches. Quando havia pessoas de quatro em número suficiente no piso do avião, Marty voltava ao alto-falante:

Tudo bem, pessoal, agora olhem para cá.

Eles olhavam.

Porque agora é a hora das bebidas.

Um dia depois de contar piadas pela primeira vez durante um voo, Marty foi fazer uma vistoria no avião antes da decolagem e encontrou uma jovem chorando.

"Você está bem?", perguntou ela, e colocou a mão no ombro da mulher. "Posso ajudar?"

"Tive medo de voar a vida inteira", disse a jovem, soluçando, "e acho que você acabou de curá-lo."

O riso cura.

Com o tempo, o humor de improviso se transformou na ferramenta de Marty para resolver todo tipo de problema. Um desafio eterno da Southwest, por exemplo, é o curto tempo de permanência no solo entre voos de longa distância, resultado de uma decisão empresarial com o objetivo de manter os custos baixos. Por isso, os comissários de bordo da Southwest também fazem as vezes de equipe de limpeza. Eles precisam coletar o lixo e arrumar o avião durante uma janela de tempo excepcionalmente curta para embarcar o próximo grupo de passageiros.

A solução de Marty: peça ajuda aos passageiros. Mas como? Perto do fim de voos longos, ela pede a atenção de todos.

Existe um boato de que a Southwest escondeu um voucher de voo grátis no valor de quatrocentos dólares em algum lugar deste avião, pessoal. Quero que vocês chequem os bolsos do banco, atrás da mesinha e embaixo dos assentos — é um voucher de quatrocentos dólares. Ao fazerem isso, aproveitem para recolher o lixo que encontrarem e entreguem para os comissários de bordo no corredor.

Quase sempre funciona. Certa vez, um passageiro levou Marty a sério, confundindo um bilhete antigo com o logotipo da Southwest com o suposto voucher. Quando soube que tudo aquilo não passava de papo furado, o passageiro foi até os outros comissários de bordo e reclamou da tática de Marty.

Esse foi um momento crítico para a Southwest: por medo, os gestores da companhia aérea repreenderiam Marty? A empresa tinha investido dezenas de horas treinando-a para saber exatamente o que dizer em seus anúncios.[3] Muitas outras grandes aéreas preferem que seus comissários de bordo se atenham ao roteiro preestabelecido.

Mas a Southwest sempre foi diferente. O fundador da empresa, Herb Kelleher, acreditava que, se tratasse bem seus funcionários, eles dariam o melhor de si no trabalho e também tratariam bem os clientes. O rigoroso treinamento inicial ensina até onde os funcionários podem ir e elimina aqueles propensos ao exagero. Ao fim do treinamento, a companhia sabe que pode confiar neles para dar seu toque pessoal ao trabalho e até recomenda que o façam. Sim, eles economizam em tudo, inclusive nos quartos claustrofóbicos onde Marty dormia em Baltimore. Faz parte de sua estratégia para manter a liderança no setor. Mas passeios, festas e pegadinhas — tudo instigado pelo próprio Herb — são a mais pura representação de como é trabalhar na Southwest, uma vez que você é contratado. Existe uma razão para sua sigla na bolsa de valores ser LUV — forma alternativa de escrever amor em inglês.

Assim que passou do estágio probatório, Marty começou a agir como os outros funcionários da Southwest, imaginando soluções de serviço divertidas e criativas. No nível corporativo, uma das inovações mais radicais da Southwest foi contar com comissários de bordo para fornecer entretenimento a bordo. Diversos estudos de caso demonstraram que a abordagem da empresa em relação aos "recursos humanos" — a equipe — é um grande diferencial num setor altamente commoditizado, em que todos fazem tudo da mesma forma. A Southwest tem uma das maiores margens operacionais entre as companhias aéreas, em grande parte devido a essa abordagem inovadora de atendimento ao cliente.

"Herb tinha uma visão muito positiva da humanidade e das pessoas, não queria autômatos", explica Kevin Freiberg, consultor de gestão que escreveu um livro sobre o sucesso da Southwest. "Era como se dissesse: 'Venha ser você mesmo e expressar sua criatividade'."[4]

Marty nunca foi repreendida pela brincadeira com o voucher escondido na aeronave. Em vez disso, ela e seus supervisores deram uma risada solidária da reação do passageiro. Hoje, Marty serve de modelo para outras pessoas e, com isso, ajuda a perpetuar a cultura de expressão criativa da Southwest. E ela se tornou uma celebridade: um vídeo de 2014 dos anúncios de Marty tem quase 300 milhões de visualizações no YouTube. Suas falas chegaram a lhe render elogios da comediante Ellen DeGeneres, que a recebeu em seu programa. Inspirados, os colegas de Marty usam o material dela para tornar seus próprios voos mais fáceis, seguros e agradáveis para todos os passageiros. Tudo isso foi possível porque Marty Cobb foi autorizada — encorajada — a ser criativa.

CRIATIVIDADE: NOSSO DOM EXCLUSIVAMENTE HUMANO

A criatividade, em todo o seu esplendor recombinante e inesperado, é um dom exclusivamente nosso. Kai-Fu Lee, especialista em IA e ex-presidente da Google China, chegou ao ponto de sugerir que ela pode ser o *propósito* da existência humana. Para alguns, o único trabalho que nos restará depois que todo o resto for automatizado será, por definição, criativo.

De acordo com os pesquisadores da criatividade, para se qualificar como criativa, uma ideia deve ser:

1. Original.
2. Surpreendente.
3. Útil e desejável para o público.[5]

O item 3 distingue as ideias criativas das puramente imaginativas. As crianças são altamente imaginativas, mas não necessariamente criativas, pois muitas vezes carecem de senso de audiência. A ideia do filho de cinco anos de

Marty Seligman de pavimentar a rampa da garagem com salame foi original e surpreendente — deliciosa, até —, mas não criativa.

Um desafio comum a essa definição é o do "artista à frente de seu tempo", ignorado pelo público de sua época e só apreciado após a morte. Na arte é de fato possível, embora incomum, que ideias criativas surjam antes que o público esteja preparado para elas.

Mas no âmbito dos negócios o terceiro critério dessa definição de criatividade é válido. Do ponto de vista profissional, nossas ideias originais só são úteis quando criam valor para nós mesmos ou para nossas organizações.

Durante muitas décadas as empresas atribuíram a criatividade a segmentos específicos da organização — unidades literalmente denominadas "Criativas". Designers, criadores de protótipos, profissionais de marketing e alguns outros podem ser — precisam ser! — criativos. Todos os outros se limitam a fazer seu trabalho. Esse modelo é um resquício da Revolução Industrial, em que a criatividade era ainda mais limitada aos poucos inventores de máquinas e produtos que entrariam em linha de montagem. Para a grande massa de trabalhadores fabris da época, a criatividade era uma desvantagem, não um ponto forte.

Quando uma multinacional da tecnologia revelou recentemente uma nova estrutura de liderança que incluía um pilar de criatividade, muitos funcionários ficaram confusos. A criatividade não era do escopo da divisão criativa? O que significaria essa busca para que todo líder fosse criativo? O emprego dessas pessoas estava mudando? Seriam todos substituídos pelos assim chamados "criativos"?

Os dias de enxergar a criatividade como uma habilidade especializada estão contados. Esses modelos não só estão desatualizados, como também são enganosos e nada adaptados a líderes que buscam equipar seus subordinados com as habilidades necessárias para alcançar o sucesso no trabalho moderno. No mundo de trabalho nas corredeiras, a habilidade essencial do caçador--coletor volta a ser fundamental, após seu declínio na linha de montagem.

Atualmente, a criatividade é uma capacidade de trabalho fundamental por dois motivos. Primeiro: dada a crescente automação dos processos, o trabalho que restará aos humanos será inerentemente mais criativo. O McKinsey Global Institute identifica a criatividade como a habilidade que será menos afetada pela automação até 2030, estimando um aumento geral de 13% nas horas da força de trabalho dedicadas à criatividade, com um aumento adicional de 16%

nas horas gastas em outros tipos de pensamento inovador. O Fórum Econômico Mundial também projeta que, devido à automação, a inovação será uma habilidade de trabalho fundamental na década de 2020.[6]

Pense no papel do jornalista. Hoje em dia, postos avançados de notícias usam bots para criar artigos curtos, como cobertura de eventos esportivos.[7] O *Washington Post* usou bots para gerar grande parte da cobertura dos Jogos Olímpicos do Rio de Janeiro. Do lado corporativo, dezenas de empresas usam blogs gerados por IA, muitos deles movidos pelo impressionante modelo de linguagem GPT-3, para substituir o conteúdo criado por seres humanos.[8] Se é possível substituir a montagem narrativa simples, o que resta aos repórteres humanos? O jornalismo investigativo — fazer observações perspicazes; criar conexões entre acontecimentos totalmente díspares com base em dicas sutis — é um exemplo do subconjunto jornalístico que pode estar protegido da automação nos próximos anos.

A segunda razão pela qual a criatividade é essencial no mundo de trabalho hoje é o próprio ritmo da mudança. Atualmente, da noite para o dia setores inteiros sofrem disrupção total por empreendedores que se movem mais rápido. Veja o que a Uber fez com os táxis; o que a Netflix fez com a Blockbuster e depois com os cinemas; o que a Amazon fez com todo mundo. Se uma organização estiver buscando a disrupção, como a Stripe, ou buscando evitar disrupções, como players antigos do setor financeiro — a Visa, por exemplo —, ela só será capaz de competir se estimular ao máximo a capacidade de inovação de seus funcionários.

Isso começa, antes de tudo, com aqueles que estão na linha de frente — pessoas como Marty Cobb, que captam sinais de necessidades emergentes e experimentam novas soluções. As culturas empresariais que não posicionarem todos os funcionários como inovadores logo ficarão para trás.

Hoje somos todos criativos — à nossa maneira, cada um em sua função. Não precisamos orar para receber a criatividade, como os antigos faziam para que chovesse. Ela está dentro de cada um de nós — é nativa da nossa espécie e faz parte da nossa humanidade. Embora as pesquisas sobre criatividade não estejam tão avançadas quanto em muitas outras áreas da psicologia e ainda haja muito a se aprender sobre o tema, décadas de estudos nos oferecem informações importantes sobre como nutrir e aproveitar esse poder. Neste capítulo, começaremos entendendo alguns princípios básicos sobre como o cérebro alimenta a criatividade. Em seguida, vamos ver o que sabemos sobre por que certas pessoas são mais criativas do que outras. Parte disso tem a ver com diferenças nos tipos de pensamento criativo — os quais veremos na sequência. Depois, entenderemos como a criatividade funciona em grupos. E terminaremos com um novo conjunto de ferramentas comportamentais para ajudar a desenvolver a criatividade de indivíduos, equipes e organizações.

O CÉREBRO CRIATIVO

Desenvolver o "músculo" criativo significa, antes de tudo, entendê-lo. A criatividade não é como o bíceps — um grupo localizado de células dedicadas a uma só função —, mas o produto sinfônico de diversas habilidades cognitivas, orquestradas por três grandes redes cerebrais. Pense numa rede cerebral como um sistema rodoviário que envia mensagens de um grupo de centros cerebrais para outro.

No capítulo anterior, sobre prospecção, conhecemos a rede de modo padrão (RMP). Relembrando, a RMP está associada ao pensamento espontâneo e autogerado, na maioria das vezes planejando ou fantasiando sobre o futuro.[9] A RMP ignora os limites de tempo e lugar. A criatividade pode ser entendida como um subtipo de prospecção — um vislumbre do que é possível. Portanto, não surpreende que a RMP seja uma das três redes fundamentais para a inovação.

Duas outras redes cerebrais aparecem consistentemente ao lado da RMP nos estudos sobre tarefas criativas: a rede de saliência e a rede de controle executivo. A rede de saliência monitora nossos ambientes internos e externos em busca de sinais que exigem atenção consciente. Quando encontra esses sinais prioritários, aponta a lanterna da nossa atenção — um precioso recurso neural — na direção deles e liga e desliga outras redes de acordo com o que for necessário. Quando você está dirigindo e ouve ao longe uma sirene de ambulância, sua rede de saliência muda a atenção para lá, para você saber que precisa encostar o carro e abrir caminho para a ambulância. A rede de controle executivo, por outro lado, supervisiona tarefas específicas dirigidas ao mundo externo. Por exemplo: cite seus dois melhores amigos da época da escola. Você acabou de ativar sua rede de controle executivo.

Como essas três redes se unem para dar suporte à criatividade? A teoria é que nossas ideias inovadoras, que muitas vezes são recombinações de ideias antigas, surgem primeiro na RMP. É ali que ideias pré-conscientes espontâneas podem se conectar e se anexar umas às outras. Muitas não farão o menor sentido — vide a rampa da garagem feita de salame —, mas algumas terão valor suficiente para despertar o interesse da rede de saliência, que então recrutará a rede de controle executivo para refinar e desenvolver a ideia. A rede de controle executivo também retorna à RMP com informações relevantes sobre o problema criativo a ser resolvido.[10]

Essa troca entre processos de pensamento controlados e espontâneos lembra o modelo de prospecção de duas fases de Baumeister. A rede de controle executivo é fundamental para a deliberação da segunda fase, ao passo que a RMP motiva o devaneio da primeira fase. Esse modelo pode até nos ajudar a entender melhor os dois sistemas de pensamento descritos por Daniel Kahneman em seu livro *Rápido e devagar*.[11] O sistema 1 de Kahneman envolve o pensamento rápido, emocional, automático e inconsciente: intuições. O sistema 2, por outro lado, é mais lento, laborioso, deliberativo. Podemos imaginar que imagens criativas surgem no que Danny Kahneman chama de sistema 1 (intuitivo) e, uma vez levadas a sério pela rede de saliência, são colocadas no sistema 2 (deliberativo), de modo a serem refinadas e transformadas numa ideia criativa pela rede de controle executivo.

Essa dança entre o pensamento intuitivo e espontâneo e o esforço focado e altamente controlado está no cerne de um longo debate entre os estudiosos da criatividade: a criatividade é consciente? Sigmund Freud, o filósofo Daniel Dennett e outros argumentaram que não, e o ponto de vista deles vai ao encontro do de muitos artistas, que defendem que a criação é misteriosa, romântica.[12] Mas a ciência enxerga de outra forma, dado o importante papel das nossas redes de saliência e de controle executivo. Exames de imagem atestam em prol do segundo ponto de vista, e pesquisas de laboratório demonstram que eles estão corretos.

Roy Baumeister fez exatamente isso. Num experimento, convidou músicos de jazz para improvisar um solo sobre uma música que nunca tinham ouvido antes. Um terço dos músicos teve que contar regressivamente a partir de 913, de seis em seis — uma tarefa exigente do ponto de vista cognitivo, que absorve a maior parte da atenção consciente, se não toda ela. Outro terço dos participantes contou regressivamente a partir de 15, diminuindo um número de cada vez enquanto tocava, tarefa quase automática que requer menos atenção. E o último terço podia improvisar sem nenhuma tarefa adicional para sobrecarregá-los. Em seguida, músicos especialistas julgaram às cegas a qualidade da improvisação dos participantes.

Os solos improvisados quando o músico contava a partir de 913 diminuindo de seis em seis foram significativamente menos criativos do que os executados por qualquer um dos outros grupos. Ou seja, a contagem em si não era problemática para a criatividade, contanto que o participante pudesse ir diminuindo um número de cada vez. A descoberta sugere que a atenção consciente é essencial para a produção criativa. Conforme afirmam Baumeister e colegas: "O inconsciente gera as partes. A consciência as reúne num produto criativo".[13] Quando a consciência sofre muita interferência, a criatividade é prejudicada.

Assim, para alcançar a excelência na criatividade é necessário, primeiro, que a RMP gere uma ideia nova e surpreendente; depois, que a rede de saliência identifique a utilidade dela; e, por fim, que a rede de controle executivo a explore. Ao final, a rede de controle executivo fecha o círculo e devolve a ideia à RMP, passo fundamental para apontar os pensamentos inconscientes numa direção com maior probabilidade de produzir resultados úteis.

A PESSOA CRIATIVA

Até o momento falamos em termos gerais: todos nós podemos ser criativos. E todos nós usamos três redes cerebrais fundamentais nos nossos atos de criação. Mas nem todos somos igualmente criativos. O cérebro de algumas pessoas parece mais adequado para a produção criativa que o de outros. Por que isso acontece? E como o restante de nós pode chegar lá?

Estudos com pessoas altamente criativas buscam descobrir a receita secreta para o gênio criativo. O que Van Gogh e Juliana de Norwich tinham em comum? Os psicólogos costumam classificar as diferenças individuais em dois grupos: *traços* e *estados*. Os traços descrevem aspectos de uma pessoa que são relativamente estáveis ao longo do tempo, como a personalidade. Os estados, por sua vez, descrevem recursos mais fugazes. Essas categorias não são inflexíveis. Alguns estados duram mais do que outros, enquanto os traços são mais maleáveis do que pensávamos. Hoje, muitos consideram até a personalidade como uma das extremidades de um espectro de maleabilidade de padrões individuais — o que significa que a personalidade de um indivíduo pode mudar, embora em menor grau do que, por exemplo, seu humor.[14]

Em relação aos traços, pesquisas revelaram cinco traços clássicos da personalidade — os Cinco Grandes (OCEAN):

1. Abertura [Openness] a experiências: Curiosidade e apreço por novas ideias e oportunidades.
2. Conscienciosidade: Autodisciplina e adesão a restrições externas.
3. Extroversão: Os extrovertidos gostam de interações sociais e em geral têm mais energia. O inverso é a introversão.
4. Amabilidade: A predisposição para se dar bem com os outros. Pessoas desagradáveis valorizam os interesses próprios acima da harmonia social.
5. Neuroticismo: Instabilidade emocional, geralmente com estados de espírito negativos, como ansiedade, raiva ou depressão.

O traço de personalidade mais importante e consistentemente associado à criatividade é a abertura a experiências. Ele foi inclusive chamado de "o núcleo da personalidade criativa".[15] Muitas definições desse traço incluem a criatividade. Mas como a abertura a experiências leva à criatividade no cérebro?

Um fascinante estudo de 2016 conduzido por um grupo de psicólogos americanos e austríacos usou dados de imagem por ressonância magnética funcional para analisar o papel da abertura a experiências no funcionamento da RMP. Eles descobriram que pessoas com alto grau de abertura[16] são capazes de processar informações com mais eficiência na RMP, para que elas possam ser compartilhadas com outras redes. Isso ajudaria a promover a produção criativa. Além disso, uma das maneiras pelas quais as redes se comunicam é utilizando moléculas químicas mensageiras denominadas neurotransmissores. A dopamina é um dos neurotransmissores[17] que acopla a RMP à rede de controle executivo. A dopamina, conhecida como a "molécula da recompensa" — responsável pelos estados de prazer tanto normais quanto induzidos por drogas —, também é o neurotransmissor que mais aparece nos estudos da genética da criatividade e da abertura a experiências. Tanto as pessoas altamente criativas quanto aquelas com alto grau de abertura a experiências mostram grande variação genética no número de receptores de dopamina,[18] vias dopaminérgicas e níveis de dopamina no córtex pré-frontal. Uma teoria é que as pessoas altamente criativas e abertas buscam as novidades porque sentem muito prazer com novas ideias, prazer proporcionado pela dopamina.[19]

Essas descobertas descrevem uma história importante sobre a abertura a experiências, a criatividade e as mudanças cerebrais relativas a esses dois elementos. Mas as descobertas significam que só quem nasce com esse traço pode ser altamente criativo?

Não é bem assim. De todos os traços de personalidade dos Cinco Grandes, a abertura a experiências é o mais influenciado pela genética. E mesmo assim tem apenas 21% de hereditariedade. Ou seja, *a maior parte do que determina nossa abertura a experiências não tem nada a ver com a genética.*[20] Podemos treinar aspectos da abertura.

Por exemplo, uma faceta essencial da abertura a experiências para a criatividade é a agilidade cognitiva,[21] a capacidade de equilibrar com flexibilidade a exploração aberta com a atenção concentrada. Os testes de criatividade geralmente avaliam a flexibilidade cognitiva como uma habilidade essencial: somos capazes de mudar os quadros de referência de modo a gerar novas abordagens para um problema? Revisar ideias com base em novas informações? Tolerar informações conflitantes? Quando temos flexibilidade mental permitimos que as informações entrem e saiam do consciente conforme a necessidade, de modo a permitir inputs variados, e depois focamos apenas no que é necessário.[22] No capítulo 4 exploramos algumas das maneiras de desenvolver a agilidade cognitiva em busca de resiliência. Quando fazemos isso, alcançamos um poderoso benefício secundário: expandimos a abertura a experiências e a capacidade criativa.

Acontece que muitos dos impulsionadores da resiliência que analisamos têm esse duplo papel de estimular a criatividade. Por exemplo, o otimismo e a autorregulação emocional. Humores positivos, otimistas e ativadores estimulam a criatividade.[23] Ao mesmo tempo, até certos tipos de humores negativos podem funcionar a serviço da criatividade, caso o indivíduo tenha alta capacidade de regulação emocional. A regulação emocional[24] nos permite ter um senso de urgência sem nos sentirmos sobrecarregados pelos possíveis resultados negativos à frente, transformando energia negativa em combustível criativo.

A autoeficácia é outro impulsionador da resiliência. Junto com a abertura a experiências, a autoeficácia *criativa* — a confiança que temos no valor do nosso esforço criativo — é um dos preditores individuais mais importantes da produção criativa bem-sucedida. Pessoas altamente criativas devem ser capazes de ouvir críticas, fracassar e, mesmo assim, seguir em frente, além de lidar com as ambiguidades e incertezas de maneira confortável, mesmo que muitos aspectos do processo criativo sejam intimidadores. Diversos métodos educacionais buscam orientar os professores a aumentar a autoeficácia criativa dos alunos.[25] Assim como a agilidade cognitiva, o otimismo e a regulação emocional, é possível desenvolver a autoeficácia criativa.

Esse alto grau de sobreposição nos impulsionadores da criatividade e da resiliência não nos surpreendeu totalmente. O sucesso criativo continuado envolve um fracasso atrás do outro — é o chamado sucesso instantâneo que, na verdade, leva vinte anos para ser alcançado. Faz sentido que a capacidade de dar a volta por cima e tentar outra vez aumente nossa chance de triunfo criativo.

Durante o primeiro semestre de 2020, quando a pandemia testou nossa resiliência como nunca, a BetterUp Labs decidiu testar essa relação de maneira empírica. Já sabíamos, por pesquisas próprias e de terceiros, que os trabalhadores mais resilientes manteriam níveis mais altos de produtividade e bem-estar. Mas como eles se sairiam no campo da criatividade?

Os resultados foram surpreendentes. Numa ampla gama de indicadores de criatividade, os funcionários mais resilientes apresentaram pontuações bem mais altas. No âmbito da novidade — quão novas são as ideias que você é capaz de imaginar? —, indivíduos altamente resilientes têm um desempenho 20% superior aos de baixa resiliência. As ideias dos indivíduos resilientes também foram 11% mais úteis. Além disso, a influência dos funcionários mais resilientes teve alcance: suas equipes eram 18% mais criativas.[26] O elo entre resiliência e inovação se mostrou tão forte que desenvolvemos um Índice de Resiliência e Inovação, avaliação que permite que indivíduos e organizações avaliem fatores subjacentes em comum entre a resiliência e a inovação.

Até aqui vimos que agilidade cognitiva, otimismo, regulação emocional e autoeficácia criativa são fontes maleáveis de diferenças individuais na criatividade. Existe mais uma variável importante, em nível individual, que vale a pena mencionar: a motivação. Pessoas altamente criativas geralmente se descrevem como motivadas a criar. De onde vem isso?

Teresa Amabile, professora emérita da Harvard Business School, estuda essa questão desde a década de 1970. Lembremos que no capítulo 5 tratamos da diferença entre dois tipos de motivação: a intrínseca e a extrínseca. No trabalho criativo, a motivação intrínseca é o nosso impulso interno para inovar: o desafio, a satisfação e o significado que obtemos do trabalho, a paixão que sentimos por ele. A motivação extrínseca vem de fora, muitas vezes na forma de compensação monetária. Amabile descobriu que, para fomentar a criatividade, os motivadores intrínsecos são muito mais poderosos que os extrínsecos. Na verdade, em "How to Kill Creativity" [Como matar a criatividade], seu famoso artigo publicado em 1998 na *Harvard Business Review*, Amabile alerta que o tipo errado de estrutura de recompensa externa pode diminuir, em vez de aumentar, a produção criativa.[27]

As descobertas de Amabile vão ao encontro das de Richard Ryan e Edward Deci, criadores da teoria da autodeterminação. A definição que eles dão para a motivação intrínseca pode funcionar como uma definição para a própria criatividade: a tendência espontânea de "buscar novidades e desafios, ampliar e exercitar a própria capacidade, explorar e aprender". Eles demonstraram que essa tendência é um dos preditores mais fortes de bem-estar e desempenho.[28]

Vimos anteriormente que significado, importância e propósito são alguns dos principais impulsionadores da motivação intrínseca no trabalho. Assim como acontece com a resiliência, as intervenções ou condições que aumentam nosso senso de importância terão o virtuoso efeito secundário de aumentar nosso incentivo para criar. Marty Cobb nunca recebeu um salário maior por causa de suas piadas. (Não da Southwest Airlines. Ellen DeGeneres chegou a lhe dar um cheque, mas isso é outra história.) Ela é impelida a improvisar pelo simples desejo de alegrar o dia dos passageiros e aliviar a carga de trabalho dos colegas. De tempos em tempos ela pensa na jovem que viu chorando no avião e no quanto seu humor teve *importância* para aquela passageira, e sente que a empresa apoia e valoriza sua iniciativa. Essa sensação de importância se traduz num funcionário mais feliz e inovador, que retribuirá o sentimento a todos ao seu redor.

A IDEIA CRIATIVA

Assim como a criatividade varia de um indivíduo para outro, as ideias criativas vêm em diferentes formatos e tamanhos. Maximizar a criatividade exige reconhecer que existem diferentes maneiras de ser original. Identificamos quatro tipos de pensamento original. Compreender esses tipos nos ajuda a entender melhor nossos talentos criativos.

Tipo I: Integração

Integração é a ideia de que as coisas que parecem diferentes na verdade são as mesmas e de que existe um processo subjacente que explica todas elas. A integração pode ser local, reunindo conceitos, ou abrangente — uma grande teoria unificadora.

Isaac Newton (1643-1727) foi um gênio da integração, além de um dos coinventores do cálculo infinitesimal, que por si só é extremamente integrativo. A história de Newton com a maçã provavelmente é verdadeira, mas não do jeito que aprendemos na escola, com a fruta caindo na cabeça do físico.[29] Morando na fazenda da família durante seu isolamento autoimposto de Cambridge entre 1665 e 1666, anos em que a peste bubônica se alastrava pela Inglaterra, Newton, então com 22 anos, notou que, a seis metros de sua cabeça, uma maçã de cinco centímetros ocupava o mesmo espaço visual que a lua crescente vista através de sua janela.

"Será", pensou Newton, "que o que atrai a maçã para o chão é a mesma coisa que mantém a Lua em órbita?"

Essa espantosa ideia integradora deu origem à requintada lei do inverso do quadrado: a atração gravitacional entre dois corpos é inversamente proporcional ao quadrado da distância que os separa. Aplicável a todos os corpos, de luas a maçãs, a lei do inverso do quadrado é um exemplo paradigmático de integração abrangente. A integração abrangente traz ordem ao caos — um dos objetivos mais elevados da ciência.

A integração é uma forma central de inovação na indústria hoje. O iPhone exemplifica uma série de integrações mais locais que culminaram numa ferramenta única e extremamente poderosa. A primeira fase de integração se popularizou no começo dos anos 2000, quando os celulares passaram a combinar telefone, internet, reprodutor de música e câmera num único dispositivo. A vitória integradora do primeiro iPhone é tanto tecnológica quanto conceitual. O processo de digitalização de ferramentas como câmeras e telefones exigiu o reconhecimento de que todos eles capturam e transmitem dados; e de que invenções como semicondutores e telas de cristal líquido, criadas para um tipo específico de captura e transmissão de dados, poderiam ser reaproveitadas para o que antes era pensado como uma máquina totalmente diferente. Essa vitória tecnológica foi compartilhada entre as centenas de inventores que realizaram a digitalização de cada dispositivo. A metade conceitual da vitória integradora inicial do iPhone teve a ver com o reconhecimento de que as interações do consumidor com cada uma dessas ferramentas representam atos análogos de captura, armazenamento e recuperação de dados; e de que, dessa forma, podem acontecer a partir de um único dispositivo. Quarenta anos atrás, seu telefone pendurado na parede não tinha nada a ver com seu aparelho de som, instalado no seu console, ou com sua câmera, cujo filme você tinha que levar a uma loja para revelar. Hoje, graças ao celular, entendemos intuitivamente que todas essas ferramentas trafegam em dados e somos gratos por ter tudo num mesmo lugar.

A segunda fase da integração do iPhone veio por meio da App Store, lançada pela Apple em 2008. Nesse ponto Steve Jobs precisou da ajuda de outras pessoas para enxergar o todo integrador: de início, ele queria limitar a App Store a aplicativos criados pela Apple, fechando-a a outros desenvolvedores. A visão final da App Store reconheceu que essa enorme quantidade de aplicativos — de plataformas de viagens a reprodutores de mídia, de portais de conteúdo a plataformas de programação — exigia serviços de magnitude semelhante para funcionar sem problemas no celular, e também que isso implicava interações de consumo semelhantes, de modo que fazia sentido agrupar tudo num só lugar. Steve Jobs tinha motivos comerciais para querer limitar esse novo espaço a produtos da Apple, mas outras partes interessadas o convenceram a permitir que a App Store atingisse todo o seu potencial.

Tipo II: Cisão

O tipo oposto de pensamento criativo, a cisão, também é comum na ciência e na indústria. Na cisão, o indivíduo reconhece que coisas que parecem iguais na verdade são diferentes; ou que um item normalmente tratado como um todo pode ser repartido, de modo a se tornar mais útil.

A história da medicina está cheia de exemplos de cisão. A varíola foi uma delas. Os primeiros sintomas dessa doença altamente contagiosa e desfigurante são dor nas costas, febre alta repentina e dor de cabeça, seguidas por erupções na pele e lesões na boca. A varíola é letal, geralmente dentro de uma ou duas semanas. A teoria microbiana da varíola apontava para um único vírus, o *Variola major*, como causa da doença. Mas descobriu-se que algumas pessoas que apresentavam os sintomas da varíola não morriam. Por quê? Um exame mais detalhado revelou que esses indivíduos tinham sido infectados por uma forma diferente e mais benigna do vírus, o *Variola minor*. Assim, uma única doença se transformou em duas, e apenas uma delas era letal. Na prática, essa distinção significava que, se você sobrevivesse à varíola, teria muito menos probabilidade de voltar a contrair a doença. Assim, por mais que não gerasse consequências graves, a infecção por *Variola minor* protegia contra o *Variola major*. As semelhanças entre os vírus aumentariam a imunidade, ao passo que as diferenças levariam a caminhos distintos da doença.

Uma das maiores inovações industriais de todos os tempos surgiu da cisão: a linha de montagem. Antes da Revolução Industrial, um artesão supervisionava todo o processo de produção, do início ao fim. A divisão do trabalho permitiu uma produção mais rápida, consistente e escalável. Para alcançar a divisão do trabalho foi necessário o conceito revolucionário de *intercambialidade* de peças, criado pelo inventor sueco Christopher Polhem para a produção de engrenagens de relógio. Na intercambiabilidade, as partes têm a integridade separada do todo. De início, muitos não acreditaram no conceito de que os componentes podiam ser trocados entre diferentes ferramentas. Por exemplo, as armas de fogo eram vistas como produções holísticas de artesãos individuais especializados em marcenaria, metalurgia etc. Mas, em 1785, quando o francês Honoré Blanc demonstrou pela primeira vez que poderia montar uma arma funcional selecionando peças iguais, intercambiáveis, de uma grande pilha, o público ficou em choque. O governo francês fez pedidos de compra. Thomas Jefferson compartilhou a notícia com Eli Whitney, na esperança de que ele alcançasse os mesmos resultados para os Estados Unidos. Foi mais difícil do que parecia, e durante muitos anos Whitney fracassou, até que finalmente conseguiu.[30] A guerra nunca mais seria a mesma.

A mecânica quântica divide a matéria em seus menores componentes e delineia os múltiplos estados de existência de uma única partícula. A aplicação da teoria quântica à indústria produziu avanços em eletrônica, criptografia e computação quântica, e esta promete superar a computação clássica na resolução de certos problemas. Enquanto na computação clássica um bit só pode ocupar uma única posição de uma só vez, na computação quântica ele pode ocupar várias posições ao mesmo tempo, aumentando exponencialmente o poder computacional. A Google demonstrou a "supremacia quântica" em 2019 com seu processador quântico Sycamore, que levou duzentos segundos para concluir uma tarefa que levaria 10 mil anos num computador clássico.[31]

Tipo III: Inversão figura-fundo

O termo "inversão figura-fundo" vem do estudo da visão e refere-se à nossa capacidade de desviar a atenção do primeiro plano e focar no segundo, produzindo uma imagem geral diferente. Imagens como a que se segue mostram como a mente é capaz de alternar entre os dois planos:

A inversão figura-fundo é o tipo de genialidade criativa que deu fama a Sherlock Holmes. No conto "Silver Blaze", Holmes está discutindo com um detetive da Scotland Yard o caso de um intruso noturno.

"Há algum outro detalhe para o qual gostaria de chamar a minha atenção?"
"O curioso incidente do cachorro durante a noite."
"O cachorro não fez nada durante a noite."
"Esse foi o incidente curioso", observou Holmes.[32]

Às vezes, o que está faltando é o mais importante — uma fonte de imenso valor escondida debaixo do nariz de todos.

A inversão figura-fundo é o tipo de criatividade de Marty Cobb. Ela pega a tarefa que ninguém quer fazer — ouvir os anúncios, ir para o fundo do avião, limpar o lixo — e a coloca em primeiro plano como uma fonte não de infelicidade, mas de prazer. No caso do voucher escondido, Marty usou subterfúgios lúdicos para instigar os passageiros não apenas a procurarem, mas também a removerem o lixo que todos prefeririam que simplesmente não existisse. No caso dos anúncios espirituosos, Marty transformou o que os gerentes de produto chamam de "ponto nevrálgico" — o trabalho penoso de transmitir uma mensagem de segurança — numa fonte de valor que faz o cliente cair na gargalhada.

A descoberta da própria RMP surgiu de uma inversão figura-fundo no campo da neuroimagem. Como vimos no capítulo anterior, os pesquisadores estavam estudando as redes neurais ativadas por tarefas focadas. No entanto, a descoberta mais interessante acabou sendo o que o cérebro fazia quando "em repouso".

Outro exemplo que mencionamos: o campo da psicologia positiva surgiu como uma inversão figura-fundo entre psicologia clínica e psiquiatria. Durante décadas, essas disciplinas deram ênfase ao tratamento medicamentoso das doenças. Esse foco no lado negativo da experiência humana de pouco serviu para melhorar nosso bem-estar. O insight da psicologia positiva foi que a felicidade e a sanidade são conquistas reais, e não apenas a *ausência* de patologia. A ausência de patologia não basta para eliminar a doença. As habilidades de construção de emoção positiva, engajamento, boas relações, significado e realização muitas vezes são diferentes das habilidades de combate à depressão, à ansiedade e à raiva. A psicologia positiva coloca a construção dessas habilidades em primeiro plano.

Vemos a inversão figura-fundo o tempo todo na indústria. A Amazon Web Services foi desenvolvida por uma equipe que trabalha com a necessidade interna da Amazon de escalar sua própria infraestrutura com eficiência. Os desenvolvedores de software Chris Pinkham e Benjamin Black, que comandaram o trabalho, imaginaram uma solução que rapidamente perceberam que outros iriam desejar: um produto que por si só poderia ser altamente atraente. Hoje, a tecnologia criada para resolver uma necessidade de infraestrutura de baixa prioridade se transformou num negócio próprio, gerando em 2020 uma receita de 45 bilhões de dólares.[33] Da mesma forma, o Slack, onipresente plataforma de mensagens, nasceu como um produto interno para ajudar a Tiny Speck —

empresa de Stewart Butterfield — a desenvolver um jogo. O jogo fracassou, mas o Slack abriu o capital em 2019 com seu aplicativo de mensagens. Em 2021, foi comprada pela Salesforce por 28 bilhões de dólares.[34]

Tipo IV: Distal

Por fim, a distalidade é a capacidade de imaginar coisas muito diferentes do aqui e agora. Muitos gênios criativos foram descritos como indivíduos capazes de imaginar algo radicalmente diferente do que o restante de nós vê hoje.[35] Certa vez, o grande Nikola Tesla assim descreveu seu processo de invenção:

> Quando tenho uma ideia, começo imediatamente a construí-la na minha imaginação. Eu mudo a construção, implemento melhorias e opero o dispositivo na minha mente. Para mim, não faz a menor diferença se eu aciono a turbina em pensamento ou se a testo no meu barracão [...]. Quando chego ao ponto de incorporar, na invenção, todas as melhorias possíveis em que consigo pensar, sem enxergar qualquer falha, finalmente coloco na forma concreta esse produto final do meu cérebro.[36]

Entre os filhos do cérebro distal de Tesla estão o rádio, a lâmpada de néon, a energia de corrente alternada e a energia hidrelétrica.[37]

Em alguns casos, o inovador vai tão longe com sua imaginação que o mercado ainda não está pronto. Em outras palavras, o produto é imaginativo, mas não é criativo, pois ainda não encontrou seu público. Num artigo de 1983, o cientista da computação e criptógrafo David Chaum inventou o dinheiro digital anônimo, na época em que os computadores pessoais estavam entrando em voga e bem antes da difusão da internet.[38] Em 1994, a DigiCash, empresa de Chaum, fez o primeiro pagamento eletrônico do tipo. Mas o ecossistema econômico e tecnológico necessário para apoiar a adoção generalizada da moeda digital ainda não existia, e a empresa faliu em 1998. Assim como muitos "pioneiros" em novas tecnologias, Chaum abriu o caminho para sucessores como o Bitcoin, mas se beneficiou de uma fração mínima do sucesso comercial da criptomoeda.

O truque para inventores distais à frente de seu tempo é preencher essa lacuna. E eles podem fazer isso de duas maneiras: a primeira é acelerando a maturidade do mercado, por meio de promoções, parcerias e lançamentos focados. Um exemplo disso é o PayPal. Hoje usamos o PayPal e outras carteiras digitais para pagar quase tudo. Mas quando o PayPal foi lançado, em 1999, o índice de adoção de sua lista completa de usos pretendidos era baixo. Em vez de continuar avançando prematuramente com uma visão ambiciosa, a empresa concentrou sua estratégia no eBay — plataforma na qual os pagamentos digitais estavam se tornando o padrão — para aumentar a base de usuários. A simbiose foi tão perfeita que o eBay acabaria adquirindo o PayPal em 2002.[39] Em 2014, as duas empresas se separaram novamente. Seus interesses não estavam mais alinhados. Àquela altura, o PayPal estava sendo usado de maneiras que iam além de sua proposta inicial.[40] Hoje, ele está presente em duzentos países, com uma receita anual, em 2021, de 25 bilhões de dólares.[41]

Uma segunda estratégia para inovadores distais à frente do mercado é o que chamamos de inovação retrógrada — o desenvolvimento de tecnologias intermediárias que sejam imediatamente comercializáveis e que conduzam as partes interessadas ao longo da curva de maturidade a fim de prepará-las para a invenção original. (Isso é diferente da inovação reversa, que é a prática de construir produtos para economias em desenvolvimento antes de adaptá--los para os consumidores de países desenvolvidos.) Os carros autônomos são um exemplo útil. Existem muitas razões pelas quais os veículos autônomos ainda não tomaram conta do mercado, entre as quais barreiras tecnológicas, infraestruturais e regulatórias. Um grande obstáculo à adoção generalizada da tecnologia existente é a desconfiança do consumidor: o comprador ainda não está pronto para entregar o volante.[42] A inovação reversa envolve produtos intermediários que ficam entre o motorista e o não motorista — como o piloto automático e o estacionamento automático. As pessoas *usam* esses incrementos. A Tesla oferece aos motoristas tanto o piloto automático tradicional quanto uma versão que eles chamam de "capacidade de direção totalmente autônoma", que dá ainda mais controle ao próprio automóvel. A operação verdadeiramente sem motorista,[43] que a Tesla chama de "autonomia total", ainda não está disponível, mas a empresa posiciona o piloto automático e a capacidade de direção totalmente autônoma como seus precursores. Os consumidores podem começar no estágio em que se sentirem confortáveis e progredir a partir daí. Musk e companhia estão nos treinando para eventualmente aceitar a versão completa.

Integração, cisão, inversão figura-fundo e pensamento distal: qual desses estilos criativos você reconhece em si mesmo? Talvez seja mais de um. Cada um deles proporciona uma vantagem única, bem como possíveis pontos cegos. A fim de maximizar as vantagens e minimizar as desvantagens, precisamos encontrar outras pessoas com habilidades que complementem as nossas. Na prática, isso deve acontecer no trabalho, no ambiente da equipe. Agora vamos nos voltar para a dinâmica da inovação bem-sucedida dentro de um grupo.

A EQUIPE CRIATIVA

Na visão clássica, a criatividade está na mente do gênio, como eram Leonardo da Vinci e Georgia O'Keeffe. Outra visão, popularizada por Joshua Wolf Shenk em seu livro *Powers of Two*, enfatiza o par criativo, ou díade:[44] Marie e Pierre Curie, George Balanchine e Susan Farrell, Warren Buffet e Charles Munger. A criatividade diádica nasce do vai e vem de sugestões, explorações, críticas e refinamentos.

A terceira unidade criativa é a equipe. Embora seja um caminho menos romântico do que o do gênio solitário, é assim que quase todas as inovações ocorrem hoje no mundo dos negócios. O computador pessoal, a inteligência artificial e os smartphones surgiram do refinamento coletivo.[45] A inovação em nível de equipe é muito mais complexa de modelar e entender do que a inovação individual, pois há vários cérebros envolvidos. Ao longo de muitos anos de pesquisa, no entanto, identificamos um conjunto de características comuns a equipes criativas de sucesso.

A primeira é que boas equipes criativas são heterogêneas. Como acabamos de ver, existem várias maneiras de ser criativo, e tiramos o máximo proveito de nossas equipes quando os conjuntos de habilidades e conhecimentos se complementam.[46] Além disso, uma equipe com um amplo conjunto de experiências aumenta o leque de ideias acessíveis,[47] expandindo o que o biólogo Stuart Kauffman descreve como o "possível adjacente". Segundo Kauffman, na natureza, a complexidade evolui de forma incremental, por meio de recombinação frequente baseada nos recursos imediatamente disponíveis. No nível individual, vimos como as redes cerebrais estimulam o surgimento do possível adjacente da RMP. No trabalho, a equipe criativa é a demonstração coletiva humana do possível adjacente. É mais provável que um ambiente rico em oportunidades de recombinação — ou seja, uma equipe diversificada, com uma gama mais ampla de referências e experiências — leve a inovações.

Todas as ideias do mundo são inúteis se os membros da equipe não puderem ou não quiserem compartilhá-las. Assim, não surpreende que uma alta capacidade de comunicação e de compartilhamento de informações seja a segunda característica típica das equipes criativas de sucesso.[48] A comunicação é especialmente importante nos estágios intermediários da criatividade: transformar ideias iniciais em produtos utilizáveis. Ela também leva a uma avaliação mais eficaz das ideias criativas.[49]

Uma das maiores barreiras à comunicação aberta é a baixa segurança psicológica. Por outro lado, a alta segurança psicológica é a terceira característica principal das equipes inovadoras.[50] Segurança psicológica é a crença de que você não será humilhado ou punido por cometer um erro ou se arriscar. A inovação está repleta de riscos. Quando você sente que pode ser humilhado ou punido por ter uma má ideia, naturalmente passa a apresentar menos conceitos. Num experimento, a psicóloga Amy Edmondson e colegas demonstraram que níveis maiores de segurança psicológica melhoram o aprendizado, a inovação e o desempenho geral da equipe.[51]

Na discussão sobre pertencimento, nos capítulos 6 e 7, tratamos de parte do que é necessário para criar segurança psicológica. No que diz respeito à colaboração criativa, grande parte da responsabilidade de estabelecer um tom seguro recai sobre o líder da equipe — é ele que tem as reações a novas ideias observadas de perto por todos os membros da equipe. É possível que os líderes precisem de treinamento para dar feedback construtivo, de modo a aguçar ideias criativas sem comprometer a sensação de segurança da equipe.

Imagine, por exemplo, um gerente de produto, líder de uma equipe trabalhando no desenvolvimento de um novo software, cujo designer-chefe apresenta uma proposta com um visual mais inspirador e inovador, mas impossível de executar no prazo. Esse cenário acontece diariamente em empresas do mundo todo. Com frequência o gerente de produto reage com frustração: "O que a gente vai fazer com isso? Só temos três semanas para finalizar o desenvolvimento".

Embora compreensível, a reação do gerente pode ter a infeliz consequência de desencadear comportamentos defensivos, medo e perda de criatividade. O designer vai pensar duas vezes antes de apresentar outra ideia ousada. Essa inquietação vai se espalhar pelos demais membros da equipe — afinal, quem quer abrir a boca e levar um fora? Com isso, cria-se um ciclo de feedback negativo de estagnação criativa.

Uma abordagem melhor é o gerente de produto fazer perguntas, buscar entender a essência da abordagem do designer e, em seguida, pedir ao subordinado que se concentre nas melhores características dessa proposta que possam ser implementadas no tempo disponível. Líderes que oferecem esse tipo de feedback — curioso, positivo, construtivo — aprimoram a produção criativa da equipe sem comprometer a segurança psicológica. E é possível ensinar esse estilo. Tudo começa com as estratégias de afinidade rápida abordadas no capítulo 7.

Uma última característica das equipes criativas de sucesso — ao lado da heterogeneidade, da excelente capacidade de comunicação e da segurança psicológica — é o planejamento adequado. Justamente pelo fato de as equipes serem algo tão complexo, passível de perder tantas oportunidades, torna-se crucial estabelecer papéis, responsabilidades e referências que todos possam entender. Nesse ponto, mais uma vez, o líder desempenha um papel fundamental. Os líderes precisam decidir quem cuida de qual parte do problema; quais membros da equipe trabalharão juntos, e com quais recursos; quais processos criativos são primordiais para cada desafio — integração, cisão, inversão figura-fundo ou distalidade —, e quais são os critérios para o sucesso. As fases do projeto devem ser claramente mapeadas, começando de forma mais divergente e depois convergindo, cada membro da equipe desempenhando o papel apropriado em cada fase.

Sob o comando do psicólogo Michael Mumford, da Universidade de Oklahoma, o Mumford Research Group dividiu o processo de planejamento criativo em quatro etapas:

1. Identificação das habilidades e dos recursos necessários para o projeto.
2. Identificação de possíveis obstáculos, junto com planos de mitigação.
3. Criação de uma estrutura para planos de backup, de modo a controlar a adaptação da equipe.
4. Definições de sucesso.[52]

Basicamente, esse tipo de planejamento é a fase 2 da prospecção. Pense nele como uma versão de inovação em equipe do GROW. No trabalho criativo, muitas vezes nos concentramos na fase 1 da prospecção[53] — a geração de intuições divergentes que produz uma série de novas possibilidades. Mas, como Mumford e seus colegas demonstraram, em um ambiente de grupo, com tantas mentes atuando ao mesmo tempo, o trabalho mais lento e deliberativo da fase 2 da prospecção é igualmente importante — se não mais.

Você deve ter notado que, até aqui, revisando as características de indivíduos e equipes altamente inovadores, abordamos os outros quatro componentes do PRISM:

- Resiliência (**R**): Agilidade cognitiva, autoeficácia criativa, otimismo e regulação emocional — todos propulsores da resiliência — estimulam também a criatividade.
- Significado e importância (**M**): Alimentam nossa motivação intrínseca para inovar.
- Afinidade rápida para construir suporte social (**S**): As habilidades que usamos para estabelecer confiança e comunicação entre diversos indivíduos, permitindo que as equipes inovem ao máximo.
- Prospecção (**P**): A criatividade é um subconjunto da prospecção, estimulando tanto a imaginação divergente e rica em RMP da fase 1 quanto o planejamento mais deliberado da fase 2.

Não é por acaso que descobrimos aqui as relações fundamentais entre a criatividade e todas as capacidades mencionadas nos capítulos anteriores. *Quando trabalhamos nessas habilidades, estamos realizando duas ações: aumentando nossa capacidade de prosperar nas corredeiras e aumentando indiretamente nossa capacidade criativa — o que nos proporciona mais uma vantagem competitiva.*

Também existem técnicas que aumentam nossa capacidade de inovação de forma mais direta — nos níveis individual, de equipe e organizacional. Falaremos delas a seguir.

A CONSTRUÇÃO DO MÚSCULO CRIATIVO:
APRESENTANDO A "HIGIENE" DA CRIATIVIDADE

Para aprimorar a criatividade, precisamos nos aventurar nos limites da mente consciente e perscrutar além deles. Cem anos atrás, o fisiologista moldavo Nathaniel Kleitman fez uma jornada semelhante com outro propósito. Quando jovem, Kleitman, imigrante na cidade de Nova York, seguiu sua curiosidade sobre a consciência cotidiana até alcançar o seu oposto: o sono. Ele acreditava que, se entendesse melhor a mente durante o sono, teria uma visão mais aprofundada das nossas horas de vigília.

O trabalho de Kleitman resultou no nascimento de um novo campo de estudos do sono. Ele ajudou a descobrir o sono REM e provou que a mente adormecida passa por ciclos de descanso e atividade. Uma de suas ideias mais influentes foi a da "higiene do sono" — conjunto de hábitos e práticas que nos ajudam a ter um sono de qualidade. Por exemplo, hoje sabemos que ter um horário fixo para acordar, mesmo nos fins de semana, ajuda o cérebro a manter um ritmo de sono constante. Sabemos também que cochilos interferem nos padrões noturnos. Para muitos, evitar telas antes de dormir — a luz azul dos celulares interfere na liberação de melatonina, que nos ajuda a sentir cansaço — pode provocar uma mudança de vida.

A higiene do sono nos fornece um modelo de como usar o comportamento consciente para afetar a mente inconsciente. Não somos capazes de simplesmente nos dar um comando para adormecer e pegar no sono de imediato. Em vez disso, a higiene do sono se concentra em fatores que estão sob nosso controle.

Os paralelos com a criatividade são impressionantes. Assim como o sono, a criatividade é altamente complexa e requer uma função cerebral que não é totalmente consciente. (Quando dizemos que ela não é totalmente consciente,[54] estamos falando apenas de processos mentais dos quais não temos consciência e não podemos controlar voluntariamente, mas que influenciam nossos comportamentos.) O cérebro criativo equilibra o foco intenso com o devaneio, a solução guiada de problemas com o brainstorming divergente. Não podemos simplesmente nos dar uma ordem para ser criativos, assim como não somos capazes de nos obrigar a dormir. Mas podemos identificar comportamentos e condições que facilitam ou inibem a criatividade. Em resumo, podemos melhorar nossa "higiene" em torno dela — como indivíduos, equipes e organizações.

"HIGIENE" CRIATIVA INDIVIDUAL

Para quem deseja aumentar a própria criatividade, oferecemos três estratégias:

Busque novidades

Como David Epstein demonstrou tão bem em *Por que os generalistas vencem em um mundo de especialistas*, os inovadores mais talentosos são os não especialistas — eles se baseiam numa variedade de experiências que os ajudam a enxergar conexões incomuns. O pesquisador da criatividade e da inteligência Robert Sternberg também escreveu sobre como uma lente de especialização muito específica pode levar a uma visão tacanha, prejudicando a divergência criativa.[55] Lembre-se de que uma função primária da RMP é justapor de maneiras surpreendentes conceitos que diferem no tempo e no espaço; e que as pessoas mais abertas a experiências naturalmente buscam a novidade. Portanto, é essencial armazenar o máximo possível de matéria-prima divergente. Na linguagem de Stuart Kauffman, queremos enriquecer o possível adjacente da nossa RMP.

Buscar novidades não necessariamente passa por mudanças grandiosas. Você não precisa pular de paraquedas, escalar o Everest ou virar astronauta. O objetivo é quebrar velhos padrões e abrir caminho para novos. É possível receber novos estímulos lendo livros sobre as recentes descobertas de algum tema ou fazendo novos amigos que tenham conhecimento e experiências relevantes para a sua busca. Mesmo algo tão básico quanto pegar uma rota alternativa do trabalho para casa pode nos despertar de hábitos arraigados.

Eis algumas formas simples de abraçar a novidade no dia a dia:

- Ramifique-se socialmente. Numa festa, sente-se ao lado de alguém que você não conhece. Apresente-se a outro pai ou mãe quando levar seu filho ao parquinho. Fale com as pessoas nos elevadores. Reconecte-se com velhos contatos que estão morando em diferentes lugares do mundo. Alguns anos atrás, num jantar, Gabriella se sentou ao lado da pessoa que menos conhecia e descobriu que essa notável mulher era ilustradora, fabricante de marionetes e sua prima de terceiro grau!

- Faça um caminho diferente. Pegue outro trajeto na volta para casa. Dê carona em vez de se deslocar sozinho. Vire numa rua que não conhece. Procure modos de transformar a velha rotina.
- Explore de maneira ampla. Vá a uma livraria real — elas ainda existem — ou a uma biblioteca e visite seções que nunca explorou. Em uma seção aleatória, desafie-se a encontrar um livro que tenha relação com o problema que está resolvendo. Uma abordagem semelhante também funciona na educação: os alunos encarregados de fazer conexões entre dados de campos diversos produzem trabalhos mais criativos.[56] Explore a Wikipédia. Se usada da forma correta, a internet pode ser uma aliada no tipo de descoberta fortuita necessária para a inovação.[57] Aprofunde-se nos assuntos. Seja paciente. Mude a linguagem que costuma usar quando está pesquisando na internet, ampliando assim as lentes do buscador.
- Aprofunde-se de maneira estratégica. Leia uma obra de ficção com um personagem que tenha um problema semelhante ao seu, mas ambientado em uma época, cultura ou lugar diferente. Se estiver trabalhando num aplicativo de relacionamentos, leia as obras das irmãs Brontë. Se estiver construindo um produto para estudantes universitários, leia *Norwegian Wood*, de Haruki Murakami. (Se você começou agora a construir seu fundo de conhecimento, o ideal é recorrer a obras de ficção ou não ficção mais próximas do seu tópico. Antes de nos arriscar precisamos saber o suficiente sobre a área em que queremos inovar.)

Crie períodos de incubação

Os trabalhos consciente e inconsciente da criatividade coexistem em equilíbrio. As pesquisas focadas ou brainstorming, por exemplo, precisam ser compensadas por uma incubação menos focada, por um tempo para divagações mais espontâneas e generativas. Pesquisas sugerem que, quanto mais complexo, mais o trabalho criativo se beneficia desses períodos de incubação. Um amplo corpo de estudos também concluiu que a divagação é mais produtiva quando o trabalho ocorre antes: comece com a solução deliberada de problemas, seguida por um tempo de inatividade.[58] No nosso tempo focado, a rede de controle executivo está conscientemente plantando ideias para nossa RMP colher. Lembre-se de que a rede de controle executivo realimenta a RMP, o que é fundamental.

Também vale salientar que incubação não é o mesmo que repouso. Grandes momentos criativos não costumam acontecer quando estamos deitados na cama sem fazer nada — em vez disso, parece que acontecem com mais frequência quando estamos envolvidos em tarefas pouco exigentes. O laboratório do professor Jonathan Schooler, da Universidade da Califórnia em Santa Barbara, passou mais de uma década estudando a divagação mental. Num importante estudo de 2012, eles testaram diferentes tipos de incubação para descobrir qual funcionava melhor. Depois de dar aos participantes alguns minutos para tentar realizar uma atividade criativa de solução de problemas, eles faziam uma pausa e os designavam a um de quatro grupos. Eles podiam: assumir uma nova tarefa exigente; envolver-se numa tarefa pouco exigente; descansar; ou não fazer nenhuma pausa. Depois, todos voltavam para a primeira tarefa, a da solução criativa de problemas. Considerando-se as quatro condições,[59] os participantes alocados no grupo com um tarefa pouco exigente tiveram melhor desempenho pós-incubação. A principal descoberta aqui é que incubação não é ficar sem fazer nada. É *fazer pouco, mas o suficiente*.

As atividades profissionais mais comuns — escrever e-mails, participar de reuniões — são exigentes demais para facilitar a incubação. Nesses momentos, a rede de controle executivo está totalmente focada, então, por definição, a RMP está desligada. Por outro lado, atividades como caminhada, leitura, banho, exercícios físicos e escrita livre exigem pouco, porém na medida certa para a RMP ser ativada e alcançar seu ritmo ideal.

Uma atividade que surpreendentemente *não* funciona é a atenção plena. A atenção plena é, de certa forma, o oposto da divagação. A atenção plena direciona todos os holofotes da nossa atenção consciente para as sensações e os sentimentos que temos no momento, enquanto a divagação é a geração de ideias espontânea, intuitiva, livre, focada no futuro, sem filtros. A atenção plena é uma excelente ferramenta para alcançar a regulação emocional e pode ser transformadora para lidar com a ansiedade, porém o laboratório de Schooler vem produzindo cada vez mais evidências que sugerem que ela prejudica a divagação criativa por absorver muita atenção consciente.[60] A atenção plena não passa no nosso teste de "fazer pouco, mas o suficiente".

Abrace a ambiguidade

Muitas pessoas consideram a ambiguidade, característica marcante das primeiras fases de um projeto criativo, desconfortável. Vimos no capítulo 8 que esse tipo de pessoa em geral precisa de ajuda na primeira fase da prospecção — divergente, expansiva, intuitiva — para evitar descartar opções importantes prematuramente. Pessoas muito criativas toleram e até apreciam essa ambiguidade. Robert Sternberg tem pesquisado a tolerância à ambiguidade com intervenções criativas nas escolas.[61]

Uma forma simples de aumentar a tolerância à ambiguidade é estender estruturalmente o período de exploração antes de escolher uma solução. Ao aumentar o tempo de permanência na ambiguidade, expandimos a capacidade de tolerância e também a chance de ter uma grande ideia. Estendemos o tempo gasto na primeira fase, de prospecção.

Rian é gerente de produtos de uma rede social sediada no norte da Califórnia. Ele prospera em ambientes altamente estruturados e gravita em torno do papel de gerente de produtos porque essa função pressupõe transformar problemas confusos em especificações claras. Alguns gerentes de produtos adoram as primeiras fases de descoberta, de desenvolvimento do produto, nas quais as equipes fazem um brainstorm de problemas a serem resolvidos de forma colaborativa. Rian, por sua vez, prefere a fase de implementação, na qual a construção acontece e a abordagem da equipe é refinada e transformada em requisitos de produto muito claros.

Infelizmente, Rian atingiu seu teto na empresa e no último ciclo foi preterido em uma promoção. A chefe de Rian explica que, embora ele seja excelente em liderar pequenos times no desenvolvimento rápido e confiável de aprimoramentos de produtos específicos, tem apresentado dificuldades para lidar com algo mais complexo. Ela recomenda que Rian trabalhe com um coach que o ajude a crescer.

Depois de uma sessão introdutória, na qual Rian descreve seus objetivos e conta seu histórico, a coach, Hana, lhe dá uma tarefa: pede que ele reflita sobre sua experiência no comando de uma equipe numa das tarefas mais complexas que teve: fazer os usuários de sua rede indicarem mais amigos. O que deu certo? O que deu errado? E mais importante: que emoções Rian vivenciou em cada fase do projeto, desde a descoberta até a conclusão?

"O que você aprendeu realizando essa tarefa?", pergunta Hana na sessão seguinte.

"Que eu odiava o projeto", responde Rian, e dá uma risada. "Foi um pesadelo do começo ao fim."

"É bom que você saiba disso!", diz Hana. "Tenho a impressão de que, se você quisesse, poderia permanecer com produtos menos complexos e na sua função atual. É o que você deseja?"

"Com certeza seria a solução mais fácil. Mas não. Eu quero me tornar líder de uma organização maior. Só preciso melhorar no aspecto em que estamos trabalhando."

"Que bom. Então isso está claro", comenta Hana. Nesse ponto a coach estabeleceu a motivação intrínseca de Rian. "Então me diga uma coisa: na tarefa em si, que emoções específicas você sentiu em cada uma das fases?"

Rian explica que ao longo do projeto a emoção predominante foi a ansiedade. Ele temia que a equipe não fosse capaz de resolver o problema. Entrou em pânico quando não conseguiu enxergar uma solução clara. Quando a equipe chegou à fase de implementação, seu medo era de estar construindo algo que não atingiria o objetivo pretendido.

"E não atingiu mesmo", diz Rian. "As recomendações não aumentaram. Devíamos ter gastado mais tempo tentando descobrir a solução certa."

"Certo." Hana assente com a cabeça. "E por que não fizeram isso?"

"A gente precisava avançar. Começar a construir. Tínhamos perdido muito tempo tentando ter ideias."

"Por um lado, você disse que devia ter passado mais tempo tentando descobrir a solução certa", reflete Hana. "Por outro, diz que perdeu muito tempo tentando ter ideias. Então, qual é a quantidade certa de tempo para fazer a descoberta?"

"Normalmente é rápido, uma ou duas semanas. E eu sei o que precisamos fazer de antemão e meio que vou carregando a equipe."

"Mas e quando você não sabe o que precisa ser feito?"

"Pois é..." Rian pensa. "Acho que não sei quanto tempo essa fase deve demorar quando partimos do zero, sem saber o que precisa ser construído. Eu definitivamente *não* sabia o que fazer nesse caso. Ainda não sei."

"Mas deveria saber?"

Rian pensa.

"Não. Ninguém sabe."

"Tudo bem. Então, como a equipe chega lá?"

Aos poucos, Rian começa a entender que sua maior dificuldade está na descoberta, porque nessa fase a incerteza o deixa ansioso. Nesse momento, ele se sente compelido a apressar a equipe em meio ao caos para começar a construir a solução. Agora, porém, consciente desse comportamento, Rian pode começar a trabalhar em tarefas que o ajudarão a aumentar sua tolerância à ambiguidade. Hana fará com que ele inicie por produtos menos complexos, estendendo a duração das fases de descoberta. Mesmo que Rian seja capaz de enxergar o caminho para uma solução sozinho, ele deve aprender a vivenciar a prospecção da fase 1 — generativa, divergente, imprevisível — e levar a sério as ideias não convencionais propostas por sua equipe, mesmo que não se alinhem com as conclusões que ele já concebeu. Rian também deve se desafiar a criar alternativas, abrindo-se mais para as ideias. Quando já tiver dominado a fase de descoberta de produtos mais simples, ele poderá começar a trabalhar em produtos mais complexos.

No início, o objetivo é fazer com que Rian considere a ambiguidade menos desagradável. Com o passar do tempo, e com maior destreza, ele pode até aprender a gostar dessa fase.

"HIGIENE" CRIATIVA DA EQUIPE DA ORGANIZAÇÃO

Como Rian é gerente, o trabalho para aumentar sua tolerância à ambiguidade não o ajudará apenas como indivíduo — também ajudará sua equipe como um coletivo. Os gerentes são o ponto mais crítico de alavancagem para melhorar a criatividade das equipes.[62] Até aqui, vimos quatro características de equipes altamente criativas:

1. Heterogeneidade de conjuntos de habilidades, tipos de pensamento criativo e backgrounds.
2. Comunicação eficaz.
3. Alta segurança psicológica.
4. Planejamento cuidadoso dos líderes de equipe.

A essa lista adicionamos duas estratégias a que os gerentes podem recorrer para aprimorar mais diretamente a criatividade da equipe:

Desenvolvimento da autoeficácia criativa dos membros da equipe

"A principal limitação para o que as pessoas criativas podem realizar é o que elas acham que são capazes de realizar", descobriram os professores de administração Paula Tierney e Steven Farmer.[63] Vimos como a autoeficácia criativa impacta a produção criativa. Quanto mais acreditamos em nós mesmos, mais fascinante é a nossa inovação.

Gerentes, professores e pais ocupam posições privilegiadas de poder, podendo exercer uma influência descomunal sobre a autoeficácia criativa de uma pessoa. Os gerentes podem melhorar a autoeficácia criativa dos membros de sua equipe mais diretamente por meio do reconhecimento, público ou privado, de suas realizações criativas. Enxergue pequenas coisas como pequenos avanços. Faça seu subordinado saber que você valoriza essas melhorias.

Por outro lado, quando algo der errado, tome cuidado com o feedback, para não minar a autoeficácia criativa do funcionário. Erros são oportunidades de aprendizado. Compreenda o pensamento que levou ao resultado negativo e aponte o que fazer diferente da próxima vez.[64] Os gerentes não devem diminuir o entusiasmo de sua equipe pela inovação.[65] Quando estiverem seguros em suas identidades criativas, os membros da equipe serão mais capazes de assumir os riscos criativos necessários para fazer descobertas importantes.

Ampliação das possibilidades

As normas de grupo para todos os tipos de comportamento se formam rápido, muito mais do que imaginamos. Quando um grupo de pessoas se acostuma a trabalhar junto, corre o risco de estagnar, deixando de gerar pensamentos divergentes o bastante nos primeiros estágios da inovação. Um dos maiores desafios das equipes criativas coesas é quebrar velhos padrões.

Michael Arena, vice-presidente de Talento e Desenvolvimento da Amazon Web Services e doutor em dinâmica organizacional, é um estudioso proeminente sobre como novas ideias surgem nas empresas. Um dos quatro fatores-

-chave é o que ele chama de conexões de descoberta: indivíduos que conectam diversas redes dentro de uma empresa e podem, com isso, permitir o acesso de suas equipes a um conjunto mais amplo de ideias.[66] Eles ampliam o possível adjacente da equipe e, com isso, inspiram a divergência nos outros. Os gerentes devem, portanto, introduzir proativamente as conexões de descoberta nas equipes criativas.

Jeizzon "JZ" Viana Mendes é chefe de design na BetterUp e costuma desempenhar esse papel nas várias equipes de desenvolvimento de produtos de que participa. Ele faz parte da equipe de Design e da equipe multimídia Studios, e também colabora regularmente com a equipe científica da BetterUp Labs. Quando alocado num time criativo, JZ une ideias com clareza, confiança e cordialidade, o que faz com que os outros escutem o que ele tem a dizer, em vez de considerar suas ideias muito distantes, divagações sem sentido.

Além de conectar equipes, JZ é um pensador distal. Diverge ampla e livremente, levando metaverso, buracos de minhoca e artefatos antigos a brainstorms de produtos mais convencionais. Membros de equipe como JZ (eles não precisam ser os líderes da equipe) ampliam a circunferência de possíveis adjacentes que a equipe se sente capaz de habitar. Por outro lado, equipes que circunscrevem seus esforços com muita rigidez estão condenadas antes mesmo do começo dos trabalhos.

Nos grupos criativos, ampliar as possibilidades significa encontrar ou contratar indivíduos que façam as conexões de descoberta e sejam pensadores distais, para colocá-los estrategicamente em equipes que precisem de profissionais assim.

Grande parte da criatividade no trabalho nasce e morre no nível da equipe, mas a organização ao redor pode criar um clima capaz de estimular ou inibir esse trabalho. A "higiene" criativa no nível da empresa é mais bem transmitida pela cultura — conjunto de pressupostos compartilhados que orientam os comportamentos.[67] Na cultura da Southwest Airlines, por exemplo, havia o pressuposto de que os funcionários deviam usar o humor e a criatividade para resolver problemas. Eis aqui duas estratégias em nível organizacional para estimular a inovação na empresa como um todo:

Valorize a tomada de risco

Grandes passos criativos são sempre arriscados. Garantir a segurança psicológica no nível da equipe é uma forma de capacitar os funcionários a se arriscarem. Valorizar a tomada de risco no nível da empresa é outra.

Algumas empresas modelam a tomada de risco com recompensas por falhas. Na Castlight Health, empresa de saúde digital onde Gabriella trabalhava, havia um prêmio para fracassos espetaculares — iniciativas arriscadas e bem concebidas, porém malfadadas. Grande parte da empresa se reunia para ouvir o anúncio do prêmio. Primeiro falava um líder sênior da empresa, valorizando a coragem e o brilhantismo do vencedor, que em seguida subia ao palco e compartilhava algumas palavras, em geral elogiando os colaboradores envolvidos na iniciativa e contando piadas sobre o que havia dado errado. A multidão reunida aplaudia, dava tapinhas nas costas do vencedor e por fim cada um voltava à sua respectiva equipe, para continuar o árduo trabalho de inovação.

Na BetterUp, os prêmios trimestrais Ideia Perspicaz têm um propósito semelhante. Qualquer funcionário pode enviar suas ideias de melhoria de negócios aos fundadores. As ideias vão desde maneiras de melhorar o produto até novos métodos para recrutar os melhores talentos. Todos os funcionários têm liberdade para enviar suas ideias para qualquer departamento da empresa. Os vencedores são anunciados pelos fundadores nas reuniões gerais e recebem um bônus no próprio local, quer a ideia seja ou não implementada. O objetivo é valorizar a tomada de risco.

Trate todos como criativos

É muito comum que, em empresas onde uma área recebe o rótulo de "criativa", as demais equipes sejam menos criativas. Enquanto isso, as Southwest do mundo encorajam todos os funcionários, de todos os níveis, a contribuírem criativamente para o sucesso da organização. Essas empresas terão vantagem na competição volátil e cada vez mais global. Seus funcionários vão usar o tempo livre para introduzir inovações com confiança e buscar desafios cada vez maiores, pois cada sucesso é recompensado com problemas ainda mais estimulantes de se resolver.

* * *

Todo trabalhador tem o hardware necessário para ser criativo. E precisaremos dele para ser criativos. O trabalho que temos pela frente promete ser extremamente complexo. Qualquer profissional que tenha confiança, otimismo e resiliência suficientes para aceitar o desafio pode sentir a alegria de resolver um quebra-cabeça especialmente difícil, de criar um produto especialmente inovador ou de compreender e resolver um conjunto especialmente complicado de reclamações de clientes.

Por um lado, o trabalho criativo é pessoal e introspectivo. Precisamos nos beneficiar de nossos processos inconscientes, que são tão pessoais quanto nossas impressões digitais. Nossas ideias criativas nascem das nossas experiências individuais, da nossa imaginação única, que é justaposta e interpretada através da lente dos nossos valores e alimentada pelo nosso senso de propósito.

Mas no trabalho em geral a inovação não acontece sozinha. Precisamos acessar os possíveis adjacentes dos nossos colegas, com seus estilos complementares de integração, cisão, inversão figura-fundo e pensamento distal. Precisamos do incentivo de nossos gestores e do apoio do clima organizacional a nosso redor. Em última análise, o sucesso do trabalho criativo é determinado por esse ecossistema complexo, que abrange os níveis individual, de equipe e organizacional.

Parte dessa mudança já começou a acontecer em empresas líderes — como a Southwest ou a Adobe, onde a criatividade é uma habilidade essencial da liderança.[68]

Mas existe outro tipo de mudança organizacional que a maioria das corporações ainda não sabe que precisa ocorrer. As empresas que desejam acessar todo o potencial de seus funcionários precisam refletir essa aspiração em seus projetos e processos organizacionais. Esse é o tema do nosso último capítulo.

10. Como preparar a força de trabalho para o futuro: A organização proativa

Em 1880, Agnes McClure Dunn, que trabalhava na H. J. Heinz Company fazendo picles, foi promovida.

Com apenas trinta anos, Aggie tinha várias vidas em seu retrovisor. A primeira, viveu na Irlanda, onde nasceu. Depois de imigrar para os Estados Unidos, começou a trabalhar ainda adolescente, na linha de produção de uma fábrica de munições usadas na Guerra da Secessão. Mas a fábrica fechou com o fim da guerra. Em dificuldade, Aggie encontrou seu caminho no papel mais tradicional de costureira, profissão que manteve por dez anos, até que surgiu a vaga na Heinz, prometendo crescimento e estabilidade.

Os planos mudaram, depois mudaram novamente: logo depois de ingressar na Heinz, Aggie deixou o trabalho para se casar e cuidar da casa. Pelo menos era essa a vida que ela imaginava que teria, mas seu marido morreu de repente, e com isso ela passou a ser a única provedora para o pai doente e o filho pequeno.[1] Assim, Aggie Dunn voltou a fazer picles.

A história de Agnes é, ao mesmo tempo, notável e comum. Ao lado dela, em cadeiras alinhadas às bancadas de mármore de Carrara na Heinz, sentavam-se centenas de outras mulheres, pegando picles com colheres de pau e enchendo agilmente frascos impecáveis. Eram imigrantes, viúvas de guerra e camponesas que se aventuravam na nova vida industrial, surfando nas marés da agitação social, política e pessoal. Todas haviam percorrido um caminho repleto de obstáculos.

Henry Heinz conhecia esses desafios. Como a maioria dos industriais do século XIX, via seu negócio ser atormentado por altos índices de rotatividade causados pela morte de trabalhadores nas fábricas. Mas, ao contrário da maioria, Heinz acreditava que podia ajudar.

Assim, em 1880, ele promoveu Aggie Dunn a capataz geral das "garotas da fábrica". Com isso, criou a primeira função em tempo integral da fábrica dedicada a melhorar o bem-estar dos trabalhadores. Dunn comandava a equipe sentada numa cadeira de balanço perto do vestiário. Apesar do status elevado, usava avental e touca iguais às de suas comandadas. Ela fazia o recrutamento, as entrevistas, as contratações e o aconselhamento de todas as funcionárias da Heinz. Quando havia contas médicas a pagar, Aggie as encaminhava para o executivo certo. Ela visitava as funcionárias em casa. Em um mês, compareceu a nada menos que vinte casamentos de trabalhadoras.

"As garotas de que o sr. Heinz queria que eu cuidasse eram todas Aggie Dunn!", disse Aggie certa vez. "Elas estavam percorrendo a mesma velha estrada esburacada pela qual eu tinha passado. Eu entendia essas pessoas, gente simples como eu, e elas me entendiam."[2]

Aggie Dunn morreu de pneumonia em 1924, após trabalhar na Heinz por 51 anos. Na tarde de seu funeral, todas as sessenta fábricas da Heinz nos Estados Unidos, no Canadá e na Inglaterra fecharam em sua homenagem.[3]

O legado de Aggie Dunn vive hoje na função de Recursos Humanos de todas as grandes corporações. Centenas ou mesmo milhares de pessoas atualmente preenchem os diversos papéis que Aggie ocupou sozinha. As corporações modernas acreditam que podem proporcionar maior sucesso para suas equipes mediante investimentos importantes em saúde e bem-estar. Atualmente, o ponto de vista de Henry Heinz é regra, e não exceção.

Hoje, mais do que nunca, precisamos dessa ajuda. Metade dos trabalhadores americanos estão esgotados. Centenas de milhares morrem desnecessariamente todos os anos em decorrência de estresse no trabalho. Esse estresse também está destruindo nossos relacionamentos, tão essenciais para nosso bem-estar. Estamos definhando, não florescendo, nas corredeiras. O setor de Recursos Humanos é a parte da corporação mais explicitamente encarregada de apoiar os funcionários. Conforme já vimos em detalhes, para ter sucesso no trabalho hoje, precisamos estar armados com os poderes PRISM de uma Mente do Amanhã, e o RH é o nosso maior aliado corporativo nessa empreitada.

Mas conforme revelam as estatísticas de estresse e burnout, universalmente falando, as corporações não têm cumprido esse objetivo, e existem muitas razões para esse fracasso. Uma delas está tão profundamente enraizada nos departamentos de RH que poucos percebem. É um problema estrutural que criou raízes na época de Aggie Dunn, quando as duas funções de RH mais intimamente ligadas à prosperidade dos funcionários — Benefícios, por um lado, e Aprendizado e Desenvolvimento, por outro — evoluíram de duas tradições históricas distintas. A questão é que ambas permanecem isoladas ainda hoje.

Neste capítulo, primeiro vamos delinear o problema, tendo em vista que a maioria não o conhece a fundo. Depois vamos mostrar por que acreditamos que essa estrutura de duas frentes faz com que a tarefa de encarar a prosperidade de forma holística seja desafiadora para as empresas, e por que as duas abordagens são insuficientes por si sós. Em seguida, vamos analisar outras barreiras organizacionais ao florescimento, antes de oferecer soluções.

AJUDANDO OS QUE SOFREM: A TRADIÇÃO DA PREVIDÊNCIA SOCIAL

No capítulo 1 vimos como as duras condições de trabalho nas fábricas criaram um aumento acentuado do alcoolismo no fim do século XIX e início do século XX. Também conhecemos Robert Law, empresário de Chicago que em 1863 levou um funcionário alcoólatra para sua casa e cuidou dele até que ficasse sóbrio. Assim como Aggie Dunn, Law via os funcionários como pessoas de quem deveria cuidar e queria protegê-los de danos físicos e psicológicos. A função de RH que surgiu dessa tradição paternalista hoje atende pelo nome de Benefícios. Um vice-presidente de Benefícios (ou Benefícios e Salários, caso ele também seja responsável pela folha de pagamentos da empresa) geralmente se reporta ao diretor de RH, que por sua vez se reporta ao CEO.

Historicamente, a equipe de Benefícios administra dois tipos de serviços muito importantes para o bem-estar emocional dos colaboradores: o Programa de Assistência ao Empregado (PAE) e o plano de saúde. Conforme explicamos no capítulo 1, à medida que os Alcoólicos Anônimos e os programas corporativos de incentivo à vida sóbria — como o de Law — foram se difundindo, as organizações os adotaram sob o guarda-chuva eufemista do PAE. Com o passar do tempo, o programa passou a abranger o apoio organizacional a um círculo cada vez maior de males psicológicos, indo além da toxicomania. Os PAEs modernos oferecem aconselhamento para depressão, ansiedade, desafios parentais e de relacionamento e violência no ambiente de trabalho. Noventa e sete por cento das grandes empresas oferecem a seus funcionários acesso a um PAE, que geralmente conta com aconselhamento gratuito e encaminhamento para cuidados de saúde mental.

Apesar da ampla disponibilidade, os PAEs são lamentavelmente subutilizados. A principal barreira é o estigma — funcionários temem ser julgados ou mesmo sofrer penalidades por acessar serviços de saúde mental oferecidos pelo empregador. Hoje, apenas 4% dos trabalhadores usam os serviços de um PAE, muito menos do que o número que poderia se beneficiar do programa.[4] Originalmente concebido como um serviço privado e confidencial, utilizado de maneira anônima, o PAE ainda carrega um estigma muito forte de remediador.

Além do PAE, as equipes de Benefícios oferecem aos funcionários acesso a benefícios de saúde mental por meio dos planos de saúde. Os indivíduos com transtornos mentais mais graves são encaminhados pelo PAE a um terapeuta ou psiquiatra dentro do plano. O plano de saúde oferecido pelo empregador surgiu após a Segunda Guerra Mundial, resultado de isenções fiscais federais oferecidas às empresas para ajudá-las a atrair funcionários, apesar dos controles salariais do governo. Os cuidados de saúde clínicos representam a grande maioria dos gastos de uma corporação em tudo que esteja relacionado à saúde mental. O plano de saúde cobre psicanálise, psiquiatria, internação psiquiátrica e psicofármacos. Muitos PAEs estão dentro do guarda-chuva do plano de saúde, administrados pela mesma empresa.

Tudo isso significa que os funcionários passaram a enxergar os PAEs e os benefícios de saúde mental como programas para pessoas que estão numa situação bastante difícil. Os funcionários são gratos por ter acesso a esses serviços — serviços com os quais Aggie Dunn nem sequer sonhava —, mas tendem a interpretar qualquer oferta do empregador rotulada de "saúde mental" como um eufemismo para doença mental. Resultado: apesar da grande dedicação, dos esforços extremamente criativos e dos investimentos cada vez mais diversificados, as equipes de Benefícios não conseguem mudar a percepção equivocada do funcionário, que as veem como provedoras de remediação, e não de prosperidade.

APRENDIZADO E DESENVOLVIMENTO: CAPACITANDO OS APTOS

A história da equipe de Aprendizado e Desenvolvimento, assim como a história da equipe de Benefícios, começa na Revolução Industrial. Antes disso, os trabalhadores aprendiam seus ofícios no trabalho ou individualmente, com mestres. Com a industrialização, porém, as fábricas precisaram acompanhar um ritmo de produção sem precedentes e passaram a oferecer treinamentos para grupos maiores, com salas de aula muitas vezes localizadas no próprio chão da fábrica.

A necessidade de integrar um grande número de pessoas de forma rápida e eficiente se encaixava nos princípios da "Gestão Científica", então em voga. O principal defensor da Gestão Científica foi o engenheiro mecânico Frederick Taylor. As máquinas já haviam aumentado sobremaneira a eficiência da produção; pela lógica, argumentava Taylor, o próximo passo era aumentar a eficiência dos humanos que as operavam. Por meio de estudos empíricos, foram desenvolvidas boas práticas para reduzir o esforço desperdiçado e maximizar a produtividade. Aos poucos as ideias de Taylor se transformaram em algumas das funções hoje executadas pelas equipes de Aprendizado e Desenvolvimento de RH, ou (A&D). O A&D é responsável pelo treinamento, qualificação, aprendizado e crescimento profissional dos funcionários, a serviço do desempenho e da produtividade. Um vice-diretor de A&D — às vezes também chamado de vice-diretor de Talentos ou vice-diretor de Talento e Desenvolvimento — geralmente se reporta ao diretor de RH e está na mesma hierarquia do vice--diretor de Benefícios.

Considerando-se a formação profissional de Taylor, não surpreende, embora seja lamentável, que seus métodos fossem de natureza mecânica. Ele priorizava as descobertas da engenharia industrial, da gestão de processos de negócios e da logística sobre as descobertas da ciência psicológica. Ao tratar as pessoas como um tipo de máquina, Taylor ignorou os aspectos profundamente humanos do trabalho. Apesar de deficiente, o sistema criado por ele foi influente durante décadas, com consequências duradouras.

Muitos treinamentos corporativos modernos continuam deixando de lado a forma como os seres humanos realmente aprendem e mudam. Eis alguns problemas comuns com o design instrucional corporativo:

1. Sessões longas e únicas, em vez de várias sessões curtas ao longo do tempo. Hermann Ebbinghaus, psicólogo contemporâneo de Taylor, já havia demonstrado na época que, sem repetição, esquecemos quase tudo o que aprendemos de uma só vez — até 90% ao final de um mês. A maioria dos treinamentos profissionais ocorre no formato de workshops demorados. Talvez esse modelo funcione para uma máquina, que é capaz de receber grandes quantidades de dados de uma só vez, mas não para nós.
2. Adotar uma abordagem única para todos. Não existem duas pessoas com pontos fortes, níveis de motivação e background de conhecimento iguais. Assim, diante de um treinamento em massa que parta do pressuposto de que todo aprendiz é igual, alguns vão ficar entediados, outros vão ignorá-lo, e a maioria, que não está pronta para o aprendizado, não vai se sentir inspirada.

Michael Beer, professor da Harvard Business School, cunhou a frase "o grande roubo do treinamento"* para descrever a enorme quantidade de dinheiro corporativo desperdiçado em treinamentos que não funcionam. Até 90% das iniciativas de aprendizado corporativo sofrem com essas e outras falhas de design, que minimizam sua eficácia.[5] Todos os anos, nos países do G20, as corporações gastam cerca de 400 bilhões de dólares nesses programas.[6]

São 360 bilhões de dólares jogados fora.

OS DESAFIOS DE UMA ABORDAGEM DESARTICULADA PARA O CRESCIMENTO DO FUNCIONÁRIO

À primeira vista, essas duas abordagens — uma originalmente paternalista e outra focada na produtividade — têm pouco em comum. E em muitos departamentos de RH atuais essas funções existem como subunidades parcial ou totalmente isoladas, uma focada na saúde do funcionário, outra no desempenho.

Mas há muito tempo as razões históricas para essa abordagem bilateral deixaram de ser relevantes para nosso trabalho. Nas corredeiras, bem-estar emo-

---

* Trocadilho com "Great Train Robbery", conhecido no Brasil como "assalto ao trem pagador" (N. T.).

cional e necessidades de desenvolvimento profissional estão intimamente interligados. Enquanto lutamos contra uma incerteza extraordinária, as habilidades necessárias para gerenciar o estresse são as mesmas que permitem o crescimento sustentável na carreira. O profissional moderno não é capaz de ter sucesso em papéis de liderança sem uma regulação emocional, por exemplo, assim como não consegue vencer a ansiedade sem lidar com a turbulência da carreira. Mesmo assim, grande parte dos problemas mais urgentes da força de trabalho atual — como burnout, solidão e pertencimento — fica à margem de duas funções separadas.

Executivos arrojados que atuam na área de Benefícios e Talentos, entre os quais muitos com quem temos o privilégio de fazer parcerias e aprender em nossa pesquisa, trabalham duro, usando a comunicação e a colaboração frequentes para preencher essa lacuna. Eles se reportam aos diretores de RH, que também defendem esse modelo de colaboração dinâmica.

Mas em muitas empresas a separação entre Benefícios e A&D continua sendo um grande desafio para uma abordagem holística da prosperidade. Em 2017, Gabriella pesquisou essa lacuna numa seleção das maiores empresas americanas. Seu objetivo era entender como cada departamento enxergava a sobreposição de seu trabalho com o do outro departamento.

Foi difícil encontrar respostas, porque muitas vezes, numa mesma empresa, uma equipe sabia pouco sobre as demais. Por exemplo, uma gerente de Benefícios com bastante tempo de casa numa grande varejista achava que a resiliência do funcionário estava sob a alçada de sua equipe, embora tivesse lido um e-mail sobre um curso de resiliência oferecido pela área de A&D. Mas quem da A&D? Ela não sabia; de nome, só conhecia o diretor do departamento. Esse tipo de dinâmica se mostrou bastante comum: muitos funcionários não conheciam nem mesmo suas contrapartes do outro setor.

Por vezes essa divisão gerou até um sentimento de territorialidade. A territorialidade geralmente acontece em organizações isoladas quando duas funções acreditam ser as verdadeiras proprietárias do mesmo trabalho.[7] O programa de gestão de estresse — uma forma de treinamento de resiliência — oferece um estudo de caso bastante útil: hoje em dia todos os PAEs incluem alguma forma de aconselhamento sobre estresse.[8] Além disso, algumas equipes de Benefícios investem em soluções autônomas de gestão de estresse ou treinamento de resiliência. Isso faz sentido porque as pessoas com problemas de saúde mental têm dificuldade para lidar com o estresse e costumam ser menos resilientes. Também sabemos que a construção de resiliência é boa para a produtividade e a retenção, e que gerentes e líderes têm uma influência desproporcional no bem-estar de suas equipes. Por essas razões, também faz sentido que a liderança ofereça mais treinamentos nessa área, um treinamento gerencial que deveria ser ofertado pelo departamento de A&D.

Pouco antes da pandemia, a equipe de A&D de uma empresa da Fortune 100 levou ao diretor de RH uma proposta de treinamento de resiliência para líderes. Quando a equipe de Benefícios descobriu, lembrou ao diretor de RH que já havia implementado um programa de resiliência para diminuir o estresse — um segundo programa poderia confundir os funcionários. Em vez de colocar todos na mesma mesa, o diretor deixou a ideia de lado. Resultado: os líderes não tiveram acesso ao programa mais completo. Olhando em retrospecto, não havia momento melhor para trabalhar a construção da capacidade de liderança de modo a ajudar as equipes a enfrentarem as adversidades.

Um aspecto positivo da covid-19 que observamos foi o aumento da colaboração dentro dos departamentos de RH. A pandemia desencadeou uma onda de necessidades psicológicas tanto para os trabalhadores quanto para suas famílias, fazendo com que as equipes de RH de todo o mundo se esforçassem para ajudar, muitas vezes sacrificando seus fins de semana a serviço da força de trabalho. Pela primeira vez participamos de chamadas de vídeo com o vice-diretor de Benefícios e o vice-diretor de A&D ao mesmo tempo. Na trincheira de combate à covid-19, num grande esforço contra o caos emocional, essas equipes encontraram umas nas outras aliadas fundamentais. Esse caos era da alçada do departamento de A&D, porque estava afetando o desempenho de todos os funcionários; mas também era da alçada do departamento de Benefícios, porque implicava profundos riscos psicológicos.

Foi nesse clima que surgiram novos desafios à colaboração. Equipes de Benefícios e equipes de Recrutamento de Talentos têm métricas de sucesso distintas, que nascem de suas responsabilidades organizacionais. Espera-se que as equipes de Benefícios gerenciem rigorosamente os gastos com assistência médica e, muitas vezes, até contratem estatísticos para isso. Do ponto de vista deles, um programa de estímulo à prosperidade é eficaz quando reduz o número de pessoas que precisam consultar terapeutas ou psiquiatras (em outras palavras: que evitem o −10). Os departamentos de A&D, por outro lado, nem sequer têm acesso aos registros de faturamento de assistência médica, muito menos capacidade de monitorar quais são os serviços utilizados. As métricas mais importantes para os departamentos de A&D estão relacionadas à produtividade, inovação e retenção de funcionários (em outras palavras: alcançar o +10).

No mundo ideal, essa divergência produziria uma tensão criativa que resultaria num design mais holístico. Daria para imaginar o vice-diretor de Benefícios e o vice-diretor de A&D projetando e copatrocinando soluções que atingiriam os objetivos de ambas as equipes. Programas com foco na prosperidade *podem*, de fato, melhorar os gastos com saúde e ao mesmo tempo as métricas de desempenho, desde que sejam projetados para isso.

Mas, de acordo com a nossa experiência, na prática infelizmente as duas equipes resolvem as divergências de forma mais rápida e simples: um dos lados é simplesmente escolhido para assumir a liderança, e o "lado" que for escolhido determinará o design do programa e as métricas de sucesso. Quando privilegiamos um tipo de resultado em detrimento de outro — sobrevivência versus prosperidade —, o foco do programa se estreita, e o mesmo ocorre com os benefícios para a organização.

A ORGANIZAÇÃO PROATIVA

Tanto os PAEs quanto os treinamentos de fábrica em massa representam respostas post hoc a necessidades já urgentes. Essa postura reativa faz parte do legado deles. Conforme vimos no capítulo 3, porém, de longe o tipo mais eficaz de intervenção de saúde é a prevenção primária: impedir que os indivíduos desenvolvam as doenças. A prevenção primária funciona melhor e custa menos — contanto que tenhamos a coragem de agir agora com base nos prováveis resultados futuros. Dito de outra forma: entre as funções dedicadas à prosperidade dos funcionários, como trabalhadores individuais, deve estar a de prospecção. Tendo em vista que os ciclos de mercado estão sempre agitados, precisamos que nossos líderes corporativos estejam continuamente pensando vários passos à frente sobre o capital humano, entendendo como as mudanças futuras afetarão a força de trabalho, identificando as habilidades que atenuarão as turbulências e treinando seu pessoal.

No campo da saúde física, as equipes da Benefícios lideram o pensamento voltado para o futuro. Seu trabalho é garantir que os planos de saúde cubram todos os serviços preventivos recomendados pelo governo — como imunizações, por exemplo. Elas contactam especialistas e diretores médicos e pedem orientações sobre as últimas tendências na prevenção das doenças e na promoção da saúde. Defendem que a empresa ofereça incentivos para os funcionários frequentarem academias, de modo a ajudá-los a evitar doenças cardíacas, ou sessões de coaching, com o objetivo de largar o cigarro e prevenir o câncer de pulmão. Com isso, a vida dos funcionários é prolongada e os custos de saúde são reduzidos tanto para os indivíduos quanto para as corporações — um verdadeiro "ganha-ganha-ganha".

No campo da prosperidade psicológica, a abordagem de prevenção primária geralmente é mais tênue e difícil de encontrar. Mas por quê?

Existem diversos motivos, e já tratamos de parte deles. A perspectiva holística necessária para permitir uma postura proativa é desafiada pela divisão estrutural entre a gestão de custos de doenças (Benefícios) e a gestão de métricas de crescimento (A&D). Não há equivalente a A&D para saúde física, uma divisão do RH com foco exclusivo em ajudar os funcionários a passarem de não doentes a extremamente aptos fisicamente (de 0 a +10). No âmbito da prosperidade psicológica, dividir remediação e crescimento pode prejudicar ambos os processos e dificultar o direcionamento das habilidades essenciais que os unem.

Um segundo obstáculo à implementação da prevenção primária decorre de crenças mais arraigadas sobre a psicologia humana. Ainda existe um punhado de líderes corporativos influentes que não consideram o bem-estar psicológico dos funcionários sua responsabilidade. Talvez eles tenham subido nas fileiras das corporações que não contavam com uma cultura de apoio aos funcionários. Mesmo que em algum nível reconheçam que trabalhadores prósperos têm melhor desempenho, talvez eles não vejam razão para mudar as coisas. A implicação nesse caso é: *Eu não tinha isso na minha época e me saí muito bem.* Alguns argumentam que o baixo nível de utilização do PAE — que geraria estigma e, em alguns casos, ofereceria serviços de baixa qualidade — evidencia que os funcionários não querem ajuda.

Em terceiro lugar, existe o considerável desafio de comprovar o retorno do investimento em programas de prevenção para o bem-estar psicológico.

Qualquer programa de RH exigirá um orçamento, e itens caros, como um coaching de resiliência ou treinamentos de inovação, acabam caindo na mesa do diretor financeiro ou de seus subordinados. Diretores financeiros falam a linguagem da eficiência. *Compre este serviço de nuvem e economize mais do que você paga em custos de servidor.* Ou: *Contrate esta oferta de gestão de receita do cliente e recupere 25% das horas de trabalho diárias da sua força de vendas.*

Prosperar não é uma venda de eficiência; é uma venda de eficácia. Soluções eficientes produzem o mesmo resultado mais rápido, com o mínimo de desperdício. Soluções eficazes nos levam aos *melhores* resultados. Habilidades como afinidade rápida e prospecção evitam resultados ruins e ao mesmo tempo melhoram o desempenho e a retenção. Demonstrar a cadeia de causalidade requer modelos de regressão estatística, familiaridade com medidas psicométricas comuns e certo nível de compreensão da epidemiologia da doença mental. Tudo isso é muito diferente de um negócio padrão. É uma questão complexa, e, exatamente por isso, é muito comum que as empresas deixem de lado os programas de prevenção para o bem-estar psicológico, alegando que a melhoria é tênue demais para fazer o investimento valer a pena.

Prosperar também leva tempo. Culturas corporativas míopes, focadas nos ganhos de curto prazo, não ficam entusiasmadas em pagar para prosperar. A visão de curto prazo é inimiga do florescimento no ambiente de trabalho — e, portanto, também do desempenho, da produtividade e do sucesso sustentável. Por outro lado, os ganhos de produtividade a longo prazo com o crescimento dos funcionários serão muitas vezes maiores que o investimento inicial.

Uma das grandes ironias, claro, é que as empresas já gastam fortunas em programas que não são nem eficientes nem eficazes — e mesmo assim são financiados. Lembra aqueles 360 bilhões jogados fora? Como isso passou pelo diretor financeiro?

Esse nível de investimento sugere que a maioria das empresas acredita que deveria estar fazendo *alguma coisa*. Essa é a notícia boa. Mas os principais envolvidos na aprovação de grandes investimentos — incluindo compras, finanças, jurídico e até RH — geralmente não têm o conhecimento necessário para determinar o que fará a diferença positiva. Não é fácil distinguir o que é baseado em evidências do que apenas soa bem no papel. A tendência natural do não especialista é financiar a opção mais barata com a lista mais longa de recursos. Se ele não é capaz de comparar o impacto de duas opções no desempenho e no bem-estar, o que é mais chamativo acaba sendo considerado mais valioso.

Tudo isso se conecta ao quarto e último obstáculo à abordagem proativa para o sucesso do funcionário, que é a apreensão da tradução da pesquisa sobre ciência comportamental disponível na prática. Segundo esse argumento, será que realmente sabemos o suficiente para ter noção de que habilidades psicológicas são mais vitais para o sucesso — não só hoje, mas no futuro? E para diminuir o risco de doenças psicológicas? A ciência é precisa o bastante para determinar onde devem ser feitos os investimentos?

Acreditamos que a resposta para essas perguntas, conforme delineadas nos nove primeiros capítulos deste livro, é um retumbante sim. Temos três décadas de dados documentando a relação entre a melhoria do bem-estar psicológico e a redução dos riscos de uma ampla gama de doenças físicas e mentais e detalhando as intervenções que funcionam. No lado da ciência aplicada, nosso ramo está na terceira ou quarta geração de intervenções, plataformas, ferramentas e serviços novos baseados em evidências para dar suporte ao crescimento e ao bem-estar dos funcionários. E aprendemos muito durante o caminho. Resumimos, ao longo destas páginas, as cinco principais habilidades psicológicas que nossas pesquisas mostram que os trabalhadores precisarão ter para alcançar o sucesso em nossas indústrias cada vez mais voláteis, globais e automatizadas. É possível que as organizações não sejam capazes de enfrentar todos esses desafios de uma só vez, mas temos todas as evidências de que precisamos para começar.

Todas essas barreiras — a complexidade do caso de negócios, a divisão entre remediação e crescimento, o desconforto em traduzir a ciência comportamental para a prática — tornam desafiadora para as corporações a tarefa de adotar uma abordagem de prevenção primária para o bem-estar dos funcionários. Mas esses obstáculos são superáveis.

Mas, então, qual é a alternativa?

Podemos aprender, em primeiro lugar, com as empresas líderes que se concentram diretamente na prosperidade. Essas corporações trabalham para preencher a lacuna entre Benefícios e A&D por meio de colaborações nos mais altos níveis de liderança. A Hilton é um exemplo. Os líderes seniores de A&D e de Benefícios da Hilton atuam em parceria para pensar de forma holística sobre o suporte de que seu pessoal mais precisa, trabalhando de trás para a frente, a partir do resultado comum desejado de prosperidade do funcionário. Resultado: a empresa está sempre listada como um dos melhores lugares para se trabalhar no mundo, superando com frequência negócios com margens de lucro mais elevadas. O sucesso da Hilton mostra que não se trata de gastar mais com a experiência do funcionário — não há necessidade de oferecer benefícios como gramados bonitos ou lavagem a seco —, mas de gastar de maneira mais inteligente. Nas palavras da diretora de RH da Hilton, Laura Fuentes: "Para mim, tudo se resume a criar não uma experiência de trabalho ou de funcionário, mas uma experiência humana que faça as pessoas se sentirem vistas, bem-vindas, ouvidas, cuidadas, que lhes permita cuidar de suas famílias e entes queridos, sentir que pertencem a algo maior do que elas mesmas".[9] Uma visão tão ousada exige colaboração entre os setores.

Michael Ross, ex-diretor de RH da Visa, consultor da BetterUp e palestrante da Escola de Administração de Stanford, destaca a necessidade de infundir essa abordagem holística para construir a prosperidade nas entranhas da rede de RH — de ferramentas a processos e métricas. Segundo ele, sem isso "você tem apenas palavras numa página". Por exemplo, uma crença central para a organização proativa é a de que os funcionários não podem atingir seu potencial profissional se não estiverem prosperando, nem a organização pode obter retornos máximos. Assim, qualquer planejamento estratégico com foco no desempenho e no potencial da força de trabalho deve incluir não apenas os departamentos de A&D e de Recrutamento de Talentos, mas também o de Benefícios. Segundo Ross, "quando você adota uma visão mais holística das necessidades de bem-estar, do suporte à saúde mental ao coaching de desempenho, as funções modernas de RH podem trabalhar juntas para ajudar os funcionários a maximizarem seu desempenho e seu potencial e, com isso, criar uma cultura em que possam de fato prosperar".

É possível que, em outras organizações, não baste alavancar estruturas e processos existentes, e talvez nesse caso seja necessário adotar uma abordagem ainda mais radical. Essa abordagem unificaria, em termos de estrutura, os responsáveis pela prosperidade do trabalhador — incluindo grandes partes de Benefícios e A&D — numa única unidade que chamaremos de Equipe de Prosperidade do Funcionário (EPF). A EPF seria responsável pela saúde física e emocional e pelo crescimento tanto pessoal quanto profissional de cada funcionário. Diversas partes interessadas, de investidores a clientes e líderes seniores, teriam que confiar na EPF, que estaria sempre aperfeiçoando o ativo mais valioso da empresa — seu pessoal —, de modo a prepará-lo para enfrentar os desafios imprevistos. Os principais indicadores de sucesso dessa equipe incluiriam medidas como o PERMA, a importância organizacional, a resiliência, a inovação e a prospecção. Seus principais investimentos seriam analisados e aprovados por tomadores de decisão fluentes nas ciências comportamentais, com foco na prevenção primária. A continuidade do financiamento de qualquer programa dependeria de uma melhoria mensurável nas métricas mais importantes da EPF: retenção de funcionários, desempenho e custos de assistência médica. Essa grande transformação estrutural também exigiria uma reflexão cuidadosa sobre quais funções atualmente sob os guarda-chuvas de Benefícios e A&D precisariam ser eliminadas para preservar o foco da nova equipe.

Essa reprogramação substancial do RH — seja por meio de uma reestruturação ou da colaboração próxima e frequente entre A&D e Benefícios — requer a adesão não apenas do diretor de RH, mas também do CEO e até mesmo do conselho de administração. Esses líderes precisam compartilhar da mesma visão sobre a prontidão da força de trabalho, uma visão segundo a qual a prosperidade e a agilidade dos funcionários são o maior baluarte da empresa contra a incerteza acelerada sobre o futuro.

Talvez um dia nossos filhos entrem no mercado de trabalho já armados com as habilidades descritas neste livro. Grande parte das capacidades discutidas aqui — resiliência, agilidade cognitiva, regulação emocional, autoeficácia criativa, habilidades sociais avançadas — são, de fato, adquiridas com mais eficácia quando se é mais jovem. A forma como pensamos, por que fazemos as escolhas que fazemos, a forma como mudamos, de que habilidades cognitivas precisamos para ter uma vida saudável e significativa — nenhum desses tópicos é opcional para a nossa geração. Eles são a chave para nossa sobrevivência e sucesso. Nos estágios finais da Revolução Industrial, nossos antepassados organizaram grandes reformas educacionais para ajudar a preparar os alunos para novas formas de trabalho.[10] Hoje, ao redor do mundo, educadores, administradores e legisladores apaixonados e com visão de futuro estão se esforçando para introduzir tópicos relativos à prosperidade na sala de aula em todos os níveis, ao mesmo tempo que gerenciam o próprio fardo de trabalho emocional e a náusea causada pelas corredeiras. Eles precisam do nosso apoio — como pais e também como membros da comunidade empenhados em ajudar a próxima geração a aparecer com um tanque cheio de resiliência, pronta para tudo.

Conclusão

CEOs e diretores de RH nos perguntam com frequência de que forma a pandemia reformulou nosso pensamento. Como funcionou a mudança da covid-19? O que essas mudanças significam para o sucesso nesta nova era? Que capacidades psicológicas todos nós precisaremos ter para viver num mundo pós--covid-19?

Responder a essas questões prementes requer uma inversão figura-fundo. A pandemia representa uma versão extrema das corredeiras, mas não é uma espécie diferente da revolução que já estava acontecendo. O impacto generalizado da covid-19 em nossa economia só foi possível devido à natureza preexistente da economia: global, contingente, incerta.

Como ponto de comparação, consideremos por exemplo a gripe espanhola de 1918-20, que matou 40 milhões de pessoas — 2% da população mundial na época. (O equivalente hoje seria de 160 milhões de mortes, mais de dez vezes as maiores estimativas do número de mortes nos dois primeiros anos de covid-19.) Apesar do enorme número de mortes da gripe espanhola, seu impacto econômico foi relativamente modesto, provocando uma queda de 6% a 8% no PIB.[1] Os desafios econômicos foram acima de tudo locais, porque uma economia realmente global ainda não se havia consolidado, e os impactos se deram conforme o mundo de trabalho à época.[2]

O mundo atual parece diferente, e o impacto da covid-19 tomou igualmente a sua forma, acelerando a turbulência que já existia. Antes da pandemia, pensávamos que o mundo estava mudando rapidamente, mas a covid-19 nos mostrou como as mudanças podem ocorrer ainda mais depressa. O McKinsey Global Institute estima que a pandemia irá acelerar as transições ocupacionais em até 25%. (Para chegar a esse número, eles modelaram mudanças na rotatividade de empregos para oitocentas ocupações, resultantes de três tendências principais desencadeadas pela pandemia:[3] a rápida adoção da inteligência artificial, o crescimento do comércio eletrônico e das entregas e as mudanças no ambiente de trabalho local e nas viagens.) Já estávamos sapateando em alta velocidade; agora, a música está tocando 25% mais rápido.

Estamos avançando 25% mais rápido em direção à perda de emprego, à mudança de emprego e à mudança de função. Nossas habilidades, que já tinham vida útil curta, vão expirar 25% mais rápido, sobretudo para os trabalhadores nas faixas salariais mais baixas. Vimos o alto custo humano dessas mudanças. No ano seguinte à demissão, as taxas de mortalidade aumentam de 50% a 100%.[4] Suicídio, depressão, toxicomania e ansiedade aumentam dramaticamente com o desemprego.[5]

Tudo isso, em toda a população, 25% mais rápido.

Centenas de milhões de trabalhadores em todo o mundo vivenciaram essa incerteza acelerada nos últimos anos. Tristeza, medo, letargia, falta de foco, preocupação constante — tudo isso lhe soa familiar? Desde o início da pandemia, os sintomas de ansiedade e depressão aumentaram em até 400%, sobretudo entre os jovens adultos, comunidades negras, trabalhadores dos serviços essenciais e mães.[6] A toxicomania e o pensamento suicida também dispararam. Em parte, isso foi impulsionado pelas primeiras ondas de perda e transição de emprego — de fato, as taxas de ansiedade e depressão são significativamente maiores entre aqueles que perderam o emprego durante a pandemia. Mas mesmo os trabalhadores que não passaram por mudanças em seus empregos e funções viram um aumento na turbulência emocional, resultante do clima de isolamento social, incerteza e mudanças constantes.

Não precisamos — não devemos — ser vítimas.

Hoje, dispomos de uma vantagem histórica excepcional que oferece um novo caminho. Ao contrário dos trabalhadores da Revolução Industrial, que também sofreram com a toxicomania e a ansiedade após uma enorme transformação no trabalho, e ao contrário do *Homo sapiens*, cuja transição para a agricultura anunciou o primeiro grande descompasso entre nossa labuta diária e o tipo de trabalho para o qual evoluímos, temos, hoje, um corpo de evidências rico e cada vez maior para nos ajudar a ajudar a nós mesmos.

Talvez o produto mais humano e transformador de dezenas de milhares de anos de existência do nosso cérebro moderno seja o conhecimento de como nos adaptar psicologicamente às condições desumanas de nossa própria criação. As inovações tecnológicas tornaram a vida mais rápida e duradoura. Criaram uma riqueza vasta. Mas não nos fizeram prosperar. As ciências comportamentais fornecem uma tábua de salvação em meio ao caos. Elas abrem a porta para uma vida mais agradável e cheia de realizações.

Sabemos quais habilidades serão necessárias para prosperar nas próximas décadas de trabalho. Vamos precisar, antes de tudo, de um grau excepcional de resiliência psicológica para nos recuperarmos ilesos desses desafios extremos ao nosso bem-estar. O cerne dessa capacidade é a agilidade cognitiva para identificar e aproveitar novas oportunidades, tanto como indivíduos quanto como organizações. Vamos precisar de uma conexão profunda com o nosso *porquê essencial* — um forte e constante senso de importância para alimentar o trabalho árduo de adaptação tanto no trabalho quanto em casa. Vamos precisar uns dos outros — como colegas, líderes, amigos — para ter sucesso na força de trabalho moderna, cada vez mais complexa e interdependente. Também vamos precisar que nossos relacionamentos nos protejam dos males causados pelo isolamento social. Não temos mais as unidas comunidades de caçadores-coletores para nos servir de apoio, mas podemos desenvolver as habilidades necessárias para nos conectarmos rapidamente, mesmo nessa turbulência extraordinária.

Além disso, o mundo das corredeiras, com todos os seus desafios psicológicos, nos oferece a oportunidade de desenvolver dois superpoderes exclusivamente humanos: a prospecção e a criatividade. A natureza repetitiva do trabalho na Revolução Industrial desumanizou os trabalhadores. Nossa transformação atual, por outro lado, exige que nos reconectemos com nossas capacidades criativas mais humanas a fim de prosperar. A prospecção é a meta skill da nossa era. Quanto mais sofisticadas, precisas e abrangentes forem nossas habilidades de previsão, maior será nossa autodeterminação numa era de constantes mudanças. Indivíduos, equipes e empresas que se destacarem na prospecção sempre vencerão nas corredeiras — contanto que sejam capazes de prever e reagir com criatividade. A criatividade não é mais um território especial dos artistas ou dos pesquisadores de elite. Hoje, todos os trabalhadores precisam ser criativos, observar novas tendências e encontrar respostas inovadoras. As organizações que cultivarem a criatividade em todos os níveis terão retornos extraordinários. As que não fizerem isso ficarão para trás.

Todos nós, como indivíduos, podemos construir os poderes do PRISM: prospecção; resiliência e agilidade; inovação e criatividade; conexão social por meio da formação de afinidade rápida; e importância. Eles estão ao alcance de todos, por meio do trabalho pessoal auto-orientado, do trabalho com coaches e treinadores ou da prática com amigos e colegas de trabalho. Todo indivíduo que decidir empreender sua jornada em direção à Mente do Amanhã fará valer a pena nossos esforços para escrever este livro.

A partir desse novo ponto de vista, também podemos nos aproveitar das mudanças organizacionais para acelerar a prosperidade de forma muito mais drástica. Todos os anos, cerca de 400 bilhões de dólares são gastos na formação de trabalhadores, em grande parte aprimorando habilidades com curto prazo de validade.[7] Todos os anos, os empregadores americanos gastam 15 mil dólares adicionais por funcionário para aqueles que lutam contra doenças mentais.[8] Se reconfigurarmos nossas organizações para que parem de dividir as necessidades profissionais e psicológicas dos trabalhadores, e em vez disso passem a focar de forma proativa e holística nas capacidades humanas duradouras descritas neste livro, diminuiremos radicalmente esses custos e produziremos retornos descomunais na forma de desempenho e inovação sustentáveis.

Em sua última década de vida, Abraham Maslow, pioneiro da psicologia humanista, voltou sua atenção para o ambiente de trabalho. Em seu estudo de 1965, *Maslow no gerenciamento*, ele explicou essa mudança de foco da seguinte forma:

Há muito desisti da possibilidade de melhorar o mundo ou a espécie humana por meio da psicoterapia. Isso é impraticável. Na verdade, é quantitativamente impossível [...]. Então, mesmo sendo uma utopia, eu me voltei para a educação como forma de impactar toda a espécie humana [...]. Só recentemente me dei conta de que tão importante quanto a educação, ou talvez ainda mais importante, é a vida profissional do indivíduo, tendo em vista que todos trabalham. Se é possível aplicar as lições da psicologia, da psicoterapia, da psicologia social etc. à vida econômica do homem, então minha esperança é de que com isso ela também possa receber um encaminhamento positivo, tendendo, assim, a influenciar os princípios de todos os seres humanos.[9]

Sessenta anos depois, com base em centenas de milhares de pesquisas abarcando psicologia, psiquiatria, comportamento organizacional, economia comportamental, neurociência etc., temos em mãos a ciência necessária para concretizar a visão de Maslow. Prosperar nas corredeiras não só é possível como está ao alcance tanto de funcionários quanto de organizações. Só precisamos usar as ferramentas disponíveis e trabalhar para desenvolver nossa Mente do Amanhã.

A mudança está chegando mais rápido a cada dia que passa. Como você vai reagir?

Apêndice
Avaliação Whole Person Model

A BetterUp é uma plataforma virtual que possibilita o crescimento e o desenvolvimento das pessoas, fornecendo a elas coaching profissional, recursos de conteúdo que atendam às suas necessidades e outras experiências de aprendizado e desenvolvimento. Criada pela BetterUp, a avaliação Whole Person Model (WPM) fornece uma medida de todas as áreas de desenvolvimento pessoal e profissional para adultos que trabalham. A BetterUp desenvolveu a WPM para medir de forma holística e abrangente os tipos de mentalidade, comportamentos e resultados que são fundamentais tanto para o bem-estar pessoal quanto para o sucesso no trabalho. Ela preenche duas necessidades principais: a) fornecer uma medida abrangente dos construtos de bem-estar e liderança com fortes propriedades psicométricas; e b) proporcionar um relatório prático e focado no desenvolvimento. A WPM foi concebida para o desenvolvimento pessoal e profissional, e não como suporte para decisões de recrutamento.

O restante deste apêndice fornece detalhes sobre o processo de desenvolvimento e validamento da avaliação. Caso deseje, solicite um relatório técnico completo pelo site da BetterUp.

O desenvolvimento da WPM começou em 2018, com uma revisão profunda da literatura acadêmica nos campos das psicologias organizacional, do desenvolvimento e positiva. Após a revisão completa das pesquisas publicadas, com foco na literatura sobre estabelecimento de metas, bem-estar e liderança, identificamos e categorizamos indicadores proximais e distais de crescimento pessoal e profissional. Como parte da revisão da literatura, a equipe de psicometria da BetterUp Labs identificou medidas comuns e amplamente utilizadas de construtos da WPM, as quais, por sua vez, nos orientaram na elaboração de um conjunto inicial de itens em uma ampla gama de categorias. O feedback dos psicólogos, consultores científicos e líderes empresariais da BetterUp ajudou a refinar ainda mais esse conjunto inicial de itens. A estrutura geral da WPM foi validada em amostras representativas de trabalhadores profissionais numa ampla variedade de setores, tanto em nível de colaboradores individuais quanto de gerência.

Para desenvolver itens e escalas capazes de medir cada componente da WPM, os membros da BetterUp Labs seguiram as melhores práticas, conforme descritas nos *Standards* (American Educational Research Association, 2014). A primeira etapa na concepção da WPM foi identificar construtos a serem incluídos, descartados ou modificados no modelo. Houve uma revisão da literatura e discussões com as principais partes interessadas e especialistas no assunto. Via de regra, construtos específicos foram escolhidos a partir da grande experiência profissional da equipe de validação inicial, das análises empíricas dos dados existentes coletados pela BetterUp de 2016 a 2018 e da avaliação das entrevistas com os stakeholders. Um modelo hipotético foi desenvolvido por uma equipe de nove psicólogos industriais/organizacionais composta por membros da BetterUp Labs, profissionais liberais e professores universitários. A BetterUp desenvolveu a WPM com o objetivo de estabelecer diretrizes, fornecer feedback e acompanhar o desenvolvimento dos indivíduos durante as sessões de coaching. Na estrutura inicialmente hipotetizada pela WPM havia fatores de alta ordem para comportamentos inspiradores (comportamentos centrais de liderança) e estados de prosperidade (bem-estar pessoal). As mentalidades e os resultados estão direta e distalmente relacionados aos comportamentos centrais que são alvos de mudança. Na hipótese criada, os fatores de prosperidade e de inspiração eram compostos por três ou quatro dimensões mais amplas, cada uma consistindo em duas a três subdimensões mais restritas. Depois de finalizar a estrutura hipotética dos componentes prosperidade e inspiração, os psicólogos da BetterUp criaram definições operacionais para todos os construtos.

Com base na estrutura de avaliação hipotética da WPM, os itens foram escritos de modo a medir as mentalidades relevantes, os comportamentos de prosperidade e inspiração e os resultados. Deu-se atenção específica à criação de formas alternativas de medir comportamentos de liderança, que levam em conta o fato de o entrevistado ser colaborador individual ou gerente. Todos os itens foram compilados e revisados por dois membros separados da equipe. Em seguida houve uma discussão, com o objetivo de resolver problemas e remover itens conforme necessário. Um conjunto final de 345 itens foi criado e administrado a uma amostra de validação representativa. Além disso, escalas psicométricas previamente validadas foram coadministradas na amostra de validação, de modo a avaliar evidências de validade discriminante e convergente da WPM.

A fim de confirmar a estrutura da WPM, 1030 trabalhadores qualificados foram recrutados para participar da avaliação. Todos os participantes aptos a serem incluídos no estudo de validação haviam participado anteriormente de outros estudos com a BetterUp, que, com isso, teve acesso às pontuações de outras avaliações. A amostra era composta por 57% de homens, com idade média de 39 anos, trabalhando na mesma empresa em média há seis anos e com carga horária média de 42 horas semanais. O número de gerentes (N = 485) e de colaboradores individuais (N = 545) recrutados foi semelhante, permitindo uma análise adequada de duas formas de avaliação de comportamentos de liderança. Os participantes responderam à versão da avaliação de liderança com base na função que ocupavam à época.

Inicialmente, a análise dos itens foi conduzida com o intuito de identificar e excluir os itens de baixo desempenho do conjunto completo de 345 itens, determinados por meio da avaliação de médias, desvios padrão, assimetria, curtose, correlações interitens, correlações item-total e consistência interna de escalas compostas pelo(s) item(ns) em questão. Os itens foram considerados de baixo desempenho quando as médias eram muito altas, os desvios padrão eram muito baixos, os valores de assimetria e curtose eram muito altos ou as correlações interitem/item-total eram muito baixas (em termos relativos e absolutos). No geral, testamos se os itens dentro de cada escala tinham uma correlação alta o bastante para que fosse apropriado haver uma pontuação total para cada conjunto de itens.

Essas análises levaram a uma redução no número de itens administrados nos domínios da WPM, a saber: mentalidades, comportamentos de prosperidade, comportamentos de inspiração e resultados. As escalas de mentalidades e resultados se baseiam em construtos bem validados e estudados (por exemplo, autoeficácia, lócus de controle, estresse, burnout). Portanto, não utilizamos a análise fatorial para testar a estrutura fatorial das medidas de mentalidades e resultados. Utilizamos a análise de itens para reduzir cada um deles em cada subescala de mentalidades e resultados, enquanto a análise fatorial hierárquica foi usada para reduzir os conjuntos de itens dos domínios prosperidade e inspiração. Todas as escalas demonstraram alta consistência interna.

Realizamos uma análise fatorial hierárquica para confirmar o modelo estrutural e recuperar o modelo de medição dos domínios de prosperidade e inspiração. O modelo estrutural consistia em várias subdimensões dentro de dimensões mais amplas, as quais faziam parte de fatores de prosperidade ou inspiração de alta ordem. Para avaliar a estrutura fatorial da WPM, uma série de análises fatoriais confirmatórias (CFA) foram ajustadas, usando procedimentos de estimativas por máxima verossimilhança no MPlus 8.0. A amostra original de 1030 participantes foi dividida em duas a fim de originar duas amostras independentes e com isso validar nosso modelo. O objetivo era evitar o sobreajuste do modelo a um conjunto de participantes caso as modificações do modelo se mostrassem necessárias. A estrutura final do domínio de prosperidade demonstrou excelente ajuste com base nos pontos de corte de erro padrão da média (SEM) usados (ver Hu e Bentler, 1999) — $\chi^2(480) = 864,25$, p > 0,05, índice de ajuste comparativo (CFI) = 0,95, raiz do erro médio quadrático de aproximação (RMSEA) = 0,04, raiz do erro médio quadrático residual padronizado (SRMR) = 0,06 —, além de ajuste quase idêntico na amostra de retenção: $\chi^2(480) = 873,45$, p > 0,05, CFI = 0,95, RMSEA = 0,04, SRMR = 0,05. Para o domínio da inspiração, foram criadas amostras de validação e retenção. A amostra inicial de validação e retenção continha metade do total de colaboradores individuais disponíveis ($N = 273$) e metade dos líderes ($N = 243$). A amostra de líderes foi a amostra de validação primária para o teste de modelo iterativo, e a amostra de validação de colaborador individual foi usada para fornecer informações adicionais nos momentos em que foi necessário fazer mudanças no modelo. Após dois pequenos ajustes de redação em dois itens de inspiração para colaboradores individuais e gerentes, dividimos nossa amostra de inspiração ainda mais. No total, tivemos quatro amostras independentes para inspiração. A estrutura final de inspiração para líderes gerou um ajuste aceitável: $\chi^2(242) = 441,841$, $p > 0,05$, CFI = 0,92, RMSEA = 0,06, SRMR = 0,06. O ajuste do modelo na amostra de retenção de líderes foi aceitável: $\chi^2(242) = 454,95$, $p > 0,05$, CFI = 0,90, RMSEA = 0,06, SRMR = 0,06. O mesmo padrão se manteve para a amostra de validação dos colaboradores individuais: $\chi^2(242) = 432,746$, $p > 0,05$, CFI = 0,93, RMSEA = 0,05, SRMR = 0,06. O ajuste de modelo da amostra de retenção de colaboradores individuais também mostrou um ajuste aceitável: $\chi^2(242) = 426,70$, $p > 0,05$, CFI = 0,89, RMSEA = 0,07, SRMR = 0,07. Após o ajuste das quatro amostras, identificou-se um caso de Heywood (ou seja, $\lambda > 1,0$ e variação residual negativa em uma dimensão). O caso de Heywood foi tratado restringindo-se a variância residual da dimensão de modo a torná-la positiva, e em seguida o modelo foi reexecutado em todas as quatro amostras. O tratamento não influenciou as estatísticas de ajuste.

Foram utilizadas escalas preexistentes validadas na literatura sobre bem-estar e liderança a fim de avaliar tanto a validade discriminante quanto a convergente. A WPM demonstrou o padrão esperado de correlações com essas medidas. Diversas análises multivariadas de variância foram conduzidas no intuito de detectar diferenças entre status gerencial, gênero e etnia entre os componentes da WPM. Embora tenha havido um pequeno número de diferenças estatisticamente significativas entre os grupos demográficos, sua magnitude foi pequena e teve pouca representatividade na variância. Além disso, nossas análises de teste-reteste de um mês e três meses revelaram que a WPM 2.0 era estável ao longo do tempo na amostra de validação que não havia recebido coaching profissional.

Caso deseje receber mais informações sobre a WPM e seu processo de validação, solicite à equipe da BetterUp Labs pelo site da BetterUp.

Agradecimentos

Queremos agradecer a muitos amigos, familiares e colegas pelas importantes contribuições para este livro.

Obrigado a Alexi Robichaux e Eduardo Medina, fundadores da BetterUp, pelo trabalho visionário na criação da empresa que nos uniu. Obrigado aos nossos colegas da BetterUp, especialmente à família BetterUp Labs, pelas muitas e grandes contribuições para as ideias e os insights que tentamos humildemente coletar para o benefício de um público mais amplo.

Obrigado a Naomi Arbit, Andrew Reece, Roy Baumeister, Rebecca Goldstein, Sonja Lyubomirsky, John Seely Brown, Christine Carter, Philip Streit, Barry Schwartz, Kurt Grey, Diana Tamir, Ayelet Ruscio, Betty Sue Flowers, Yisroel Brumer, David Yaden, Jackie Gaffney, Austin Eubanks, Elena Auer, Sebastian Marin, Nkosi Jones, Michael Ross, Karen Lai, Shevaun Lee, Tom Van Gilder, Evan Sinar, Derek Hutchinson, Alexis Jeannotte, Allison Yost, Erin Eatough, Shonna Waters, Adam Rosenzweig e Sarah Sugarman por suas contribuições para este trabalho.

Obrigado a Chris Parris-Lamb e a Stephanie Hitchcock por acreditarem no projeto e por conduzirem meticulosamente o original ao longo dos estágios editoriais.

Obrigado a Jesse Kellerman e a Mandy Seligman pelo apoio inabalável. E, por fim, um agradecimento especial de Gabriella a Oscar, Masha, Teddy, Henry e Abram. Esperamos deixar este mundo de trabalho um pouco melhor a tempo de sua chegada a ele.

Notas

INTRODUÇÃO [pp. 9-24]

1. Graeme Payne, conversa com Gabriella Rosen Kellerman, 11 nov. 2021.

2. "Regional Gross Domestic Product: Year Ended March 2019". Governo da Nova Zelândia. Disponível em: <www.stats.govt.nz/information-releases/regional-gross-domestic-product-year-ended-march-2019>; "Exploring Our Economy Series, Volume 1: Exploring the Christchurch Industries". Christchurch, Nova Zelândia. Disponível em: <www.christchurchnz.com/media/vn-qfyya1/volume-1_explore-our-industries.pdf>; "Situation and Outlook for Primary Industries June 2021". Ministério das Indústrias Primárias da Nova Zelândia. Disponível em: <www.mpi.govt.nz/dmsdocument/45451-Situation-and-Outlook-for-Primary-Industries-SOPI-June-2021>.

3. Graeme Payne, *The New Era of Cybersecurity Breaches*. Cumming (Geórgia): CyberSecurity4Executives, 2019, pp. 1-2.

4. Ibid., p. 5.

5. Ibid., pp. 6, 167-8; Tonya Riley, "The Cybersecurity 202: Global Losses from Cybercrime Skyrocketed to Nearly \$1 Trillion in 2020, New Report Finds". *Washington Post*, 7 dez. 2020. Disponível em: <www.washingtonpost.com/politics/2020/12/07/cybersecurity-202-global-losses-cybercrime-skyrocketed-nearly-1-trillion-2020>.

6. Graeme Payne, *The New Era of Cybersecurity Breaches*, p. 35.

7. Neil Ford, "Credit Reporting Company Equifax Suffers Old-Fashioned Data Breach". IT Governance. Disponível em: <www.itgovernanceusa.com/blog/credit-reporting-company-equifax-suffers-old-fashioned-data-breach>.

8. John McCrank e Jim Finkle, "Equifax Breach Could Be Most Costly in Corporate History". Reuters, 2 mar. 2018.

9. Graeme Payne, *The New Era of Cybersecurity Breaches*, p. 129.

10. Ibid., pp. 113, 175.

11. Kristy Threlkeld, "Employee Burnout Report". Indeed.com, 11 mar. 2021. Disponível em: <www.indeed.com/lead/preventing-employee-burnout-report>; "Employee Burnout is Ubiquitous, Alarming — and still Underreported". McKinsey & Company, 16 abr. 2021. Disponível em: <www.mckinsey.com/featured-insights/coronavirus-leading-through-the-crisis/charting-the-path-to-the-next-normal/employee-burnout-is-ubiquitous-alarming-and-still-underreported>.

12. "Workplace Stress Continues to Mount". Korn Ferry. Disponível em: <www.kornferry.com/insights/this-week-in-leadership/workplace-stress-motivation>.

13. J. Goh, J. Pfeffer e S. A. Zenios, "The Relationship between Workplace Stressors and Mortality and Health Costs in the United States". *Management Science*, v. 62, n. 2, pp. 608-28, mar. 2015.

14. Para uma visão convincente do impacto causado hoje em dia pelo estresse no trabalho, ver Jeffrey Pfeffer, *Morrendo por um salário* (Rio de Janeiro: Alta Books, 2019).

15. James Manyika, Susan Lund, Michael Chui, Jacques Bughin, Jonathan Woetzel, Parul Batra, Ryan Ko e Saurabh Sanghvi, "Jobs Lost, Jobs Gained: What the Future of Work Will Mean for Jobs, Skills, and Wages". McKinsey Global Institute, 28 nov. 2017. Disponível em: <www.mckinsey.com/featured-insights/future-of-work/jobs-lost-jobs-gained-what-the-future-of-work-will-mean-for-jobs-skills-and-wages>.

16. Daniel Sullivan e Till von Wachter, "Job Displacement and Mortality: An Analysis Using Administrative Data". *Quarterly Journal of Economics*, v. 124, n. 3, pp. 1265-306, ago. 2009.

17. "Economic News Release". Bureau of Labor and Statistics. Disponível em: <www.bls.gov/news.release/tenure.t01.htm>.

18. Estimado por Global Workplace Analytics, "Work at Home After Covid-19". Disponível em: <globalworkplaceanalytics.com/work-at-home-after-Covid-19-our-forecast>.

19. Jeffrey Pfeffer, *Morrendo por um salário*.

1. NOSSO CÉREBRO EM AÇÃO [pp. 25-39]

1. Felipe Fernández-Armesto, "Before the Farmers: Culture and Climate, from the Emergence of *Homo sapiens* to about Ten Thousand Years Ago". In: David Christian (Org.), *The Cambridge World History, Volume 1: Introducing World History (to 10,000 BCE)*. Cambridge: Cambridge University Press, 2017, p. 316; Patrick Manning, "Migration in Human History". In: David Christian (Org.), op. cit., p. 281.

2. John F. Hoffecker, "Migration and Innovation in Paleolithic Europe". In: David Christian (Org.), op. cit., p. 400.

3. O intervalo mais preciso parece ser de 100 mil a 35 mil anos atrás. Ver Simon Neubauer, Jean-Jacques Hublin e Philipp Gunz, "The Evolution of Modern Human Brain Shape". *Science Advances*, v. 4, n. 1, 24 jan. 2018. O historiador Yuval Noah Harari defende que esse acontecimento se deu há 70 mil anos, fiando-se em evidências que vão além do tamanho do cérebro. Ver Yuval Noah Harari, *Sapiens: Uma breve história da humanidade*. São Paulo: Companhia das Letras, 2020.

4. Simon Neubauer et al., op. cit.

5. John F. Hoffecker e Ian T. Hoffecker, "Technological Complexity and the Global Dispersal of Modern Humans". *Evolutionary Anthropology*, v. 26, n. 6, pp. 285-99, 2017. Os neandertais eram conhecidos por transferir o fogo de um lugar para outro, em vez de criá-lo. Ver A. C. Sorensen, E.

Claud e M. A. Soressi, "Neandertal Fire-Making Technology Inferred from Microwear Analysis". *Scientific Reports*, v. 8, n. 1, p. 10 065, jul. 2018; e Simon Neubauer et al., op. cit.

6. Para desenvolver a linguagem, também precisávamos de um equipamento além do neural. Assim, cerca de 50 mil anos atrás, o *Homo sapiens* desenvolveu uma faringe no ângulo correto em relação à boca, algo que não ocorreu com os demais hominídeos. Com isso, ele se tornou capaz de vocalizar, mas agora corre o risco de morrer engasgado. Ver "Early Humans: Tools, Language, and Culture". In: David Christian (Org.), op. cit., p. 344.

7. Yuval Noah Harari, op. cit., p. 59.

8. John F. Hoffecker e Ian T. Hoffecker, "The Structural and Functional Complexity of Hunter--Gatherer Technology". *Journal of Archaeological Method and Theory*, v. 25, n. 1, mar. 2018.

9. Marshall Sahlins, "Hunter-Gatherers: Insights from a Golden Affluent Age". *Pacific Ecologist*, inverno 2009. Disponível em: <pacificecologist.org/archive/18/pe18-hunter-gatherers.pdf>.

10. John T. Hoffecker, op. cit., pp. 406-10.

11. Samuel Bowles e Jung-Kyoo Choi, "Coevolution of Farming and Private Property During the Early Holocene". *Proceedings of the National Academy of Sciences of the United States of America*, v. 110, n. 22, pp. 8830-5, jul. 2012.

12. Para uma discussão sobre a agricultura, ver Matthew Ridley, *How Innovation Works and Why It Flourishes in Freedom* (Nova York: Harper, 2021). Ver também a documentação de Ridley sobre a inovação, elaborada por diversos colaboradores.

13. Alan H. Simmons, "Early Agriculture in Southwest Asia". In: Graeme Barker e Candice Goucher (Orgs.), *The Cambridge World History, Volume 2: A World with Agriculture 12,000 BCE to 500 CE*. Cambridge: Cambridge University Press, 2017, p. 217.

14. Tom Dillehay, "Nanchoc Valley, Peru". In: Graeme Barker e Candice Goucher (Orgs.), op. cit., p. 552.

15. Simon Neubauer et al., op. cit.

16. Roy F. Baumeister, Wilhelm Hofmann, Amy Summerville, Philip T. Reiss e Kathleen D. Vohs, "Everyday Thoughts in Time: Experience Sampling Studies of Mental Time Travel". *Personality and Social Psychology Bulletin*, v. 46, n. 12, pp. 1631-48, 25 mar. 2020.

17. Katherine J. Latham, "Human Health and the Neolithic Revolution: An Overview of Impacts of the Agricultural Transition on Oral Health, Epidemiology, and the Human Body". *Nebraska Anthropologist*, p. 187, 2013.

18. Dan W. Grupe e Jack B. Nitschke, "Uncertainty and Anticipation in Anxiety: An Integrated Neurobiological and Psychological Perspective", *Nature Reviews Neuroscience*, v. 14, n. 7, pp. 488-501, jun. 2013; ver também Alison A. Macintosh, Ron Pinhasi e Jay T. Stock, "Early Life Conditions and Physiological Stress Following the Transition to Farming in Central/Southeast Europe: Skeletal Growth Impairment and 6,000 Years of Gradual Recovery". *PLOS ONE*, v. 11, n. 2, e0148468, fev. 2016; e Spencer Wells, *Pandora's Seed: The Unforeseen Cost of Civilization*. Nova York: Random House, 2010.

19. Xinyi Lui, Zhijun Zhao e Guoxiang Liu, "Xinglonggou, China". In: Graeme Barker e Candice Goucher (Orgs.), op. cit., p. 342. Em certos momentos a especialização assumiu formas mais exóticas. As comunidades agrícolas faziam escambo para obter artesanatos raros, como espelhos ou machados de jadeíta, produzidos por artesãos que também apreciavam o trabalho delas. Ver Amy Bogaard, "Communities". In: Graeme Barker e Candice Goucher (Orgs.), op. cit., p. 153.

20. Kate Hodal, "One in 200 People Is a Slave. Why?". *The Guardian*, 25 fev. 2019. Disponível em: ‹www.theguardian.com/news/2019/feb/25/modern-slavery-trafficking-persons-one-in-200.›

21. Yuval Noah Harari, op. cit., p. 142.

22. Marjorie Bloy, "Michael Thomas Sadler (1780-1835)". A Web of English History. Disponível em: ‹www.historyhome.co.uk/people/sadlerbg.htm›.

23. Trechos do depoimento de Matthew Crabtree, "The Sadler Report on Child Labor". Disponível em: ‹www.academia.edu/35166832/The_Sadler_Report_Report_on_Child_Labor›.

24. Paul Josephson, "The History of World Technology, 1750-Present". In: R. McNeill e Kenneth Pomeranz (Orgs.), *The Cambridge World History, Volume 7: Production, Destruction, and Connection, 1750-Present: Structure, Spaces, and Boundary Making*. Cambridge: Cambridge University Press, 2015, pp. 136-63.

25. James Manyika et al., op. cit.

26. Bernard Semmel, "The Friendly Societies in England, 1815-1875. By P. H. J. H. Gosden (Manchester: Manchester University Press, 1961). Published in the United States (Nova York: Barnes and Noble, 1961), pp. 262. $6.50". *Journal of Economic History*, v. 22, n. 2, pp. 271-2, 1962.

27. "Fenwick Weavers' Society Foundation Charter, 1761". Biblioteca Nacional da Escócia. Disponível em: ‹www.nls.uk/learning-zone/politics-and-society/labour-history/fenwick-weavers›.

28. "Child Labour: Global Estimates 2020, Trends and the Road Forward". Organização Internacional do Trabalho, Unicef, 2020. Disponível em: ‹https://www.ilo.org/publications/child-labour-global-estimates-2020-trends-and-road-forward›.

29. Edward Shorter, *A History of Psychiatry*. Hoboken, NJ: Wiley, 1998, pp. 129-30.

30. Ruth E. Taylor, "Death of Neurasthenia and Its Psychological Reincarnation: A Study of Neurasthenia at the National Hospital for the Relief and Cure of the Paralysed and Epileptic, Queen Square, London, 1870-1932". *British Journal of Psychiatry*, v. 179, n. 6, figura 1, dez. 2001. A neurastenia era mais comum entre indivíduos mais abastados. Recentemente, Jonathan Malesic sugeriu que o burnout é o equivalente atual mais próximo da neurastenia. Ver Jonathan Malesic, *O fim do burnout*. Petrópolis: Vozes, 2023.

31. Sidney I. Schwab, "Neurasthenia among Garment Workers". *American Economic Review*, v. 1, n. 2, pp. 265-70, abr. 1911.

32. Martin Obschonka, Michael Stuetzer, Peter J. Rentfrow, Leigh Shaw-Taylor, Max Satchell, Rainer K. Silbereisen, Jeff Potter e Samuel D. Gosling, "In the Shadow of Coal: How Large-Scale Industries Contributed to Present-Day Regional Differences in Personality and Well-Being". *Journal of Personality and Social Psychology*, v. 115, n. 5, pp. 903-27, nov. 2018.

33. Ibid.

34. A necessidade de restringir o consumo de álcool não era novidade e foi documentada pela primeira vez no Código de Hamurabi. Ver David J. Hanson, "Historical Evolution of Alcohol Consumption in Society". *Alcohol: Science, Policy and Public Health*, maio 2013. Ver também Peter Anderson e Ben Baumberg, *Alcohol in Europe: A Public Health Perspective*. Relatório para a Comissão Europeia, jun. 2006. Disponível em: ‹ec.europa.eu/health/archive/ph_determinants/life_style/alcohol/documents/alcohol_europe_en.pdf›.

35. Friedrich Engels, "Work Is the Curse of the Drinking Classes". In: *The Conditions of the Working Class in England*. Disponível em: ‹www.laphamsquarterly.org/intoxication/work-curse-drinking-classes›. [Ed. bras.: *A situação da classe trabalhadora na Inglaterra*. Trad. de B. A. Schumann. São Paulo: Boitempo, 2010.]

36. William White e David Sharar, "The Evolution of Employee Assistance: A Brief History and Trend Analysis". *EAP Digest*, v. 3, n. 4, pp. 16-24, 2003.

37. Niels Ju Nielsen, "Industrial Paternalism in the 19th Century. Old or New?". *Ethnologia Europaea*, v. 30, n. 1, pp. 59-74, jan. 2000.

2. OS EXPERIMENTOS GÊMEOS [pp. 40-50]

1. Jamie L. LaReau, "Here's Where GM Layoffs Stand After Stunning Blow to Factory Workers". *Detroit Free Press*, 6 maio 2019; Jamie L. LaReau, "General Motors to Close Detroit, Ohio, Canada Plants". *Detroit Free Press*, 26 nov. 2018.

2. Jamie L. LaReau, "Massive Garage in Livonia Saving People Thousands on Car Repairs". *Detroit Free Press*, 20 abr. 2019.

3. John Gallagher, "GM's Hamtramck Plant Closing Reopens Old Controversy in Detroit". *Detroit Free Press*, 26 nov. 2018.

4. "Mary T. Barra". General Motors. Disponível em: <www.gm.com/company/leadership.detail. html/Pages/news/bios/gm/Mary-Barra>.

5. Sara Murray, "GM's Promotion of Barra to CEO a Breakthrough for Women". *Wall Street Journal*, 10 dez. 2013.

6. Jamie LaReau, "General Motors to Close".

7. John Gallagher, op. cit.

8. Jamie LaReau, "Here's Where GM Layoffs Stand After Stunning Blow to Factory Workers".

9. John Seely Brown, "The Future of Work: Navigating the Whitewater". *Pacific Standard*. Disponível em: <psmag.com/economics/the-future-of-work-navigating-the-whitewater>.

10. *Range*, de David Epstein, nos oferece uma visão especial de como o pensamento generalista é essencial para a inovação e o sucesso. Ver David Epstein, *Range*. Nova York: Riverhead Books, 2019.

11. Karen Harris, Austin Kimson e Andrew Schwedel, "Labor 2030: The Collision of Demographics, Automation, and Inequality". Bain and Company, fev. 2018. Disponível em: <www.bain. com/insights/labor-2030-the-collision-of-demographics-automation-and-inequality>.

12. "The Future of Jobs Report 2020". Fórum Econômico Mundial, out. 2020. Disponível em: <www3.weforum.org/docs/WEF_Future_of_Jobs_2020.pdf>.

13. James Manyika et al., op. cit.

14. Ray Kurzweil, "The Law of Accelerating Returns Is An Important Concept". Disponível em: <www.thekurzweillibrary.com/in-print-nasdaq-the-law-of-accelerating-returns-is-an-important-concept>; e Ray Kurzweil, *A singularidade está próxima: Quando os humanos transcendem a biologia*. São Paulo: Iluminuras, 2018.

15. Ray Kurzweil, "The Law of Accelerating Returns Is An Important Concept". Ver também *A singularidade está próxima*.

16. Yuval Noah Harari, no painel "Putting Jobs Out of Work". Encontro Anual do Fórum Econômico Mundial, 2018. Disponível em: <www.youtube.com/watch?v=bU78taHasS0>.

17. Peter Valdes Dapena, "By 2040, More Than Half of New Cars Will Be Electric". CNN, 15 maio 2019. Disponível em: <www.cnn.com/2019/05/15/business/electric-car-outlook-bloomberg>.

18. James Manyika et al., op. cit.

19. "Who First Originated the Term VUCA (Volatility, Uncertainty, Complexity and Ambiguity)?". U.S. Army Heritage and Education Center. Disponível em: <usawc.libanswers.com/faq/84869>.

20. Busca pelo termo "VUCA" no Google Trends. Disponível em: <trends.google.com/trends/explore?date=all&q=vuca>.

21. Horst W. J. Rittel e Melvin M. Webber, "Dilemmas in a General Theory of Planning". *Policy Sciences*, v. 4, n. 2, pp. 155-69, jun. 1973.

22. Jon Kolko, *Wicked Problems: Problems Worth Solving*. Trecho citado na *Stanford Social Innovation Review*, 6 mar. 2012.

23. John C. Camillus, "Strategy as a Wicked Problem". *Harvard Business Review*, maio 2008. Disponível em: <hbr.org/2008/05/strategy-as-a-wicked-problem>.

24. Jamie L. LaReau, "GM-UAW Deal Calls for 9,000 Jobs, $9,000 Ratification Bonus, e-Truck at Detroit-Hamtramck". *Detroit Free Press*, 16 out. 2019.

25. Robin Murdoch, "General Motors Announces $2.2B Investment in Hamtramck Plant". Fox 2 Detroit News, 27 jan 2020. Disponível em: <www.fox2detroit.com/news/general-motors-announces-2-2b-investment-in-hamtramck-plant>; Andrew J. Hawkins, "GM Rebrands Its Detroit-Hamtramck Plant as 'Factory Zero' for Electric and Autonomous Vehicles". *The Verge*, 16 out. 2020. Disponível em: <www.theverge.com/2020/10/16/21519358/gm-factory-zero-detroit-hamtramck-electric-autonomous-vehicles>.

26. Kalea Hall, "GM's Detroit-Hamtramck Assembly Poised to Begin Electric Transformation". *Detroit News*, 19 fev. 2020.

27. Jamie LaReau, "Here's Where GM Layoffs Stand".

28. Dicionário de inglês do Google, alimentado pela base de dados da Oxford Languages.

29. Jeffrey Pfeffer, *Morrendo por um salário*.

30. Daniel Sullivan e Till von Wachter, op. cit.; S. V. Kasl e S. Cobb, "Blood Pressure Changes in Men Undergoing Job Loss: A Preliminary Report". *Psychosomatic Medicine*, v. 32, n. 1, jan. 1970, pp. 19-38; Robert Wood Johnson Foundation, "How Does Employment — or Unemployment — Affect Health?". Série Health Policy Snapshot, 12 mar. 2013; Wolfram Kawohl e Carlos Nordt, "COVID-19, Unemployment, and Suicide". *The Lancet Psychiatry*, v. 7, n. 5, pp. 389-90, maio 2020; Karsten I. Paul e Klaus Moser, "Unemployment Impairs Mental Health: Meta-Analyses". *Journal of Vocational Behavior*, v. 74, n. 3, pp. 264-82, jun. 2009; Allison Milner, A. Page e Anthony D. LaMontagne, "Cause and Effect in Studies on Unemployment, Mental Health and Suicide: A Meta-Analytic and Conceptual Review". *Psychological Medicine*, v. 44, n. 5, pp. 1-9, jul. 2013.

31. Sandi Mann e Lynn Holdsworth, "The Psychological Impact of Teleworking: Stress, Emotions and Health". *New Technology, Work and Employment*, v. 18, n. 3, pp. 196-211, out. 2003.

32. Vivek Murthy, "Work and the Loneliness Epidemic". *Harvard Business Review*, 26 set. 2017. Disponível em: <hbr.org/2017/09/work-and-the-loneliness-epidemic>.

3. NOSSA VANTAGEM HISTÓRICA [pp. 51-63]

1. Abraham H. Maslow, *Motivation and Personality*. Nova York: Harper & Row, 1954, p. 354.

2. Gerald Ramaho, "Salute Our Troops: Ret. Army Colonel Survived 9/11, Serves Post-traumatic Stress Victims". *3 News*, 17 maio 2019; "Jill W. Chambers". Universidade de Syracuse. Disponível

em: <ivmf.syracuse.edu/team-member/jill-w-chambers>; Skip Vaughn, "Chambers Helping Alleviate Post-traumatic Stress". *Redstone Arsenal: Federal Center of Excellence*, 19 jan. 2022. Disponível em: <www.theredstonerocket.com/eedition/page_764c7bb4-6b31-58f4-8c1b-136c285cdc9d.html>; "Jill Chambers", *Women of the Military* (podcast), 27 jun. 2022. Disponível em: <women-of-the-military.simplecast.com/episodes/jill-chambers-YqeUcc3w>.

3. É difícil estimar o gasto histórico total em tratamento e pesquisa sobre o TEPT. Um relatório de 2014 estimou que o governo americano gasta 3 bilhões de dólares por ano somente com tratamento. Ver Institute of Medicine (IOM), *Treatment for Posttraumatic Stress Disorder in Military and Veteran Populations: Final Assessment*. Washington, DC: The National Academies Press, jun. 2014.

4. Alguns apontaram recentemente que a ideia do crescimento pós-traumático pode levar aqueles que vivenciaram o trauma a se sentirem pressionados a enxergar eventos terríveis sob um ponto de vista positivo. Trata-se de uma consideração importante, em especial para quem exerce a clínica médica. Ver David Robson, "The Complicated Truth of Post-traumatic Growth". *Worklife BBC*, 13 mar. 2022. Disponível em: <www.bbc.com/worklife/article/20220311-the-complicated-truth-of-post-traumatic-growth>.

5. Vale notar que a evolução paralela dessas tradições de sabedoria coincidiu com a ascensão da tirania e do escravismo. Quanto mais sofremos, mais nítida se torna a essência do bem-estar.

6. Embora a psicanálise seja frequentemente descrita como uma pseudociência, alguns de seus fundadores tinham aspirações mais empíricas. Entre as muitas teorias que explicam o afastamento de Freud e Jung, pais da psicanálise, está aquela segundo a qual Jung adotou uma abordagem mais empírica para seus estudos. Ver P. E. Stepansky, "The Empiricist as Rebel: Jung, Freud, and the Burdens of Discipleship". *Journal of the History of the Behavioral Sciences*, v. 12, n. 3, pp. 216-39, jul. 1976.

7. Harvey Carr e John B. Watson, "Orientation in the White Rat". *Journal of Comparative Neurology & Psychology*, v. 18, n. 1, pp. 27-44, jan. 1908. Disponível em: <doi.org/10.1002/cne.920180103>; John Broadus Watson, "Kinaesthetic and Organic Sensations: Their Role in the Reactions of the White Rat to the Maze". *The Psychological Review: Monograph Supplements*, v. 8, n. 2, p. i-101, 1907. Disponível em: <doi.org/10.1037/h0093040>.

8. Edward Shorter, op. cit., cap. 6.

9. M. E. P. Seligman e M. Csikszentmihalyi, "Positive Psychology: An Introduction". *American Psychologist*, v. 55, n. 1, pp. 5-14, jan. 2000.

10. Edward Shorter, op. cit., p. 319.

11. Thomas J. Moore e Donald R. Mattison, "Adult Utilization of Psychiatric Drugs and Differences by Sex, Age, and Race". *JAMA Internal Medicine*, v. 177, n. 2, pp. 274-5, fev. 2017. Disponível em: <jamanetwork.com/journals/jamainternalmedicine/fullarticle/2592697>; Sarah G. Miller, "1 in 6 Americans Takes a Psychiatric Drug". *Scientific American*, 13 dez. 2016. Disponível em: <www.scientificamerican.com/article/1-in-6-americans-takes-a-psychiatric-drug>; David E. Bloom et al., *The Global Economic Burden of Noncommunicable Diseases*. Genebra: Fórum Econômico Mundial, set. 2011.

12. Departamento de Psicologia de Harvard. Disponível em: <psychology.fas.harvard.edu/people/timothy-leary>.

13. Donald E. Polkinghorne, "Research Methodology in Humanistic Psychology". *The Humanistic Psychologist*, v. 20, n. 2-3, pp. 218-42, 1992.

14. Carl R. Rogers, "The Place of the Person in the New World of the Behavioral Sciences". *Personnel and Guidance Journal*, v. 39, n. 6, fev. 1961.

15. "FY 2019 Budget — Congressional Justification". National Institute of Mental Health. Disponível em: ‹www.nimh.nih.gov/about/budget/fy-2019-budget-congressional-justification.shtml›.

16. Thomas J. Moore e Donald R. Mattison, op. cit., pp. 274-5; David E. Bloom et al., op cit.

17. Steven E. Hyman, "Psychiatric Drug Development: Diagnosing a Crisis". *Cerebrum*, v. 2013, p. 5, mar.-abr. 2013.

18. Steven E. Hyman, "Revolution Stalled". *Science Translational Medicine*, v. 4, n. 155, p. 11, 10 out. 2012.

19. Thomas Insel, "Transforming Diagnosis". Post no blog do diretor do National Institute of Mental Health, 29 abr. 2013. Disponível em: ‹psychrights.org/2013/130429NIMHTransformingDiagnosis.htm›. Mais recentemente Insel publicou um relato próprio, mais completo, de seu aprendizado. Ver Thomas Insel, *Healing: Our Path From Mental Illness to Mental Health*. Nova York: Penguin, 2022.

20. M. E. P. Seligman e M. Csikszentmihalyi, op. cit., pp. 5-14.

21. Alan Carr, Katie Cullen, Cora Keeney, Ciaran Canning, Olwyn Mooney, Ellen Chinseallaigh e Annie O'Dowd, "Effectiveness of Positive Psychology Interventions: A Systematic Review and Meta-Analysis". *Journal of Positive Psychology*, v. 16, n. 6, pp. 749-69, 2021.

22. Martin E. P. Seligman, Andrew R. Allen, Loryana L. Vie, Tiffany E. Ho, Lawrence M. Scheier, Rhonda Cornum e Paul B. Lester, "PTSD: Catastrophizing in Combat as Risk and Protection". *Clinical Psychological Science*, v. 7, n. 3, pp. 516-29, 28 jan. 2019. Disponível em: ‹doi.org/10.1177/2167702618813532›; Peter D. Harms, Mitchel N. Herian, Dina V. Krasikova, Adam J. Vanhove e Paul B. Lester, "The Comprehensive Soldier and Family Fitness Evaluation. Report #4: Evaluation of Resilience Training and Mental and Behavioral Health Outcomes". Universidade de Nebraska, Lincoln, 2013. Disponível em: ‹digitalcommons.unl.edu/pdharms/10›; Paul B. Lester, Peter D. Harms, Mitchel N. Herian, Dina V. Krasikova e Sarah J. Beal, "The Comprehensive Soldier Fitness Program Evaluation. Report #3: Longitudinal Analysis of the Impact of Master Resilience Training on Self-Reported Resilience and Physical Health". Universidade de Nebraska, Lincoln, 2011; Paul B. Lester, Emily P. Stewart, Loryana L. Vie, Douglas G. Bonett, Martin E. P. Seligman e Ed Diener, "Happy Soldiers Are the Highest Performers". *Journal of Happiness Studies*, v. 23, n. 2, 25 ago. 2021.

23. Milton Friedman, "A Friedman Doctrine — The Social Responsibility of Business Is to Increase Its Profits". *New York Times*, 13 set. 1970. Disponível em: ‹www.nytimes.com/1970/09/13/archives/a-friedman-doctrine-the-social-responsibility-of-business-is-to.html›.

24. "Greed Is Good. Except When It's Bad". *New York Times DealBook*, 13 set. 2020.

4. OS BLOCOS DE CONSTRUÇÃO DA RESILIÊNCIA [pp. 64-83]

1. Major General Robert H. Scales, "Clausewitz and World War IV". *Armed Forces Journal*, 1 jul. 2006.

2. Ibid.

3. Alexis Jeannotte, Erin Eatough e Gabriella Kellerman, "Resilience in an Age of Uncertainty". BetterUp, 2020. Disponível em: ‹grow.betterup.com/resources/resilience-in-an-age-of-uncertainty›.

4. Para uma revisão da literatura e uma análise dos construtos da resiliência, ver o apêndice de Luca Giustiniano, Stewart R. Clegg, Miguel Pina e Cunha e Arménio Rego (Orgs.), *Elgar Introduction to Theories of Organizational Resilience*. Cheltenham, Reino Unido: Edward Elgar Publishing, 2018.

5. Nassim Nicholas Taleb, *Antifrágil*. Rio de Janeiro: Objetiva, 2020.

6. Daniel Goleman, *Inteligência emocional*. Rio de Janeiro: Objetiva, 1996.

7. Esta e outras estatísticas semelhantes foram extraídas de dados da BetterUp, comparando pontuações pré e pós-coaching em avaliações Whole Person Model (WPM). Para mais informações sobre a WPM, ver o Apêndice. Agradecemos a Derek Hutchinson e a Sebastian Marin pela ajuda nessa parte do livro.

8. Martin Seligman, *Flourish: A New Understanding Of Happiness, Well-Being — And How To Achieve Them*. Londres: John Murray Press, 2011, p. 129. [Ed. bras.: *Florescer: Uma nova compreensão sobre a natureza da felicidade e do bem-estar*. Rio de Janeiro: Objetiva, 2011.]

9. Ibid., cap. 9.

10. Paul B. Lester, Ed Diener e Martin Seligman, "Top Performers Have a Superpower: Happiness". *MIT Sloan Management Review*, 16 fev. 2022.

11. Paula M. Loveday, Geoff P. Lovell e Christian M. Jones, "The Best Possible Selves Intervention: A Review of the Literature to Evaluate Efficacy and Guide Future Research". *Journal of Happiness Studies*, v. 19, pp. 607-28, fev. 2018.

12. Jamie LaReau, "Here's Where GM Layoffs Stand After Stunning Blow to Factory Workers"; Jamie LaReau, "General Motors to Close Detroit, Ohio, Canada Plants".

13. Esta e outras estatísticas semelhantes foram extraídas de dados da BetterUp, comparando pontuações pré e pós-coaching em avaliações Whole Person Model (WPM). Para mais informações sobre a WPM, ver o Apêndice.

14. Martin E. P. Seligman et al., "PTSD: Catastrophizing in Combat as Risk and Protection", pp. 516-29.

15. Kristin D. Neff, "The Development and Validation of a Scale to Measure Self-Compassion". *Self and Identity*, v. 2, n. 3, pp. 223-50, 2003.

16. Otimismo, autocompaixão e autoeficácia também andam de mãos dadas. Um exemplo: Neff e colegas demonstraram que três semanas de treinamento de autocompaixão aumentam não só a autocompaixão, mas também o otimismo e a autoeficácia. Ver Elke Smeets, Kristin Neff, Hugo Alberts e Madelon Peters, "Meeting Suffering with Kindness: Effects of a Brief Self-Compassion Intervention for Female College Students". *Journal of Clinical Psychology*, v. 70, n. 9, p. 794-807, set. 2014.

17. Teresa M. Au, Shannon Sauer-Zavala, Matthew W. King, Nicola Petrocchi, David H. Barlow e Brett T. Litz, "Compassion-Based Therapy for Trauma-Related Shame and Posttraumatic Stress: Initial Evaluation Using a Multiple Baseline Design". *Behavior Therapy*, v. 48, n. 2, pp. 207-21, mar. 2017; Elaine Beaumont, Mark Durkin, Sue McAndrew e Colin R. Martin, "Using Compassion Focused Therapy as an Adjunct to Trauma-Focused CBT for Fire Service Personnel Suffering with Trauma-Related Symptoms". *The Cognitive Behaviour Therapist*, v. 9, p. 34, jan. 2016.

18. Albert Bandura, "An Agentic Perspective on Positive Psychology". In: Shane J. Lopez (Org.), *Positive Psychology: Exploring the Best in People, Volume 1, Discovering Human Strengths*. Westport, CT: Praeger, pp. 167-96, 2008.

19. Shaya é uma composição de diversos indivíduos.

20. Alexis M. Jeannotte, Derek M. Hutchinson, Gabriella Rosen Kellerman, "The Time to Change for Mental Health and Well-Being via Virtual Professional Coaching: Longitudinal Observational Study". *Journal of Medical Internet Research*, v. 23, n. 7, e27774, maio 2021.

21. Alexis Jeannotte, Erin Eatough e Gabriella Kellerman, op. cit.

22. Ibid.

23. Ibid.

5. A MOTIVAÇÃO PARA ENCONTRAR SIGNIFICADO [pp. 84-101]

1. Friedrich Nietzsche, "Máximas e flechas". In: *Crepúsculo dos ídolos*. Trad., notas e posf. de Paulo César de Souza. São Paulo: Companhia de Bolso, 2017, p. 10.

2. Abraham Maslow, *Maslow on Management*. Hoboken, NJ: Wiley, 1998, p. 58. [Ed. bras.: *Maslow no gerenciamento*. Rio de Janeiro: Qualitymark, 2000.]

3. Neil Postman e Charles Weingartner, "Meaning Making". In: *Teaching as a Subversive Activity*. Nova York: Delacorte Press, 1969, pp. 82-97.

4. Reid Hoffman, prefácio a Fred Kofman, *Liderança e propósito: O novo líder e o real significado do sucesso*. Rio de Janeiro: HarperCollins, 2018.

5. "Purpose", Coca-Cola. Disponível em: <www.coca-colacompany.com/company/purpose-and-vision>.

6. Will Richards, "Neil Young Encourages Spotify Employees to Quit over Joe Rogan Scandal". *Rolling Stone UK*, 8 fev. 2022. Disponível em: <www.rollingstone.co.uk/music/news/neil-young-encourages-spotify-employees-to-quit-over-joe-rogan-scandal-10954>.

7. Frank Martela e Michael F. Steger, "The Three Meanings of Meaning in Life: Distinguishing Coherence, Purpose, and Significance". *Journal of Positive Psychology*, v. 11, n. 5, pp. 531-45, 2016.

8. Amy Wrzesniewski, Clark McCauley, Paul Rozin e Barry Schwartz, "Jobs, Careers, and Callings: People's Relations to Their Work". *Journal of Research in Personality*, v. 31, n. 1, pp. 21-33, mar. 1997.

9. Andrew Reece, Gabriella Kellerman e Alexi Robichaux, "Meaning and Purpose at Work". BetterUp, 2018. Disponível em: <www.betterup.com/en-us/resources/reports/meaning-and-purpose-report>.

10. "Mortgage Burden Exceeds Historic Levels in 10 of the Largest US Markets". Press release da Zillow, 6 set. 2018. Disponível em: <zillow.mediaroom.com/2018-09-06-Mortgage-Burden-Exceeds-Historic-Levels-in-10-of-the-Largest-U-S-Markets>.

11. Aubrey Daniels, "Discretionary Effort". Aubrey Daniels International. Disponível em: <www.aubreydaniels.com/discretionary-effort>.

12. Scott Barry Kaufman, *Transcend*. Nova York: TarcherPerigee, 2020, p. 160.

13. R. M. Ryan e E. L. Deci, "Self-Determination Theory and the Facilitation of Intrinsic Motivation, Social Development, and Well-Being". *The American Psychologist*, v. 55, n. 1, pp. 68-78, 2000. Disponível em: <pubmed.ncbi.nlm.nih.gov/11392867>.

14. David Graeber, *Bullshit Jobs*. Nova York: Simon & Schuster, 2018. Ver também N. B., "Bullshit Jobs and the Yoke of Managerial Feudalism". *The Economist*, 28 jun. 2018. Disponível em: <www.economist.com/open-future/2018/06/29/bullshit-jobs-and-the-yoke-of-managerial-feudalism>.

15. Ethan S. Bernstein, "The Transparency Paradox: A Role for Privacy in Organizational Learning and Operational Control". *Administrative Science Quarterly*, v. 57, n. 2, pp. 181-216, jun. 2012.

16. Marjolein Lips-Wiersma e Sarah Wright, "Measuring the Meaning of Meaningful Work: Development and Validation of the Comprehensive Meaningful Work Scale (CMWS)". *Group & Organization Management*, v. 37, n. 5, pp. 655-85, 2012.

17. Anton Sytine, "The Role of Savoring Positive Experiences When Faced with Challenge and Hindrance Demands: A Longitudinal Study". Dissertação, Universidade de Clemson, maio 2019. Disponível em: <tigerprints.clemson.edu/cgi/viewcontent.cgi?article=3383&context=all_dissertations>.

18. Rebecca Goldstein, "The Mattering Instinct". *Edge*, 16 mar. 2016. Disponível em: <www.edge.org/conversation/rebecca_newberger_goldstein-the-mattering-instinct>.

19. Para uma excelente revisão da literatura sobre propósito e bem-estar, e um olhar perspicaz sobre como Maslow pressagiou muitos desses achados, ver Scott Barry Kaufman, *Transcend*, cap. "Purpose".

20. "PERMA Theory of Well-Being and PERMA Workshops". Positive Psychology Center, Universidade da Pensilvânia. Disponível em: <ppc.sas.upenn.edu/learn-more/perma-theory-well-being-and-perma-workshops>.

21. Kai-Fu Lee, *AI Superpowers*. Nova York: Harper Business, 2018, p. 21. [Ed. bras.: *Inteligência artificial*. São Paulo: Globo Livros, 2019.]

22. Yuval Noah Harari em fala no Encontro Anual do Fórum Econômico Mundial de 2018. Disponível em: <www.youtube.com/watch?v=bU78taHasS0>.

23. Bureau of Labor and Statistics, "Economic News Release". Disponível em: <www.bls.gov/news.release/tenure.t01.htm>.

24. Validar uma nova escala requer bastante trabalho teórico e quantitativo. Nossas aspirações para este instrumento eram (a) que medisse o que queríamos que medisse e (b) que se correlacionasse com os principais resultados de interesse, como satisfação no trabalho e intenção de permanecer numa empresa.

25. Essa escala está disponível para uso pessoal, não para uso comercial. Ver Andrew Reece, David Yaden, Gabriella Kellerman, Alexi Robichaux, Rebecca Goldstein, Barry Schwartz, Martin Seligman e Roy Baumeister, "Mattering Is An Indicator of Organizational Health and Employee Success". *Journal of Positive Psychology*, v. 16, n. 2, pp. 228-48, 2021.

26. Viktor E. Frankl, *Em busca de sentido*. Trad. de Walter O. Schlupp e Carlos C. Aveline. Porto Alegre: Sulina, 1987; São Leopoldo: Sinodal, 1987.

6. AFINIDADE RÁPIDA [pp. 102-19]

1. John M. Darley e C. Daniel Batson, "From Jerusalem to Jericho: A Study of Situational and Dispositional Variables in Helping Behavior". *Journal of Personality and Social Psychology*, v. 27, n. 1, pp. 100-8, 1973.

2. Cassie Mogilner, Zoë Chance e Michael I. Norton, "Giving Time Gives You Time". *Psychological Science*, v. 23, n. 10, pp. 1233-8, 1 out. 2012.

3. "Just One in Five Employees Take Actual Lunch Break". Talent Solutions Right Management, 16 out. 2012. Isso certamente mudou devido à pandemia, mas não localizamos dados com números atualizados.

4. Helen Reiss, John M. Kelley, Robert W. Bailey, Emily J. Dunn e Margot Phillips, "Empathy Training for Resident Physicians". *Journal of General Internal Medicine*, v. 27, n. 10, pp. 1280-6, out. 2012.

5. David E. Meyer, Jeffrey E. Evans, Erick Lauber e Joshua Rubinstein, "Activation of Brain Mechanisms for Executive Mental Processes in Cognitive Task Switching". *Journal of Cognitive Neuroscience*, v. 9, 1997.

6. National Highway Traffic Safety Administration, "Traffic Safety Facts Research Notes 2016: Distracted Driving". Department of Transportation, Washington, DC, 2015.

7. N. K. Humphrey, "The Social Function of Intellect". In: P. P. G. Bateson e R. A. Hinde (Orgs.), *Growing Points in Ethology*. Cambridge, Reino Unido: Cambridge University Press, 1976, pp. 303-17.

8. Robert M. Sapolsky, *Comporte-se*. Trad. de Giovane Salimena e Vanessa Barbara. São Paulo: Companhia das Letras, 2021.

9. "State of Remote Work 2019". Owl Labs. Disponível em: <resources.owllabs.com/state-of-remote-work/2019>.

10. Erik Brynjolfsson, John Horton, Christos A. Makridis, Alex Mas, Adam Ozimek, Daniel Rock e Hong-Yi TuYe, "How Many Americans Work Remotely". Stanford Digital Economy Lab, 22 mar. 2022. Disponível em: <digitaleconomy.stanford.edu/publications/how-many-americans-work-remotely>.

11. "Employee Tenure in 2020". Bureau of Labor Statistics, 22 set. 2020. Disponível em: <www.bls.gov/news.release/pdf/tenure.pdf>.

12. Julianne Holt-Lunstad, Timothy B. Smith e J. Bradley Layton, "Social Relationships and Mortality Risk: A Meta-Analytic Review". *PLOS Medicine*, v. 7, n. 7, 27 jul. 2010. Esse estudo e outros mencionados neste capítulo são discutidos no maravilhoso *Compassionomics*, de Stephen Trzeciak e Anthony Mazzarelli (Pensacola, FL: Struder Group, 2019), que faz uma revisão da literatura sobre a compaixão na prática dos cuidados de saúde.

13. Julianne Holt-Lunstad, Timothy B. Smith, Mark Bake, Tyler Harris e David Stephenson, "Loneliness and Social Isolation as Risk Factors for Mortality: A Meta-Analytic Review". *Perspectives on Psychological Science*, v. 10, n. 2, mar. 2015.

14. Na língua inglesa, originalmente as definições de "simpatia" (simpathy) e "empatia" (empathy) eram invertidas — empatia conotava uma experiência mais distante e intelectual da dor do outro. Com o passar do tempo, porém, o termo empatia passou a ter o significado antes atribuído a simpatia — sentir profundamente a dor do outro como se fosse sua própria dor. Adotamos essa linguagem mais comum para evitar confusão. Ver Susan Lanzoni, "A Short History of Empathy". *The Atlantic*, 15 out. 2015.

15. Barbara L. Frederickson, *Amor 2.0*. Rio de Janeiro: Companhia Editora Nacional, 2015.

16. Sylvain Laborde, Emma Mosley e Julian F. Thayer, "Heart Rate Variability and Cardiac Vagal Tone in Psychophysiological Research — Recommendations for Experiment Planning, Data Analysis, and Data Reporting". *Frontiers of Psychology*, v. 8, p. 213, fev. 2017.

17. A oxitocina também foi implicada em dinâmicas exogrupo, aumentando o desafio Nós/Eles descrito mais adiante. Ver Robert Sapolsky, *Comporte-se*.

18. Os capítulos 3 e 4 de *Compassionomics*, de Stephen Trzeciak e Anthony Mazzarelli, resumem bem toda a literatura sobre os benefícios psicológicos e fisiológicos da compaixão.

19. Robert M. Sapolsky, *Comporte-se*.

20. Agradecemos a Shawn Achor por nos indicar o estudo de Simone Schnall, Kent D. Harber, Jeanine K. Stefanucci e Dennis R. Proffitt, "Social Support and the Perception of Geographical Slant". *Journal of Experimental Social Psychology*, v. 44, n. 5, 1 set. 2008.

21. Shawn Achor, Gabriella Rosen Kellerman, Andrew Reece e Alexi Robichaux, "The Loneliest Workers, According to Research". *Harvard Business Review*, 19 mar. 2018.

22. Tom Rath e Jim Harter, "Your Friends and Your Social Well-Being". *Gallup Business Journal*, ago. 2010; Barbara A. Winstead, Valerian J. Derlega, Melinda J. Montgomery e Constance Pilkington, "The Quality of Friendships at Work and Job Satisfaction". *Journal of Social and Personal Relationships*, v. 12, n. 2, 1 maio 1995.

23. Ver, por exemplo, Brock Bastian, Jolanda Jetten, Hannibal A. Thai e Niklas K. Steffens, "Shared Adversity Increases Team Creativity Through Fostering Supportive Interaction". *Frontiers in Psychology*, 23 nov. 2018. Disponível em: <doi.org/10.3389/fpsyg.2018.02309>.

24. Jared Diamond, *Armas, germes e aço*. Rio de Janeiro: Record, 2017.

25. Talvez você tenha notado que nosso laboratório costuma usar amostras de cerca de 2 mil trabalhadores. Esse número tem funcionado bem para nós em razão de seu elevado poder estatístico. Alguns estudos pedem menos participantes; outros, mais. Talvez você também tenha notado que tendemos a nos concentrar mais em trabalhadores em tempo integral do que de meio período. A grande maioria dos trabalhadores ao redor do mundo atua em tempo integral (OECD, "Part-time Employment Rate [Indicator]", 2022, disponível em: <doi.org/10.1787/f2ad596c-en>). Esse também é o segmento que mais estudamos em nossas pesquisas.

26. Evan Carr, Andrew Reece, Gabriella Rosen Kellerman e Alexi Robichaux, "The Value of Belonging at Work". *Harvard Business Review*, 16 dez. 2019.

27. Kenneth B. Schwartz, "A Patient's Story". *Boston Globe Magazine*, 16 jul. 1995.

28. Para uma ampla discussão sobre os benefícios da compaixão do médico para a saúde do paciente, ver Stephen Trzeciak e Anthony Mazzarelli, op. cit., cap. 6, "Compassion Is Vital for Health Care Quality".

29. Becky Bright, "Doctors' Interpersonal Skills Are Valued More Than Training". *Wall Street Journal*, 28 set. 2004.

30. Donald C. Barnes e Alexandra Krallman, "Customer Delight: A Review and Agenda for Research". *Journal of Marketing Theory and Practice*, v. 27, n. 2, pp. 174-95, 2019.

31. Ver preço em <www.disneyinstitute.com/disneys-approach-quality-service/course-details>.

32. Com frequência, mas nem sempre. Ver, por exemplo, Jan Eklof, Olga Podkorytova e Aleksandra Malova, "Linking Customer Satisfaction with Financial Performance: An Empirical Study of Scandinavian Banks". *Total Quality Management & Business Excellence*, v. 31, pp. 15-6, 1684-702, 2020; e Timothy Keiningham, Sunil Gupta, Lerzan Aksoy e Alexander Buoye, "The High Price of Customer Satisfaction". *MIT Sloan Management Review*, v. 55, n. 3, primavera 2014.

33. Da-Yee Jeung, Changsoo Kim e Sei-Jin Chang, "Emotional Labor and Burnout: A Review of the Literature". *Yonsei Medical Journal*, v. 59, n. 2, pp. 187-93, mar. 2018.

34. Gary Stix, "Emotional Labor Is a Store Clerk Confronting a Maskless Customer". *Scientific American*. Disponível em: <www.scientificamerican.com/article/emotional-labor-is-a-store-clerk-confronting-a-maskless-customer>.

35. Da-Yee Jeung, Changsoo Kim e Sei-Jin Chang, op. cit., pp. 187-93.

36. Rumki Majumdar e Daniel Bachman, "Changing the Lens: GDP from the Industry Viewpoint". Deloitte Insights, jul 2019. Disponível em: <www2.deloitte.com/us/en/insights/economy/spotlight/economics-insights-analysis-07-2019>.

37. Helen Reiss et al., op. cit., pp. 1280-6.

38. "State of Remote Work 2019", op. cit.; Brodie Boland, Aaron De Smet, Rob Palter e Aditya Sanghvi, "Reimagining the Office and Work Life after Covid-19". McKinsey and Company, 8 jun. 2020. Disponível em: <www.mckinsey.com/business-functions/organization/our-insights/reimagining-the-office-and-work-life-after-Covid-19>; Erik Brynjolfsson et al., op. cit.

39. Scott W. Ambler, "Software Development at Scale". Ambysoft. Disponível em: <ambysoft.com/surveys/stateofitunion2014q2.html>.

40. Liu Yi Lin, Jaime E. Sidani, Ariel Shensa, Ana Radovic, Elizabeth Miller, Jason B. Colditz, Beth L. Hoffman, Leila M. Giles e Brian A. Primack, "Association between Social Media Use and Depression among U.S. Young Adults". *Depress Anxiety*, v. 33, n. 4, pp. 323-31, abr. 2016. Disponível em: <doi.org/10.1002/da.22466>. Ainda não se chegou a uma conclusão definitiva sobre a extensão desse efeito negativo, porém alguns estudos encontraram relações modestas. O trabalho de Christopher Ferguson foi o mais influente para desmascarar alguns resultados que exageravam o impacto psicológico das redes sociais. Ver, por exemplo, Christopher J. Ferguson, "Does the Internet Make the World Worse? Depression, Aggression, and Polarization in the Social Media Age". *Bulletin of Science, Technology & Society*, v. 41, n. 4, pp. 116-35, dez. 2021. Disponível em: <doi.org/10.1177/02704676211064567>.

41. Brian A. Primack, Ariel Shensa, Jaime E. Sidani, Erin O. Whaite, Liu Yi Lin, Daniel Rosen, Jason B. Colditz, Ana Radovic e Elizabeth Miller, "Social Media Use and Perceived Social Isolation among Young Adults in the U.S.". *American Journal of Preventative Medicine*, v. 53, n. 1, pp. 1-8, 1 jul 2017.

42. Andrew K. Przybylski e Netta Weinstein, "Can You Connect with Me Now? How the Presence of Mobile Communication Influences Face-to-Face Conversation Quality". *Journal of Social and Personal Relationships*, v. 30, n. 3, 19 jul. 2012.

43. Hunt Allcott, Luca Braghieri, Sarah Eichmeyer e Matthew Gentzkow, "The Welfare Effects of Social Media". *American Economic Review*, v. 110, n. 3, mar. 2020; Melissa G. Hunt, Rachel Marx, Courtney Lipson e Jordyn Young, "No More FOMO: Limiting Social Media Decreases Loneliness and Depression". *Journal of Social and Clinical Psychology*, v. 37, n. 10, pp. 751-68, nov. 2018.

44. Robert M. Sapolsky, *Comporte-se*.

45. Ibid, p. 518.

7. AFINIDADE RÁPIDA II [pp. 120-33]

1. Cassie Mogilner, Zoë Chance e Michael Norton, "Giving Time Gives You Time". *Psychological Science*, v. 23, n. 10, pp. 1233-8, 1 out. 2012.

2. Linda A. Fogarty, Barbara A. Curbow, John R. Wingard, Karen McDonnell e Mark R. Somerfield, "Can 40 Seconds of Compassion Reduce Patient Anxiety?". *Journal of Clinical Oncology*, v. 17, n. 1, jan. 1999, conforme citado em Stephen Trzeciak e Anthony Mazzarelli, op. cit., pp. 250-3.

3. Stephen Trzeciak e Anthony Mazzarelli, op. cit., pp. 250-64.

4. Rachel Weiss, Eric Vittinghoff, Margaret C. Fang, Jenica E. W. Cimino, Kristen Adams Chasteen, Robert M. Arnold, Andrew D. Auerbach e Wendy G. Anderson, "Associations of Physician Empathy with Patient Anxiety and Ratings of Communications in Hospital Admission Encounters". *Journal of Hospital Medicine*, v. 12, n. 10, out. 2017, pp. 805-10.

5. Joe Rampton, "Wasted Employee Time Adds Up: Here's How to Fix It". *Entrepreneur*, 13 jul. 2018.

6. Tabor E. Flickinger, Somnath Saha, Debra Roter, P. Todd Korthius, Victoria Sharp, Jonathan Cohn, Susan Eggly, Richard D. Moore e Mary Catherine Beach, "Clinician Empathy Is Associated with Differences in Patient-Clinician Communication Behaviors and Higher Medication Self-Efficacy in HIV Care". *Patient Education and Counseling*, v. 99, n. 2, fev. 2016, conforme citado em Stephen Trzeciak e Anthony Mazzarelli, op. cit., p. 131.

7. Andrew Reece, Evan Carr, Roy Baumeister e Gabriella Rosen Kellerman, "Outcasts and Saboteurs: Intervention Strategies to Reduce the Negative Effects of Social Exclusion on Team Outcomes". *PLOS ONE*, v. 16, n. 5, e0249851, maio 2021.

8. Robert M. Sapolsky, *Comporte-se*.

9. Ibid, p. 403.

10. Samuel L. Gaertner, John F. Dovidio, Phyllis A. Anastasio, Betty A. Bachman e Mary C. Rust, "The Common Ingroup Identity Model". *European Review of Social Psychology*, v. 4, pp. 1-26, 1993.

11. Samuel L. Gaertner e John F. Dovidio, "A Common Ingroup Identity: A Categorization-based Approach for Reducing Intergroup Bias". In: Todd D. Nelson (Org.), *Handbook of Prejudice, Stereotyping, and Discrimination*. Londres: Psychology Press, 2009, pp. 489-505.

12. Os trabalhos gerados pelo Harvard Negotiation Project foram especialmente influentes nessa abordagem, embora não utilizem a palavra *recategorização*. Ver, por exemplo, Roger Fisher e Daniel Shapiro, *Além da razão: A força da emoção na solução de conflitos*. Rio de Janeiro: Alta Life, 2019.

13. Michael Purdy, "What Is Listening?". In: Michael Purdy e Deborah Borisoff (Orgs.), *Listening in Everyday Life: A Personal and Professional Approach*. Lanham, MD: University Press of America, pp. 1-20, 1997.

14. Katherine Unger Baillie, "Two Types of Empathy Elicit Different Health Effects, Penn Psychologist Shows". *Penn Today*, 24 maio 2017. Disponível em: <penntoday.upenn.edu/news/two-types-empathy-elicit-different-health-effects-penn-psychologist-shows>.

8. PROSPECÇÃO [pp. 134-55]

1. Caroline McCarthy, "Facebook F8: One Graph to Rule Them All". *CNET*, 21 abr. 2010. Disponível em: <www.cnet.com/news/facebook-f8-one-graph-to-rule-them-all>.

2. Christina Warren, "Facebook Open Graph: What It Means for Privacy". *Mashable*, 21 abr. 2010. Disponível em: <https://mashable.com/archive/open-graph-privacy>.

3. Maurice H. Yearwood, Amy Cuddy, Nishtha Lamba, Wu Youyou, Ilmo van der Lowe, Paul K. Piff, Charles Gronin, Pete Fleming, Emiliana Simon-Thomas, Dacher Keltner e Aleksandr Spectre, "On Wealth and Diversity of Friendships: High Social Class People around the World Have Fewer International Friends". *Personality and Individual Differences*, v. 87, pp. 224-9, dez. 2015. Kogan publicou esse artigo usando o pseudônimo Aleksandr Spectre.

4. Ibid.

5. Issie Lapowsky, "The Man Who Saw the Dangers of Cambridge Analytica Years Ago". *Wired*, 19 jun. 2018. Disponível em: <www.wired.com/story/the-man-who-saw-the-dangers-of-cambridge-analytica>.

6. "Statement from the University of Cambridge about Dr. Aleksandr Kogan". Universidade de Cambridge, 23 mar. 2018. Disponível em: <www.cam.ac.uk/notices/news/statement-from-the-university-of-cambridge-about-dr-aleksandr-kogan>.

7. Cecilia Kang e Sheera Frenkel, "Facebook Says Cambridge Analytica Harvested Data of Up to 87 Million Users". *New York Times*, 4 abr. 2018.

8. Tom Cheshire, "Behind the Scenes at Donald Trump's Digital War Room". *Sky News*, 22 out. 2016. Disponível em: <news.sky.com/story/behind-the-scenes-at-donald-trumps-uk-digital-war-room-10626155>.

9. "FTC Imposes $5 Billion Penalty and Sweeping New Privacy Restrictions on Facebook". Comissão Federal do Comércio, 24 jul. 2019. Disponível em: <www.ftc.gov/news-events/news/press-releases/2019/07/ftc-imposes-5-billion-penalty-sweeping-new-privacy-restrictions-facebook>.

10. Ver introdução de Peter Railton a Martin E. P. Seligman, Peter Railton, Roy F. Baumeister e Chandra Sripada, *Homo prospectus*. Nova York: Oxford University Press, 2016; Dan Gilbert e Tim Wilson, "Prospection: Experiencing the Future". *Science*, v. 317, n. 5843, pp. 1351-4, 7 set. 2007; Randy L. Buckner e Daniel C. Carroll, "Self-Projection and the Brain". *Trends in Cognitive Sciences*, v. 11, n. 2, pp. 49-57, fev. 2007.

11. Martin E. P. Seligman et al., *Homo prospectus*.

12. Andrew Reece et al., "The Future-Minded Leader". Relatório Anual da BetterUp, 2022. Disponível em: <grow.betterup.com/resources/future-minded-leader>. Ver também Austin Eubanks, Andrew Reece, Alex Liebscher, Ayelet Meron Ruscio, Roy Baumeister e Martin Seligman, "Pragmatic Prospection Is Linked with Positive Life and Workplace Outcomes". PsyArXiv Preprints, 17 maio 2022. Disponível em: <doi.org/10.31234/osf.io/af9hj>.

13. Andrew Reece et al., op. cit.

14. Para mais informações sobre os benefícios pessoais e profissionais da prospecção, ver Austin Eubanks et al., op. cit.

15. "April 2014 Multistate 911 Outage: Cause and Impact". Federal Communications Commission, *Public Safety Docket No 14-72*, out. 2014.

16. Randy L. Buckner, Jessica R. Andrews-Hanna e Daniel L. Schacter, "The Brain's Default Network: Anatomy, Function, and Relevance to Disease". *Annals of the New York Academy of Sciences*, v. 1124, pp. 1-38, mar. 2008.

17. Marcus E. Raichle e Abraham Z. Snyder, "A Default Mode of Brain Function: A Brief History of an Evolving Idea". *NeuroImage*, v. 37, n. 4, pp. 1083-90, out. 2007; discussão, pp. 1097-9.

18. Jessica R. Andrews-Hanna, Jay S. Reidler, Christine Huang e Randy L. Buckner, "Evidence for the Default Network's Role in Spontaneous Cognition". *Journal of Neurophysiology*, v. 104, n. 1, pp. 322-35, maio 2010; Kalina Christoff, Alan M. Gordon, Jonathan Smallwood, Rachelle Smith e Jonathan W. Schooler, "Experience Sampling during fMRI Reveals Default Network and Executive System Contributions to Mind Wandering". *Proceedings of the National Academy of Sciences of the United States of America*, v. 106, n. 21, pp. 8719-24, 26 maio 2009; Malia F. Mason, Michael I. Norton, John D. Van Horn, Daniel M. Wegner, Scott Grafton e C. Neil Macrae, "Wandering

Minds: The Default Network and Stimulus-Independent Thought". *Science*, v. 315, n. 5810, pp. 393-5, 19 jan. 2007.

19. Chandra Sripada, capítulo 4 em Martin E. P. Seligman et al., *Homo prospectus*.

20. Xiao-Fei Yang, Julia Bossmann, Birte Schiffhauer, Matthew Jordan e Mary Helen Immordino-Yang, "Intrinsic Default Mode Network Connectivity Predicts Spontaneous Verbal Descriptions of Autobiographical Memories during Social Processing". *Frontiers in Psychology*, v. 3, p. 592, 2012; Kun Wang, Chunsui Yu, Lijuan Xu, Wen Qin, Kuncheng Li, Lin Xu e Tianzi Jaing, "Offline Memory Reprocessing: Involvement of the Brain's Default Network in Spontaneous Thought Processes". *PLOS ONE*, v. 4, e4867, mar 2009.

21. Roy F. Baumeister, Kathleen D. Vohs e Gabriele Oettingen, "Pragmatic Prospection: How and Why People Think about the Future". *Review of General Psychology*, v. 20, n. 1, pp. 3-16, mar. 2016.

22. Ann Marie Roepke, Lizbeth Benson, Eli Tsukayama e David Bryce Yaden, "Prospective Writing: Randomized Controlled Trial of an Intervention for Facilitating Growth after Adversity". *Journal of Positive Psychology*, v. 13, n. 6, pp. 627-42, 2018. Disponível em: <doi.org/10.1080/17 439760.2017.1365161>.

23. J. Peter Scoblic, "Learning from the Future: How to Make Robust Strategy in Times of Deep Uncertainty". *Harvard Business Review*, pp. 38-47, jul.-ago. 2020.

24. Austin Eubanks, Andrew Reece, Alex Liebscher e Roy Baumeister, "Enforcing Pragmatic Future-Mindedness Cures the Innovator's Bias". PsyArXiv Preprints, 16 maio 2022. Disponível em: <psyarxiv.com/59ma8>.

25. Uma única série de estudo não estabelece um viés cognitivo, mas começa a delinear um possível obstáculo para todos nós, pesquisadores, além de uma nova forma de contorná-lo.

26. Margaret Stewart, "Breadth and Depth: Why I'm Optimistic about Facebook's Responsible Innovation Efforts". Facebook, 17 jun. 2021. Disponível em: <tech.fb.com/responsible-innovation>.

27. Ina Fried, "Scoop: Facebook Hire Aims to Infuse Ethics into Product Design". *Axios*, 27 fev. 2020.

9. QUANDO SOMOS TODOS CRIATIVOS [pp. 156-92]

1. "A Conversation with Kai-Fu Lee". *Edge*, 26 mar. 2018. Disponível em: <www.edge.org/conversation/kai_fu_lee-we-are-here-to-create>.

2. "Covid-19 Pandemic: Observations on the Ongoing Recovery of the Aviation Industry". US Government Accountability Office, 21 out. 2021. Disponível em: <www.gao.gov/products/gao-22-104429>.

3. Zach Schonbrun, "For Some Flight Attendants, Shtick Comes with the Safety Spiel". *New York Times*, 23 maio. 2016. Disponível em: <www.nytimes.com/2016/05/24/business/elvis-airlines-flight-attendants-passengers.html>.

4. Hannah Sampson, "Southwest's Plan to Conquer the Airline Industry, One Joke at a Time". *Washington Post*, 16 out. 2019. Disponível em: <www.washingtonpost.com/travel/2019/10/16/southwests-plan-conquer-airline-industry-one-joke-time>.

5. D. K. Simonton, "Defining Creativity: Don't We Also Need to Define What Is Not Creative?". *Journal of Creative Behavior*, v. 52, n. 1, pp. 80-90, mar. 2018.

6. "The Future of Jobs Report 2020", op. cit.; James Manyika et al., op. cit.

7. Luke Dormehl, "Bye Humans! The *Washington Post* Is Using a Robot to Report on the Rio Olympics". *Digital Trends*, 8 ago. 2016. Disponível em: <www.digitaltrends.com/cool-tech/ai-olympic-writer>.

8. A proliferação dessas empresas tem se dado de maneira notavelmente rápida nos últimos anos, graças, em parte, aos talentos do GPT-3. Alguns exemplos de empresas no momento em que escrevemos: Writesonic, INK, Jasper, Copymatic, Frase, Rytr, Copy.ai, AI Writer e Hyperwrite.

9. Oshin Vartanian, "Neuroscience of Creativity". In: James Kaufman e Robert Sternberg (Orgs.), *The Cambridge Handbook of Creativity*. Cambridge: Cambridge University Press, 2019, p. 156.

10. Ibid., p. 157.

11. Daniel Kahneman, *Rápido e devagar: Duas formas de pensar*. Rio de Janeiro: Objetiva, 2012.

12. Para uma excepcional revisão da literatura comparando a criatividade consciente e a criatividade inconsciente, ver Roy Baumeister, Brandon J. Schmeichel e C. Nathan DeWall, "Creativity and Consciousness: Evidence from Psychology Experiments". In: Elliot Samuel Paul e Scott Barry Kaufman (Orgs.), *The Philosophy of Creativity: New Essays*. Nova York: Oxford University Press, 2014, pp. 185-98.

13. Ibid.

14. As pesquisas realizadas no laboratório de nossa colega dra. Sonja Lyubomirsky têm demonstrado, de forma especialmente promissora, que é possível mudar a introversão e a extroversão. Ver, por exemplo, Seth Margolis e Sonja Lyubomirsky, "Experimental Manipulation of Extraverted and Introverted Behavior and Its Effects on Well-Being". *Journal of Experimental Psychology: General*, v. 149, n. 4, pp. 719-31, 2020.

15. Victoria C. Oleynick et al., "Openness/Intellect: The Core of the Creative Personality". In: Gregory J. Feist, Ronnie Reiter-Palmon e James C. Kaufman (Orgs.), *The Cambridge Handbook of Creativity and Personality Research*. Cambridge: Cambridge University Press, 2017, pp. 9-27.

16. Roger E. Beaty, Scott Barry Kaufman, Mathias Benedek, Rex E. Jung, Yoed N. Kenett, Emanuel Jauk, Aljoscha C. Neubauer e Paul J. Silvia, "Personality and Complex Brain Networks: The Role of Openness to Experience in Default Network Efficiency". *Human Brain Mapping*, v. 37, n. 2, pp. 773-9, fev. 2016.

17. Linh C. Dang, James P. O'Neill e William J. Jagust, "Dopamine Supports Coupling of Attention-Related Networks". *Journal of Neuroscience*, v. 32, n. 28, pp. 9582-7, 11 jul. 2012. Disponível em: <doi.org/10.1523/JNEUROSCI.0909-12.2012>.

18. Pesquisas concluíram que o receptor D4 de dopamina tem participação na fluência e na originalidade criativa. O receptor D2, variação genética do D4, também demonstrou atuar no potencial criativo. Segundo pesquisas, quanto mais D2 na parte do cérebro conhecida como tálamo, maior a fluência criativa. Por fim, demonstrou-se que o gene DAT, ligado ao transporte da dopamina, exerce influência na originalidade de ideias. Ver Baptiste Barbot e Henry Eff, "The Genetic Basis of Creativity". In: James Kaufman e Robert Sternberg (Orgs.), op. cit., pp. 135-9; Colin G. DeYoung, Dante Cicchetti, Fred A. Rogosch, Jeremy R. Gray, Maria Eastman e Elena L. Grigorenko, "Sources of Cognitive Exploration: Genetic Variation in the Prefrontal Dopamine System Predicts Openness/Intellect". *Journal of Research in Personality*, v. 45, n. 4, pp. 364-71, ago. 2011.

19. Tanja Sophie Schweizer, "The Psychology of Novelty-Seeking, Creativity, and Innovation: Neurocognitive Aspects within a Work-Psychological Perspective". *Creativity and Innovation Management*, v. 15, n. 2, pp. 164-72, jun. 2006.

20. R. A. Power e M. Pluess, "Heritability Estimates of the Big Five Personality Traits Based on Common Genetic Variants". *Translational Psychiatry*, v. 5, n. 7, e604, 14 jul. 2015; ver também Baptiste Barbot e Henry Eff, "The Genetic Basis of Creativity". In: James Kaufman e Robert Sternberg (Orgs.), op. cit., pp. 135-9.

21. Josh Allen, "Conceptualizing Learning Agility and Investigating its Nomological Network". *FIU Electronic Theses and Dissertations*, p. 2575, 2016. Disponível em: <digitalcommons.fiu.edu/etd/2575>.

22. Mathias Benedek e Emanuel Jauk, "Creative and Cognitive Control". In: James Kaufman e Robert Sternberg (Orgs.), op. cit., pp. 200-23.

23. Matthijs Baas, "In the Mood for Creativity". In: James Kaufman e Robert Sternberg (Orgs.), op. cit., p. 265.

24. Zorana Ivcevic e Jessica Hoffman, "Emotions and Creativity". In: James Kaufman e Robert Sternberg (Orgs.), op. cit., p. 283.

25. Robert J. Sternberg, "Enhancing People's Creativity". In: James Kaufman e Robert Sternberg (Orgs.), op. cit., pp. 132-47.

26. Alexis Jeannotte, Erin Eatough e Gabriella Kellerman, op. cit.

27. Theresa Amabile, "How to Kill Creativity". *Harvard Business Review*, set. 1998. Disponível em: <hbr.org/1998/09/how-to-kill-creativity>.

28. R. M. Ryan e E. L. Deci, "Self-Determination Theory and the Facilitation of Intrinsic Motivation, Social Development, and Well-Being". *The American Psychologist*, v. 55, n. 1, pp. 68-78, 1 jan. 2000.

29. James Gleick, *Isaac Newton*. São Paulo: Companhia das Letras, 2004.

30. Christopher Roser, *"Faster, Better, Cheaper" in the History of Manufacturing*. Nova York: Productivity Press, 2016; "The Factory". Eli Whitney Museum and Workshop. Disponível em: <www.eliwhitney.org/museum/about-eli-whitney/factory>.

31. Frank Arute et al., "Quantum Supremacy Using a Programmable Superconducting Processor". *Nature*, v. 574, pp. 505-10, 23 out. 2019.

32. Arthur Conan Doyle, "Silver Blaze". In: *As memórias de Sherlock Holmes*. Trad. de Maria Luiza X. de A. Borges. Rio de Janeiro: Zahar, 2014.

33. Todd Bishop, "Amazon Web Services Posts Record $13.5B in *Profits* for 2020 in Andy Jassy's AWS Swan Song". *Geek Wire*, 2 fev. 2021. Disponível em: <www.geekwire.com/2021/amazon-web-services-posts-record-13-5b-profits-2020-andy-jassys-aws-swan-song>. Ver também Brandon Butler, "The Myth about How Amazon's Web Service Started Just Won't Die". *Network World*, 2 mar. 2015.

34. "Salesforce Signs Definitive Agreement to Acquire Slack". Press release da Salesforce, 1 dez. 2020. Disponível em: <investor.salesforce.com/press-releases/press-release-details/2020/Salesforce-Signs-Definitive-Agreement-to-Acquire-Slack>.

35. Megan L. Meyer, Hal E. Hershfield, Adam G. Waytz, Judith N. Mildner e Diana I. Tamir, "Creative Expertise Is Associated with Transcending the Here and Now". *Journal of Personality and Social Psychology*, v. 116, n. 4, pp. 483-94, abr. 2019. Disponível em <doi.org/10.1037/pspa0000148>.

36. Nikola Tesla, "My Inventions I: My Early Life", 1919. Disponível em: <teslauniverse.com/nikola-tesla/articles/my-inventions-i-my-early-life>.

37. Tesla Science Center. Disponível em: <teslasciencecenter.org/nikola-tesla-inventions>.

38. David Chaum, "Blind Signatures for Untraceable Payments". *Advances in Cryptology Proceedings of Crypto*, v. 82, pp. 199-203, 1983.

39. "Timeline of PayPal". Wikipédia. Disponível em: ‹en.wikipedia.org/wiki/Timeline_of_PayPal›; "PayPal". Wikipédia. Disponível em: ‹pt.wikipedia.org/wiki/PayPal›.

40. Brian O'Connell, "History of PayPal: Timeline and Facts". *The Street*, 26 ago. 2019.

41. "PayPal Holdings Revenue 2013-2022". MacroTrends.net. Disponível em: ‹www.macrotrends.net/stocks/charts/PYPL/paypal-holdings/revenue›.

42. Essa desconfiança é tópico de pesquisas acadêmicas e comerciais. Ver Matthew Hutson, "People Don't Trust Driverless Cars. Researchers Are Trying to Change That". *Science*, 14 dez. 2017. Disponível em: ‹www.science.org/content/article/people-don-t-trust-driverless-cars-researchers-are-trying-change›.

43. Ver, por exemplo, "Autopilot and Full Self-Driving Capability". Tesla.com. Disponível em: ‹www.tesla.com/support/autopilot›. A "autonomia total" ainda não está disponível para os motoristas da Tesla, mas esta página explica como e quando estará e oferece a função "piloto automático" como uma alternativa menos autônoma à "autonomia total."

44. Joshua Wolf Shenk, *Powers of Two: Finding the Essence of Innovation in Creative Pairs*. Boston: Houghton Mifflin Harcourt, 2014.

45. Walter Isaacson, *Os inovadores*. Rio de Janeiro: Intrínseca, 2021. Sobre a importância da conectividade intelectual, ver Steven Johnson, *De onde vêm as boas ideias*. Rio de Janeiro: Zahar, 2021, cap. 3.

46. Simon Rodan e Charles Galunic, "More than Network Structure: How Knowledge Heterogeneity Influences Managerial Performance and Innovation". *Strategic Management Journal*, v. 25, n. 6, pp. 541-62, jun. 2004.

47. Stuart A. Kauffman, "Approaches to the Origin of Life on Earth", *Life*, v. 1, n. 1, pp. 34-48, dez. 2011. Para uma brilhante exposição da história da inovação como a recombinação de ideias próximas, recomendamos também o livro de Steven Johnson, *De onde vêm as boas ideias*.

48. Roni Reiter-Palmon, Kevin S. Mitchell e Ryan Royston, "Improving Creativity in Organizational Settings". In: James Kaufman e Robert Sternberg (Orgs.), op. cit., p. 519.

49. Ibid.

50. Ibid.

51. Amy Edmondson, "Psychological Safety and Learning Behavior in Work Teams". *Administrative Science Quarterly*, v. 44, n. 2, pp. 350-83, jun. 1999; Amy C. Edmondson e Zhike Lei, "Psychological Safety: The History, Renaissance, and Future of an Interpersonal Construct". *Annual Review of Organizational Psychology and Organizational Behavior*, v. 1, n. 1, pp. 23-43, mar. 2014.

52. Michael D. Mumford, Robert W. Martin, Samantha Elliott e Tristan McIntosh, "Leading for Creativity". In: James Kaufman e Robert Sternberg (Orgs.), op. cit., p. 552.

53. Rebecca L. McMillan, Scott Barry Kaufman e Jerome L. Singer, "Ode to Positive Constructive Daydreaming". *Frontiers in Psychology*, v. 4, p. 626, set. 2013.

54. Ignoramos deliberadamente a ampla controvérsia a respeito do termo "inconsciente", e o utilizamos sempre no sentido de *não consciente*. Para uma exposição mais completa sobre a diferença entre os estados consciente e inconsciente, e sobre o que sabemos e não sabemos a respeito deles, recomendamos o artigo de Jonathan Schooler, Michael Mrazek, Benjamin Baird e Piotr Winkielman, "Minding the Mind: The Value of Distinguishing among Unconscious, Conscious,

and Metaconscious Processes". *APA Handbook of Personality and Social Psychology*, v. 1, pp. 179-202, 2015.

55. Robert J. Sternberg, op. cit., pp. 132-47.

56. R. J. Sternberg e W. M. Williams, "Teaching for Creativity: Two Dozen Tips". In: R. D. Small e A. P. Thomas (Orgs.), *Plain Talk about Education*. Covington, LA: Center for Development and Learning, 2001, pp. 153-65; Ginamarie Scott, Lyle E. Leritz e Michael D. Mumford, "The Effectiveness of Creativity Training: A Quantitative Review". *Creativity Research Journal*, v. 16, n. 4, pp. 361-88, 2004.

57. Ver Steven Johnson, op. cit.

58. Mathias Benedek e Emanuel Jauk, op. cit., p. 212.

59. Benjamin Baird, Jonathan Smallwood, Michael Mrazek, Julia W. Y. Kam, Michael S. Franklin e Jonathan Schooler, "Inspired by Distraction: Mind-Wandering Facilitates Creative Incubation". *Psychological Science*, v. 23, n. 10, pp. 1117-22, ago. 2012.

60. Jonathan W. Schooler, Michael Mrazek, Michael Franklin, Claire Zedelius, James Broadway, Benjamin Mooneyham e Benjamin Baird, "The Middle Way: Finding the Balance between Mindfulness and Mind-Wandering". In: Brian H. Ross (Org.), *The Psychology of Learning and Motivation*, v. 60. Cambridge, MA: Academic Press, 2014, pp. 1-33.

61. Robert J. Sternberg, op. cit., pp. 132-47; ver também R. J. Sternberg e W. M. Williams, "Teaching for Creativity". In: Ronald A. Beghetto e James C. Kaufman (Orgs.), *Nurturing Creativity in the Classroom*. Cambridge, Reino Unido: Cambridge University Press, pp. 394-414, 2010.

62. Kamal Birdi, "A Lighthouse in the Desert? Evaluating the Effects of Creativity Training on Employee Innovation". *Journal of Creative Behavior*, v. 41, n. 4, dez. 2007.

63. Paula Tierney e Steven M. Farmer, "Creative Self-Efficacy Development and Creative Performance Over Time". *Journal of Applied Psychology*, v. 96, n. 2, pp. 277-93, mar. 2011.

64. Roni Reiter-Palmon, Kevin S. Mitchell e Ryan Royston, op. cit., pp. 524-5.

65. Ibid., p. 535.

66. Michael Arena, *Adaptive Space*. Nova York: McGraw-Hill, 2018.

67. Davide Ravasi e Majken Schultz, "Responding to Organizational Identity Threats: Exploring the Role of Organizational Culture". *Academy of Management Journal*, v. 49, n. 3, jun. 2006, pp. 433-58.

68. "New Year, New Leadership: 5 Skills Needed to Succeed in 2021". *Adobe Experience Blog*, Adobe, 28 jan. 2021. Disponível em: <blog.adobe.com/en/publish/2021/01/28/new-year-new-leadership-5-skills-needed-to-succeed-in-2021>.

10. COMO PREPARAR A FORÇA DE TRABALHO PARA O FUTURO [pp. 193-207]

1. Os detalhes sobre a vida de Aggie Dunn foram colhidos de diversas fontes, que apresentam algumas divergências em relação a datas. Ver Nikki Mandell, *The Corporation as Family*. Chapel Hill: UNC Press, 2002; Frank Miller e Mary Ann Coghill, "Sex and the Personnel Manager". *Industrial and Labor Relations Review*, v. 18, n. 1, pp. 32-44, 1964; Dale A. Masi, "The History of Employee Assistance Programs in the US". Employee Assistance Research Foundation, 2020. Disponível em: <eapassn.org/resource/resmgr/webpage_file/history_of_eapa.docx>.

2. Nikki Mandell, *The Corporation as Family*. Chapel Hill: UNC Press, 2002.

3. Robert C. Alberts, "The Good Provider, HJ Heinz and His 57 Varieties". *The Western Pennsylvania Historical Magazine*, v. 56, n. 4, 1973; "Today in History: November 24, 1924". *Holland Sentinel*, 24 nov. 2014.

4. "How Can We Promote Our EAP to Increase Its Usage". Mental Health America. Disponível em: <mhanational.org/how-can-we-promote-our-eap-increase-its-usage>.

5. Roberta Holland, "Companies Waste Billions of Dollars on Ineffective Corporate Training". *Forbes*, 25 jul. 2016. Disponível em: <www.forbes.com/sites/hbsworkingknowledge/2016/07/25/companies-waste-billions-of-dollars-on-ineffective-corporate-training>.

6. Philipp Kolo, Rainer Strack, Philippe Cavat, Roselinde Torres e Vikram Bhalla, "Corporate Universities: An Engine for Human Capital". Boston Consulting Group, 18 jul. 2013. Disponível em: <www.bcg.com/publications/2013/people-organization-corporate-universities-engine-human-capital>.

7. "Good HR, Bad HR: Silo Mentalities and Communities of Practice". *Human Resource Management International Digest*, v. 26, n. 2, pp. 38-40, mar. 2018.

8. "SHRM's Guide to Employee Assistance Programs". Society for Human Resource Management. Disponível em: <www.shrm.org/resourcesandtools/hr-topics/employee-relations/pages/eap-buyers-guide.aspx>.

9. "We've All Heard of IQ and EQ. But What Is Your CQ — Your 'Crisis Quotient?'". Entrevista com Laura Fuentes, diretora estratégica de RH, ExCo Leadership + Performance, 31 maio 2022. Disponível em: <www.excoleadership.com/articles/weve-all-heard-of-iq-and-eq-but-what-is-your-cq-your-crisis-quotient>.

10. Em 1910, nos últimos estágios da Revolução Industrial, apenas 9% dos americanos tinham diploma de ensino médio — cerca de 8 milhões de pessoas na época. A maioria dos adolescentes trabalhava, pois era preciso sustentar a família, e não havia escolas de ensino médio para todos. A escassez impactava nos dois sentidos: o crescimento nos setores de varejo, corporativo e de serviços alimentava a demanda por trabalhadores de colarinho branco. Mas não havia profissionais suficientes à disposição, devido à falta de escolas de ensino médio. A mudança começou em âmbito local. Em 1925, os governos locais eram responsáveis por mais de 75% do financiamento para os ensinos primário e secundário, com o restante do dinheiro vindo de orçamentos estaduais e federais. A legislação ajudou a acelerar as coisas, com leis de estímulo à matrícula, obrigando cidades sem escolas de ensino médio a pagar para que seus moradores estudassem em outro lugar; leis de educação obrigatória; e leis de combate ao trabalho infantil. Em apenas trinta anos, o número de americanos com ensino médio completo cresceu mais de 800%. Em 1940, mais de 50% dos americanos — cerca de 66 milhões de pessoas — tinham o diploma do ensino médio. Ver Thomas D. Snyder, "120 Years of American Education: A Statistical Portrait". U.S. Department of Education, Office of Educational Research and Improvement, National Center for Education Statistics, Washington, DC, 19 jan. 1993; "US High School Graduation Rates". Safe and Civil Schools. Disponível em: <www.safeandcivilschools.com/research/graduation_rates.php>.

CONCLUSÃO [pp. 209-13]

1. Robert J. Barro, José F. Ursúa e Joanna Weng, "The Coronavirus and the Great Influenza Pandemic: Lessons from the 'Spanish Flu' for the Coronavirus's Potential Effects on Mortality and Economic Activity". NBER, documento preliminar n. 26866, mar. 2020, revisto em abr. 2020. Disponível em: <www.nber.org/system/files/working_papers/w26866/w26866.pdf>.

2. Pandemias anteriores podem ter exercido um impacto maior nas transformações do mundo de trabalho. Acredita-se que a peste negra, por exemplo, tenha provocado uma escassez de mão de obra tão elevada a ponto de permitir que os trabalhadores exigissem melhores condições de trabalho. Ver Christine Johnson, "How the Black Death Made Life Better". Washington University Department of History, 18 jun. 2021. Disponível em: <history.wustl.edu/news/how-black-death-made-life-better>.

3. "The Future of Work after Covid-19". McKinsey Global Institute, 18 fev. 2021.

4. Daniel Sullivan e Till von Wachter, op. cit.

5. Wolfram Kawohl e Carlos Nordt, "Covid-19, Unemployment, and Suicide". *The Lancet Psychiatry*, v. 7, n. 5, pp. 389-90, 1 maio 2020; Karsten Paul e Klaus Moser, "Unemployment Impairs Mental Health: Meta-Analyses". *Journal of Vocational Behavior*, v. 74, n. 3, pp. 264-82, jun. 2009; Allison Milner, A. Page e Anthony D. LaMontagne, "Cause and Effect in Studies on Unemployment, Mental Health and Suicide: A Meta-Analytic and Conceptual Review". *Psychological Medicine*, v. 44, n. 5, pp. 909-17.

6. Nirmita Panchal, Rabah Kamal, Cynthia Cox e Rachel Garfield, "The Implications of Covid-19 for Mental Health and Substance Use". Kaiser Family Foundation, 10 fev. 2021. Disponível em: <www.kff.org/coronavirus-Covid-19/issue-brief/the-implications-of-Covid-19-for-mental-health-and-substance-use>.

7. Philipp Kolo, R. Strack, Philippe Cavat, R. Torres e Vikram Bhalla, "Corporate Universities: An Engine for Human Capital". Boston Consulting Group, 18 jul. 2013.

8. "New Mental Health Cost Calculator Shows Why Investing in Mental Health is Good for Business". National Safety Council, 13 maio 2021. Disponível em: <www.nsc.org/newsroom/new-mental-health-cost-calculator-demonstrates-why>; Angelica LaVito, "Anxiety Is Expensive: Employee Mental Health Costs Rise Twice as Fast as All Other Medical Expenses". CNBC, 27 set. 2018.

9. Abraham Maslow, *Maslow on Management*, p. 21. Originalmente intitulado *Eupsychian Management: A Journal*.

Índice remissivo

abertura a experiências, 146, 167-9
aborígines, 111
Achor, Shawn, 111
ACIS Portal, 13
adaptabilidade, 27-8, 66, 74
Administração de Veteranos, 55
Adobe, 192
afinidade, 21, 23, 105, 108-9, 181, 203; *ver também* conexão social e apoio
agilidade cognitiva, 139-40, 169, 211-2; adaptabilidade, 27-8, 66, 74; criatividade e, 168-9; resiliência e, 67-8, 73-7, 79-83, 90, 140
agressividade no trânsito, 104
agricultura, 17, 28-32, 34-5, 39, 43, 74, 138, 210
ajudar o próximo, 102-3, 110, 116, 120-1
Akerson, Dan, 41
álcool, 37-8, 195, 226n; *ver também* toxicomania
alinhamento de valores, 91-2
Amabile, Teresa, 170
Amazon, 175
ambiguidade, 186-8
amígdala, 68, 70, 75, 105, 118
amor, 107, 109-10
ansiedade, 18, 30-1, 36, 49, 51, 59, 62, 90, 106, 108, 117, 130, 138, 145, 185, 187, 196, 210; agricultores com, 30-1, 138; catastrofização e, 76; pacientes com, 122

antifragilidade, 66, 81; *ver também* resiliência
Apple, 172
Aprendizado e Desenvolvimento (Talento e Desenvolvimento), em Recursos Humanos, 195, 197-202, 204-6
aquecimento global, 28-9, 47, 138
Arena, Michael, 189
aretê (conquista), 98-9
Armistead, Lewis, 128
Arthur Young, 10-2
Associação Americana de Psicologia (AAP), 59
associação, 35
atenção plena, 185
atendimento de emergência, central de, 141-2
autoatualização, 94
autocompaixão, 67-8, 77-8, 81, 231n
autoeficácia, 138, 231n; criativa, 169-70, 189; em pacientes, 126; resiliência e, 67-8, 78-81, 169
autoestima, 90, 97
automação, 17, 44-5, 49, 100, 161-3

Bandura, Albert, 78
Barra, Mary, 40-1, 47
Batson, C. Daniel, 103
Baumeister, Roy, 138, 144-5, 165-6
Beard, George, 36

Beck, Aaron, 70
Beer, Michael, 198
behaviorismo, 55
bem-estar, 36, 49, 53-4, 59-60, 97, 204-5, 211, 229n; conexão social e, 106-10; motivação intrínseca e, 89; redes sociais e, 117-8; sistema nervoso e, 108-9
Ben Zoma, Simeon, 54
Benefícios, em Recursos Humanos, 195-7, 199-202, 204-6
Bernstein, Ethan, 91
BetterUp, 19-20, 66-7, 129, 151, 153-4, 169, 190-1, 205, 215; avaliação Whole Person Model (WPM), 67, 154, 215-9
Bingham, Hiram, 128
Bitcoin, 176
Black, Benjamin, 175
Blanc, Honoré, 173
bomba atômica, 137
bondade, 110, 123-4, 127, 133; ajudar o próximo, 102-3, 110, 116, 120-1
brainstorming, 182, 184
Brexit, 136
Brown, John Seely (JSB), 42, 44, 46, 74-5, 85
Buffone, Anneke, 131
Bullshit Jobs (Graeber), 90
burnout, 194-5, 199, 266n
Butterfield, Stewart, 176

caça e coleta de alimentos, 17, 27-32, 35-6, 39, 42-3, 45, 74, 138, 162
Cade, John, 55
Cambridge Analytica (CA), 136
Camillus, John, 47
campos de concentração, 100-1
capitalismo, 37-8
cardagem, 33-4, 36, 43
Carr, Alan, 62
Casey, George W., Jr., 62-3, 65
Castlight Health, 191
catastrofização, 76, 146, 153
celulares, 171-2, 178
cérebro, 17, 23-39, 78, 211; agricultura e, 17, 28-32, 35, 39; amígdala e, 68, 70, 75, 105, 118; caça e coleta e, 17, 27-32, 35-6, 39; co-

nexões sociais e, 104-7, 109; criatividade e, 164-8, 182; dinâmica Nós/Eles e, 127-8; emoções e, 68, 70, 75-6, 118; industrialização e, 32-9; oxitocina e, 109; transtornos mentais e, 55, 58-61
Chambers, Jill, 52-3, 62-3
Chaum, David, 176
Choque do Petróleo, 148
cibersegurança, 11-6, 155
ciência, 54, 57, 60
ciência comportamental, 38-9, 53-5, 57-8, 63, 204, 211; positiva, 60-3
Cinco Grandes (OCEAN), 167
círculo moral, 118, 125
cisão, 172-4, 178, 192
Citibank, 11
clima e tempo, 25-9; aquecimento global, 28-9, 47, 138
coaching, 68-71, 81, 132, 154; modelo GROW de, 149-50
Cobb, Martha "Marty", 156-61, 163, 170, 175
Coca-Cola, 86
Comissão Federal de Comércio, 136
Comissão Federal de Comunicações, 141
compaixão, 107-10, 118; autocompaixão, 67-8, 77-8, 81, 231n; na medicina, 114, 117, 121-2, 126; no trabalho, 107-8, 122-3
compreensão, em significado, 86, 95
computadores, 10-2, 42, 44-5, 85, 174, 176, 178
conexão social e apoio, 22-3, 102-33, 181, 211-2; afinidade e, 21, 23, 105, 108-9; barreiras a, 104-5, 116-9, 120, 133; bem-estar e, 106-10; cérebro e, 104-7, 109; compaixão e, 107-10, 118; dinâmica "Nós/Eles" e, 118, 120, 125-30; empatia e, 106-8, 118, 127; escuta e, 130-3; experiência do cliente e, 113-6; natureza biológica, 106-10; ressonância positiva e, 107-9, 123-4; resultados clínicos e, 106; simpatia e, 107-8; sincronicidade e, 123-5, 133; tempo e, 103-4, 107-8, 116-7, 120-3; trabalho e, 35, 91, 108, 110-3
conexões de descoberta, 190
conflitos armados, 64-5; nas corredeiras, 65
Confúcio, 54
conquista (*aretê*), 98-9

contracultura dos anos 1960, 56

conversa fiada, 128

corredeiras: conflitos armados nas, 65; trabalho nas, 40-50, 53, 74, 80-1, 89-91, 97, 100, 104, 111, 138, 162, 194, 198, 211-2

cortisol, 68, 109

Crabtree, Matthew, 32-4

crédito, setor de, 11

crenças, 66, 72

crescimento: pessoal, 92-4; profissional, 91-3

crescimento pós-traumático, 52-3, 66, 229n

criatividade, 21, 23, 27-8, 39, 156-92, 211-2; abertura a experiências e, 167-9; agilidade cognitiva e, 168-9; ambiguidade e, 186-8; atenção consciente e, 165-6, 182; autoeficácia e, 169-70, 189; automação e, 161-3; cérebro e, 164-8, 182; como capacidade fundamental do trabalho, 162-3; como habilidade especializada, 162; definição e qualificadores, 161-2; diádica, 178; diferentes formas de ideias, 170-8; distalidade na, 176-8, 192; divisão na, 172-4, 178, 192; equipes e, 169, 178-81, 188-92; "higiene" na, 182-92; imaginação versus, 161, 176; indivíduos e, 166-70, 178, 183-8; integração na, 171-2, 178, 192; "inversão figura-fundo" na, 174-6, 178, 192; motivação e, 169-70; novidade na, 168-70, 183-4; organizações e, 188-92; otimismo e, 168-9; períodos de incubação e, 184-5; resiliência e, 168-70; tomada de risco e, 191; ver também inovação

Csikszentmihalyi, Mihaly, 59-60

cuidados de saúde: ansiedade do paciente e, 122; autoeficácia do paciente e, 126; compaixão nos, 114, 117, 121-2, 126; empregador e, 195-6, 201-2; falta de pessoas na área de, 121; prevenção primária em, 53, 201-2

Daniels, Aubrey, 89

Darley, John, 103

Deci, Edward, 89, 170

declarações de missão, 86, 91

DeGeneres, Ellen, 161, 170

deliberação, 165

Dennett, Daniel, 165

Departamento de Defesa, 51, 53, 64-5

Departamento do Censo dos Estados Unidos, 43-4

depressão, 18-9, 36, 49, 51, 59, 62, 90, 96-7, 124, 138, 196, 210; redes sociais e, 117; ritmo cardíaco e, 109; setor de serviços e, 115

desaceleração, 69-72

desamparo aprendido, 52, 66, 72, 78

devaneio e divagação, 142-6, 165, 182, 184-5

Diamond, Jared, 111

Diener, Ed, 72

DigiCash, 176

dinâmica Nós/Eles, 118, 120, 125-30

diretor de RH, 195, 197-200, 205-6, 209

diretor financeiro, 203

Disney, 86, 115

distalidade, 176-8, 192

divagação e devaneio, 142-6, 165, 182, 184-5

doenças cardíacas, 18, 49, 72, 109, 202

dopamina, 167-8, 240n

Dovidio, John, 128

Dunn, Agnes McClure "Aggie", 193-6

eBay, 177

Ebbinghaus, Hermann, 198

Edmondson, Amy, 179

eleição presidencial americana de 2016, 136, 139

emoções: cérebro e, 68, 70, 75-6, 118; escuta e, 130-3; regulação das, 67-72, 75-6, 81, 168-9, 185, 199; ressonância de positividade e, 107-8; ritmo cardíaco e, 109; sobre o futuro, 144-6; trabalho emocional, 115-6, 132

empatia, 106-8, 118, 127, 234n; na escuta, 130-2; neurótica versus madura, 131

empoderamento, 126-7, 130, 133

Engels, Friedrich, 37-8

Epstein, David, 183

Equifax, 12-6, 155

equilíbrio entre trabalho e vida, 92, 104

Equipe de Prosperidade do Funcionário (EPF), 205-6

equipes, 111-2, 199-200; criatividade em, 169, 178-81, 188-92; pertencimento e dinâmica "Nós/Eles" em, 112-3, 118, 125-6, 179; software, 117-8; software, prospecção para, 140-2

Ernst & Young, 10-2
Escala de Importância Organizacional, 98-9
escravidão, 32, 229n
escuta: cinco tipos de, 130; empática, 130-2; profunda, 130-3
esforço discricionário, 89
especialização, 31, 34, 45, 111, 225n
estados, 166-7
estresse, 19, 42, 62, 66, 68, 108; adaptação e, 66; ambiente e local de trabalho, 16, 18, 194-5, 199; programas de gestão do, 199-200; ritmo cardíaco e, 109
estrutura social, agricultura e, 32
experiência do cliente, 113-6
experiências de maestria, 78-9

fábricas, trabalho fabril, 34-7, 43, 45, 47-8, 138, 162, 194; alcoolismo e, 37-8, 195-6; crianças e, 33-4, 36; General Motors, 40-1, 47-8, 74; Heinz Company, 193-4; treinamento em, 197, 201; *ver também* industrialização, Revolução Industrial
Facebook: inovação responsável no, 154; Open Graph e, 134-7, 151, 154
Farmer, Steven, 189
feedback, 179-80
Fenwick Weavers Society, 35
ferramentas preditivas *ver* prospecção
fogo, 137
Fórum Econômico Mundial, 44, 163
Franken, Al, 14
Frankl, Viktor, 85, 100-1
Frederickson, Barb, 107
Freiberg, Kevin, 161
Freud, Sigmund, 54, 165, 229n
Friedman, Milton, 63
Fuentes, Laura, 205
futuro: emoções a respeito do, 144-6; exercício "Melhor Eu Possível" e o, 73; otimismo a respeito do *ver* otimismo; pessimismo a respeito do, 145; *ver também* imaginação, imaginar; planejamento; prospecção

Gaertner, Sam, 128
Gallagher, John, 41

General Motors (GM), 40-1, 47-8, 74
generalismo, 27-8, 43, 45, 74
"Gestão Científica", 197
Gilbert, Dan, 138
Global Science Research, 136
Goldstein, Rebecca, 95-8
Google, 174
Graeber, David, 90
Grande potencial (Achor), 111
gratidão, 54, 73
gripe espanhola, 209
GROW, 149-50, 180
Guerra de Secessão, 127-8, 193
Guerra Fria, 46

habilidades, 111; aposentadoria das, 44-5, 210; especializadas, 44-5, 111; "soft skills", 45
Hamtramck, 40-1, 47-8, 74
Harari, Yuval Noah, 97
Harvard Business Review, 110, 170
Heinz, Henry, 194
Heinz Company, 193-4
Hilton, 204-5
histeria, 36
Hochschild, Arlie Russell, 115-6, 132
Hoffman, Reid, 85-6
Homo prospectus, 138
Homo sapiens, 25-8, 30, 32, 35, 39, 59, 210
honestidade, 92-3
hormônios, 117; cortisol, 68, 109; oxitocina, 109, 117
Humphrey, Nick, 104
Hyman, Steve, 58

identidades, 127-9
imaginação, imaginar, 142-5, 148; catastrofização em, 76, 146, 153; criatividade versus, 161, 176; devaneio e divagação, 142-6, 165, 182, 184-5; distalidade na, 176-8, 192
importância, 21, 115-6, 170, 181, 211-2; como alternativa a significado, 94-6; conquistas na, 98-9; copos de, 97-100; definição de, 95; Escala de Importância Organizacional, 98-9; Instinto de Importância, 96; Mapa de Importância Organizacional, 99-100; reco-

nhecimento da, 99-100; valor da, 96-7; *ver também* significado

individuação, 127-30, 133

indústria automobilística, 45; General Motors, 40-1, 47-8, 74; veículos autônomos, 40-1, 45, 177

industrialização, Revolução Industrial, 17, 32-9, 43-5, 74, 111, 138, 162, 173, 197, 206, 210-1; *ver também* fábricas, trabalho fabril

inovação, 19-21, 23, 27-8, 39, 82, 89, 93, 111, 139, 163, 169, 176-7, 212; Índice de Resiliência e Inovação, 169; integração em, 171-2; prospecção e, 154-5; rede de modo padrão e, 164-5; reversa, 177; vieses e, 150-3; *ver também* criatividade

Insel, Tom, 58-9

inspiração, 92

Instituto Nacional de Saúde Mental, 55, 57-8

integração, 171-2, 178, 192

inteligência artificial (IA), 111, 156, 163, 178

Inteligência artificial (Lee), 97

intercambialidade, 173

interconectividade, 46

interface gráfica do usuário, 42, 85

internet, 11, 48, 176; redes sociais, 73

intuição, 165, 181

"inversão figura-fundo", 174-6, 178, 192

iPhone, smartphones, 171-2, 178

isolamento social e solidão, 49, 59, 106, 110-1, 116-7, 199, 210-1

Jefferson, Thomas, 173

Jobs, Steve, 172

Johns Hopkins Hospital, 121

jornalismo, 163

JSB (John Seely Brown), 42, 44, 46, 74-5, 85

Jung, Carl, 229n

Kahn, Herman, 147

Kahneman, Daniel, 148, 150, 165

Katz, Steve, 11

Kauffman, Stuart, 178, 183

Kelleher, Herb, 160-1

Kellerman, Gabriella Rosen, 16, 19, 35, 94-5, 183-4, 191, 199

Kleitman, Nathaniel, 182

kleos (reconhecimento), 98-100

Kofman, Fred, 85

Kogan, Aleksandr, 134-6

Kosinski, Michal, 135

Kurzweil, Ray, 44

Laboratório de Pró-Socialidade e Bem-Estar, 135

Law, Robert, 38, 195

Leary, Timothy, 56

Lee, Kai-Fu, 97, 156, 161

lei do inverso do quadrado, 171

leitura, 184

Lester, Paul, 72-3

líderes: alinhamento de valores e propósitos com os, 91-2; bem-estar dos empregados e, 200, 202, 206; competências nos, 82-3; equipes criativas, 179-80; prospecção em, 139-40

limites, 132

Lin, Liu, 117

linguagem, 25-6, 225n

longevidade, 106

Lyubomirsky, Sonja, 110, 123, 125

Malesic, Jonathan, 226n

Managed Heart, The (Hochschild), 115

Manifesto comunista (Marx e Engels), 37-8

Manning, Katie, 13

Mapa de Importância Organizacional, 99-100

marketing, 79-80

Martinez, Homer, 96

Marx, Karl, 37-8

Maslow no gerenciamento (Maslow), 212-3

Maslow, Abraham, 51, 56-7, 85, 94, 212-3

Maudlin, Susan, 13, 15

McCauley, Clark, 87

McCracken, Brad, 129

McKinsey Global Institute, 44-5, 162, 210

mecânica quântica, 173

medicamentos psiquiátricos, 55-8, 61

medo, 30, 68, 75, 78, 145-6; catastrofização e, 76

"Melhor Eu Possível", exercício, 73

Mente do Amanhã, 15, 18, 21, 65, 195, 212-3

Mind-Body Problem, The (Goldstein), 95-6, 99
moedas digitais, 176
morte, 18, 49, 57-8, 106, 194
motivação: criatividade e, 169-70; extrínseca, 87, 170; intrínseca, 87, 89, 170
motoristas, direção de, 104
multitarefas, 104
Mumford, Michael, 180-1
músicos de jazz, 165
myPersonality, 135

neandertais, 25, 27, 35
Neff, Kristin, 77
negatividade, 124, 147
nervo vago, 109
neurastenia, 36, 226n
neurologia, 61
neurônios-espelho, 106-7
neurotransmissores, 167
New York Times, 63
Newton, Isaac, 171
Nietzsche, Friedrich, 84
Nix, Alex, 136
Nova Zelândia, 9-12
novidade, 168-70, 183-4

objetivos, 149-50
Obschonka, Martin, 36-7
Oettingen, Gabriele, 145, 148
Open Graph, 134-7, 151, 154
oportunidades, 146-7
otimismo, 67-8, 72-3, 76, 81, 138, 145-6, 168-9, 231n
oxitocina, 109, 117

pandemia de covid-19, 16, 42, 49-50, 60, 73, 81-2, 86, 91, 93, 105, 115-7, 158, 169, 209-10; departamentos de Recursos Humanos e, 200
pandemia de gripe, 209
parábola do bom samaritano, 102-3
Patagônia, 86
Pavlov, Ivan, 55
Payne, Graeme, 9-16, 18, 20-3, 140, 155
PayPal, 177

Pendleton-Jullian, Ann, 42
pensamento de curto prazo e de longo prazo, 63, 203
perda, 147
períodos de incubação, 184-5
PERMA, 61, 97
Personality and Individual Differences, 135
pertencimento, 112-3, 118, 127, 133, 179, 199
pessimismo, 145
peste negra, 245n
Pinkham, Chris, 175
planejamento, 30, 34, 137-8, 142, 145-6; de cenários, 147-8; em equipes criativas, 180-1; falácia do, 148; tempo gasto em, 140; *ver também* prospecção
Polhem, Christopher, 173
Por que os generalistas vencem em um mundo de especialistas (Epstein), 183
possível adjacente, 178-9, 183, 190, 192
Postman, Neil, 85
Powers of Two (Shenk), 178
prêmio por fracassos, 191
preocupação, 30; *ver também* ansiedade
preparar a força de trabalho para o futuro, 193-207; desafios de uma abordagem desarticulada para o crescimento do funcionário, 198-201; organizações proativas, 201-6; *ver também* Recursos Humanos (RH)
prevenção primária, 53, 201-2
Princeton Theological, seminaristas, 102-3, 116, 120
PRISM, 21-2, 45, 90, 105, 140, 181, 195, 212; *ver também* criatividade; importância; significado; prospecção; resiliência; conexão social e apoio
problemas complexos, 47-8, 137
produtividade, 38, 138, 169, 197, 200
Programa de Assistência ao Empregado (PAE), 38, 195-6, 199-203
propósito, 22, 85-7, 94, 170; alinhamento com colegas e líderes, 91-2; *ver também* significado
prospecção, 21, 23, 30, 34, 39, 134-55, 164-5, 180-1, 201, 203, 211-2; como a capacidade psicológica que define a nossa era, 137-40;

definição de, 138; fase 1 da, 144-8, 165, 180-1, 186, 188; fase 2 da, 144-6, 148-50, 165, 180-1; máquinas e, 139; melhoria mensurável, 153-4; para equipes de desenvolvimento de software, 140-2; rede de modo padrão e, 142-4, 146; viés do inovador e, 150-3; *ver também* planejamento

prosperidade, 19, 51-63, 65-7, 106, 138, 200-7, 211-2; Equipe de Prosperidade do Funcionário (EPF), 205-6

psicodélicos, 56

psicologia, 51-3, 55-7, 59-60, 63, 175, 212-3; abordagem com foco na patologia, 19, 54-6, 59-60, 63, 175

psicologia humanista, 56-7, 60

psicologia positiva, 19, 24, 53-4, 60-3, 175

psicoterapia, 58, 61, 212-3, 229n

psiquiatria, 52-8, 60-1, 175, 196, 213

psiquiatria positiva, 60

Railton, Peter, 138

raiva, 108; agressividade no trânsito, 104

RAND, 147

Rápido e devagar (Kahneman), 165

reação de luta ou fuga, 30, 68, 108

reavaliação cognitiva, 69-72

recategorização, 127-30, 133

reconhecimento (*kleos*), 98-100

Recursos Humanos (RH), 38, 89, 194-5, 198-9; Aprendizado e Desenvolvimento de talentos em, 195, 197-202, 204-6; Benefícios em, 195-7, 199-202, 204-6; diretor de RH, 195, 197-200, 205-6, 209; pandemia de covid-19 e, 200; Programa de Assistência ao Empregado (PAE), 38, 195-6, 199-203

rede de controle executivo, 164-6, 184-5

rede de modo padrão (RMP), 142-4, 146, 164, 166-7, 175, 178, 183, 185

rede de saliência, 164-6

redes cerebrais, 164, 178; controle executivo, 164-6, 184-5; modo padrão (RMP), 142-4, 146, 164, 166-7, 175, 178, 183, 185; saliência, 164-6

redes sociais, 73, 106, 117-8, 124-5; tamanho das, 104-5

Reece, Andrew, 151-3

reformas educacionais, 206, 244n

reinvenção, 22

resiliência, 21-2, 31, 35, 61, 64-83, 90, 138, 140, 181, 211-2; agilidade cognitiva e, 67-8, 73-7, 79-83, 90, 140; autocompaixão e, 67-8, 77-8, 81; autoeficácia e, 67-8, 78-81, 169; catastrofização e, 76; criatividade e, 168-70; curva de sino da, 66; Índice de Resiliência e Inovação, 169; organizações e, 65, 81-3; otimismo e, 67-8, 72-3, 76, 81, 138, 145-6, 168-9, 231n; pandemia de covid-19 e, 81-3; propulsores da, 65-81, 168-70; regulação emocional e, 67-72, 75-6, 81, 168-9; significado da, 65; trabalho significativo e, 90; treinamento em, 199-200

ressonância de positividade, 107-9, 123-4

riqueza, 32, 211

risco, 145, 191

RMP *ver* rede de modo padrão (RMP)

Robichaux, Alexi, 19

Roepke, Anne Marie, 147

Rogan, Joe, 86

Rogers, Carl, 56-7

Ross, Michael, 205

Royal Dutch Shell Corporation, 148

Rozin, Paul, 87

Rust, John, 135

Ryan, Richard, 89, 170

saborear, 54

Sadler, Michael, 33, 36

Salesforce, 176

Sapolsky, Robert, 118, 127

satisfação com a vida, 138

saúde, 18, 49-51, 73, 90; apoio social e, 106; trabalho significativo e, 89

saúde e doença mental, 18, 36-8, 49-50, 52-61, 63, 66, 175, 203-4; benefícios do empregado e, 196, 199-200, 212; isolamento social e, 106

Scales, Bob, 64-5

Schooler, Jonathan, 185

Schwartz, Barry, 87

Schwartz, Ken, 113-4

Schwartz Center for Compassionate Health-care, 114

Segunda Guerra Mundial, 55, 59

segurança da informação, 11-6, 155

segurança psicológica, 179-80

Seligman, Martin "Marty", 16, 19-20, 52-3, 59-60, 62-3, 66, 70, 72, 95, 97, 106-7, 138, 147, 162

serviço, 92-3, 114-6

Shenk, Joshua Wolf, 178

significado, 21-2, 84-101, 145, 170, 181; benefícios de um trabalho com, 88-90; compreensão em, 86, 95; copos de, 88; definição de, 86-7, 95; fatores que tornam o trabalho com, 90-2, 110; motivação para encontrar, 85, 87-8; significância em, 86, 95; trabalho como emprego, carreira ou vocação, 86-8; trabalho, reforço do, 92-4; ver também importância; propósito

significância, no significado, 86, 95

"Silver Blaze" (Doyle), 174

simpatia, 107-8, 234n

sincronicidade, 123-5, 133

sistema nervoso, 108-9; parassimpático, 108-9; simpático, 108-9

Slack, 175-6

smartphones, 171-2, 178

Smith, Richard, 12, 14-5

soldados: catastrofização em, 76; mudanças na forma como guerras são travadas, 64-5; prêmios por desempenho para, 73; resiliência em, 77; TEPT em ver transtorno de estresse pós-traumático

solidão e isolamento social, 49, 59, 106, 110-1, 116-7, 199, 210-1

Sondheim, Stephen, 102

sono, 182

Sony, 86

Southwest Airlines, 156-7, 159-61, 190, 192; Cobb na, 156-61, 163, 170, 175

Spotify, 86

Sripada, Chandra, 138, 143

Steger, Michael, 86, 95

Sternberg, Robert, 183, 186

Stewart, Margaret, 154

Stillwell, David, 135

suicídio, 49, 58-9, 210

Sunday in the Park with George (Sondheim), 102

Sycamore, 174

Taleb, Nassim Nicholas, 66

Talento e Desenvolvimento (Aprendizado e Desenvolvimento), em Recursos Humanos, 195, 197-202, 204-6

Taylor, Frederick, 38, 197-8

tecnologia, 26-7, 137, 211; automação, 17, 44-5, 49, 100, 161-3; deslocamento de empregos causado pela, 17, 43-4, 210; especialização e, 34, 45, 111; industrialização ver industrialização, Revolução Industrial; inteligência artificial, 111, 156, 163, 178; pioneiros na, 176-7

telefones, 171-2, 178

temperatura ver clima e tempo

tempo: afluência de, 120-3; conexão social e, 103-4, 107-8, 116-7, 120-3; desperdício de, 121, 123; fome de, 104, 117, 120-1, 123, 125, 133; limites e, 132-3; sincronicidade, 123-5, 133

teoria da autodeterminação, 89

teoria da mente, 105, 118

TEPT ver transtorno de estresse pós-traumático

terapia cognitivo-comportamental (TCC), 70

Terkel, Louis "Studs", 84-5, 96

territorialidade, 199

Tesla, Inc., 177

Tesla, Nikola, 176

Thisisyourdigitallife, 136-7

Thorndike, Edward L., 55

Tierney, Paula, 189

Tiny Speck, 175-6

tomada de perspectiva, 126-7, 130, 133

toxicomania, 18, 37-9, 49, 58, 210; no setor de serviços, 115

trabalhadores do conhecimento, 91-2

trabalho, 16-8; agrícola, 17, 28-32, 34-5, 39, 43, 74, 138, 210; automação e, 17, 44-5, 49, 100, 161-3; bem-estar e, 36, 49; burnout no, 194-5, 199, 266n; caça e coleta de alimentos, 17, 27-32, 35-6, 39, 42-3, 45, 74, 138, 162; carreira no, 42, 199; compaixão no, 107-8, 122-3; conexão e suporte social no, 35, 91,

254

108, 110-3; conhecimento, 91; distribuição física do, 105, 117-8; equilíbrio entre vida e, 92, 104; equipes no *ver* equipes; especialização no, 31, 34, 45, 111, 225n; estresse e, 16, 18, 194-5, 199; fabril *ver* fábricas, trabalho fabril; habilidades para o *ver* habilidades; industrialização e *ver* industrialização, Revolução Industrial; infantil, 33-4, 36; insatisfação no, 49; instabilidade e perda de emprego, 17-8, 43-4, 49, 58, 91, 97, 210; inútil, 90; limites no, 123; mundo das corredeiras, 40-50, 53, 74, 80-1, 89-91, 97, 100, 104, 111, 138, 162, 194, 198, 211-2; oportunidades de crescimento no, 92-4; preocupações com a saúde mental e, 18, 36-8, 49-50; produtividade no, 38, 138, 169, 197, 200; Recursos Humanos e *ver* Recursos Humanos (RH); remoto, 49, 91, 105, 117, 123; ritmo das mudanças no, 43-5, 137-8, 140, 163; tempo como recurso, 116-7; tipo de mudança no, 43, 45-8; trabalho emocional no, 115-6, 132

trabalho, significado do: benefícios do, 88-90; como aumentar o, de indivíduos, 92-4; fatores envolvidos no, 90-2, 110; visto como emprego, carreira ou vocação, 86-8; *ver também* significado; importância

trabalho infantil, 33-4, 36

traços de personalidade, 166-8

traços, 166-8

transtorno de estresse pós-traumático (TEPT), 51-3, 63-5, 76, 78, 106, 146-7

tratamentos de saúde comportamental habilitados por tecnologia, 19

treinamento, 212; Aprendizado e Desenvolvimento, 195, 197-202, 204-6; fábricas, 197, 201

Tversky, Amos, 148, 150

United Auto Workers, 47

Universidade da Califórnia, Berkeley, 136

Universidade da Pensilvânia, 19, 66

Universidade da Virgínia, 110

Universidade de Cambridge, 135

Universidade de Canterbury, 92

Universidade de Dublin, 62

Universidade Harvard, 136

Vale do Silício, 85-6

"Vamos colocar as coisas em perspectiva", exercício, 76-7, 146

VanOrden, Robert, 40-1, 45, 48, 74, 78

VanOrden, Robert, Jr., 40

variabilidade da frequência cardíaca (VFC), 109

varíola, 172-3

Viana Mendes, Jeizzon "JZ", 190

vício *ver* toxicomania

viés de confirmação, 151

vieses cognitivos, 150-1; viés de confirmação, 151; viés do inovador, 150-3

Visita de Gratidão e Carta de Gratidão, 124

Vohs, Kathleen, 145

VUCA (volatilidade, incerteza, complexidade e ambiguidade), 46-50, 64-5, 137

Wall Street Journal, 41, 114

Walt Disney, 86, 115

Washington Post, 163

Webb, Dave, 15

Weingartner, Charles, 85

Whitney, Eli, 173

Whole Person Model (WPM), avaliação, 67, 154, 215-9

Wilson, Tim, 138

WOOP, 148-50

Working (Terkel), 84-5, 96

Wrzesniewski, Amy, 87

Wundt, Wilhelm, 55

Xerox PARC, 42, 85

Yaden, David, 147

Young, Neil, 86

Zuckerberg, Mark, 134, 151

ESTA OBRA FOI COMPOSTA PELA ABREU'S SYSTEM EM INES LIGHT
E IMPRESSA EM OFSETE PELA GRÁFICA BARTIRA SOBRE PAPEL PÓLEN NATURAL
DA SUZANO S.A. PARA A EDITORA SCHWARCZ EM SETEMBRO DE 2024.

A marca FSC® é a garantia de que a madeira utilizada na fabricação do papel deste livro provém de florestas que foram gerenciadas de maneira ambientalmente correta, socialmente justa e economicamente viável, além de outras fontes de origem controlada.